U0514330

重庆工商大学统计学学科建设经费资助出版

HUNHE LIZIQUN YOUHUA SUANFA
JIQI ZAI JINRONG YOUHUA ZHONG DE YINGYONG

混合粒子群优化算法及其在金融优化中的应用

何光　卢小丽 ◎ 著

中国财经出版传媒集团
经济科学出版社
Economic Science Press

图书在版编目（CIP）数据

混合粒子群优化算法及其在金融优化中的应用/何光，卢小丽著．—北京：经济科学出版社，2022.5
ISBN 978－7－5218－3394－2

Ⅰ.①混… Ⅱ.①何…②卢… Ⅲ.①电子计算机－算法理论－应用－金融风险－风险管理－研究 Ⅳ.①F830.9

中国版本图书馆 CIP 数据核字（2022）第 014282 号

责任编辑：程辛宁
责任校对：蒋子明
责任印制：张佳裕

混合粒子群优化算法及其在金融优化中的应用
何　光　卢小丽　著
经济科学出版社出版、发行　新华书店经销
社址：北京市海淀区阜成路甲 28 号　邮编：100142
总编部电话：010－88191217　发行部电话：010－88191522
网址：www.esp.com.cn
电子邮箱：esp@esp.com.cn
天猫网店：经济科学出版社旗舰店
网址：http://jjkxcbs.tmall.com
固安华明印业有限公司印装
710×1000　16 开　16 印张　270000 字
2022 年 5 月第 1 版　2022 年 5 月第 1 次印刷
ISBN 978－7－5218－3394－2　定价：96.00 元
（图书出现印装问题，本社负责调换。电话：010－88191510）

前　言

现实的金融交易中，任何金融决策都要面对许多不确定性因素，这些因素将影响并反映到金融产品的风险和收益上，因此金融交易决策者需要在权衡风险与收益后才能做出决定。于是，精确地度量风险和收益，并形成在不确定性市场中的有效资产配置，就成了金融决策的核心问题。解决这个核心问题，即不确定性市场中资产的有效配置就是一个不断优化的过程。就金融交易的参与者而言，金融决策的主要内容就是投资组合选择问题；对相应的投资组合问题进行建模分析，通常会面对一个大规模的优化问题。自马科维茨经典的均值－方差模型提出后，优化理论和方法在金融决策研究中发挥着越来越重要的作用，随着这些理论和方法在现代金融理论研究中的不断应用，金融优化的概念应运而生。

从狭义上讲，金融优化就是指投资组合选择；从广义上而言，金融优化则涉及应用最优化理论和方法研究金融科学中的相关问题，既包括了投资组合选择的内容，又涉及风险资产的定价、风险管理中相关的优化问题。从数学的角度上来说，金融优化就是寻求满足金融模型及边界约束的独立变量，使得金融目标函数达到最优值。在这些金融优化问题的分析和求解中，许多模型实际上都属于非线性规划，例如，各种风险－收益模型、期权的隐含波动率、金融衍生品的价格等，而模型中函数的非线性使得问题求解变得更加困难，尤其是目标函数在可行域内存在多峰的情况。在非线性规划问题的求解上，解析法除了凸规划外通常只能获得问题的局部最优解；直接法不需要函数的可导性，然而算法容易陷入局部最优；从理论上而言，随机算法能够求解任何优化问题，特别是群体智能算法，具有很强的通用性，对目标函数的解析性质几乎没有要求，已成为处理复杂优化问题的主要方法。

群体智能算法是一类模拟自然界生物群体行为来构造的随机优化算法，作为一门新兴的优化算法，自 20 世纪 80 年代以来受到了众多研究者的关注。由于其寻优过程具有随机、并行和分布式的特点，目前已成为优化技术方面的研究热点之一，同时也是人工智能与经济、金融、管理、生物等交叉学科的关注重点和前沿领域。粒子群优化（particle swarm optimization，PSO）算法作为群体智能算法的典型代表，于 1995 年由美国社会心理学家肯尼迪（Kennedy）和电气工程师埃伯汉特（Eberhart）共同提出，该算法具有计算简单、易于实现、控制参数少等特点，吸引了国内外大量学者的关注，进而在算法的理论分析、性能改进及应用等方面出现了丰富的研究成果。

本书从金融优化的理论和方法开始，随后介绍 PSO 算法和量子粒子群优化（QPSO）算法的相关原理，接着从投资组合选择和期权定价两个方面分别阐述相关理论、方法以及 PSO 算法在其中的应用情况。具体内容分为 8 章，安排如下。第 1 章首先介绍金融优化的背景以及相关研究的发展历程；然后简单回顾了最优化问题和相关的理论与方法，并对各种最优化问题的求解方法进行了对比分析。第 2 章首先阐述了 PSO 算法的基本原理及其算法流程；然后对算法的各种改进措施和方法进行了描述；最后针对 PSO 算法的研究现状进行了阐述。第 3 章介绍了 PSO 算法的改良版本 QPSO 算法的基本原理和相关算法流程；随后讨论了 QPSO 算法的各种改进思路和应用情况。第 4 章回顾了投资组合理论的相关内容，对均值－方差模型的求解推导和结果分析作了进一步讨论；接着基于均值－方差模型的框架，分析了资本资产定价模型的理论基础和现实意义。第5章首先研究了PSO算法在一类非线性的投资组合优化模型中的应用；然后通过PSO算法对四种经典的投资组合模型进行了求解，进而对比分析了各个模型最优值的情况；最后将PSO算法应用到一类多目标投资组合优化问题中。第6章首先讨论了QPSO算法在一类带约束的投资组合问题中的应用；随后在自融资投资组合模型的求解中，提出了一类改进的QPSO算法，对比分析了改进算法的有效性；最后将QPSO算法应用到一类模糊投资组合优化问题中。第7章回顾了期权定价的相关理论和方法，包括期权定价的理论基础和数学准备、欧式期权定价公式的由来和推导、期权定价的几种经典数值方法等。第8章首先分析了PSO算法在期权波动率计算中的应用；然后进一步讨论如何运用PSO算法对期权中的重要参数进行合理估计；最后融合其他数值算法分析了PSO算法在期权价格估计中的应用情况。

其中，第1章、第2章、第4章、第5章、第7章和第8章由何光完成，第3章和第6章由卢小丽完成。本书撰写过程中参考了国内外同行的研究成果，在此表示衷心感谢！由于作者水平所限，难免存在不足和缺陷，希望得到读者的包容和指正！本书得到重庆工商大学统计学学科建设经费的资助，衷心感谢对本书撰写给予支持和指导的领导和老师们！

目　　录

第 1 章 绪　论

1.1 金融优化的含义

金融市场投资者态度不一致、资产收益和风险的不确定性以及金融市场信息不完全性等，导致金融市场的多变性和复杂性。充分利用经济学、运筹学与控制论、管理学和信息学等跨学科的方法，建立金融数理模型来分析金融数据中隐含的特征规律，进而研究在复杂多变的不确定金融市场中，对资产进行有效配置，实现资产风险最小以及回报最大的均衡，该过程就是金融优化过程。

从金融优化过程来看，金融优化主要涉及金融工程和金融风险管理两个方面。金融工程侧重于为实现具体投资行为而进行的金融产品及交易策略的设计或模型；金融风险管理，侧重于不同风险的投资组合选择问题。从金融数理模型来看，金融优化就是指满足金融模型及其边界条件约束的独立变量，使某金融目标达到最优值。此优化模型包括以下几个具体内容：金融问题的数学刻画及系统模型、确定系统边界的变量取值范围、衡量是否达到最优的目标函数以及影响目标优化的决策变量。

本书的金融优化是金融优化数理模型，主要包括投资组合优化模型以及延伸的金融产品定价问题。

1.2 金融优化理论的发展

20 世纪 50 年代以来，金融学相关研究从定性转向定量，通过不断抽象现实问题模型化、数理模型实证及计量化，不断深化金融研究的内容和方法。随着多种计量工具的引入和对市场实际情况的深入分析，早期的连续模型逐渐发展为离散模型，使金融数理模型更加符合金融市场交易的现实情况。通过一些简单的离散模型和实证数据，将复杂金融环境中的关键信息剥离出来，成为金融交易中现状和未来预期分析的利器，在投资组合优化中发挥了重要作用。

1.2.1 单阶段投资组合优化

在投资过程中，金融产品一般具有收益高和风险大并存、收益低和风险小并存等特征，金融产品组合能够有效提高收益和降低风险。投资组合即投资人或金融机构为分散金融风险，所持有的股票、债券、金融衍生品等金融产品组成的集合。单阶段投资组合优化是对某一个时段的投资组合进行优化分析，尽可能满足投资者获得较大收益的同时避免或减少投资过程中出现的风险，即同时满足收益高、风险小这两个特征，实现投资者收益最大化、风险最小化的目的。传统投资组合选择主要依赖投资者的主观判断或者经验感受进行决策。随着马科维茨创立了投资组合选择的均值 - 方差理论，金融优化中的投资组合选择问题在一定程度上从主观判断走向了计量分析，成为投资组合研究的核心。均值 - 方差模型中，当投资者的效用函数为二次函数或收益满足正态分布时，才能符合理论的要求。在现实投资中，很难满足该条件，同时在解决大规模问题时，计算比较复杂，增加了问题解决的难度。为进一步推动投资组合问题和现实的吻合度，更加便捷地得出优化的结果，考虑了实际投资组合的风险度量问题以及金融市场环境的各种摩擦因素，针对具体时段的投资组合优化问题相关研究不断深化。

对于经典的均值 - 方差模型假设资产收益呈正态分布，采用均值对投资组合的收益进行衡量，用方差对金融风险进行度量。在现实金融市场中，资产收益呈正态分布的假设条件很难满足，用方差度量金融风险也存在一定的偏差。同时，风险本身的衡量也受到投资者认识差异的影响，呈现出存在收益不确定性或者未来收益低于预期收益等两类主要的风险衡量标准，不同的风险度量方式影响了优化模型的构建与选择。在风险度量方面，考虑不同投资者对风险的界定差异，基于马科维茨均值 - 方差模型中的风险处理，进一步讨论了均值 - 下半方差模型（Sharp，1963；Mao，1970；Green and Hollifiel，1992）、绝对离差风险度量（Konno and Yamakazi，1991；Feinstein and Thapa，1993）、基于 VaR 风险价值的风险度量方法（Samuelson，1958；Marcos et al.，1999；Sun and Yan，2003；Yiu，2004）。另外，基于传统均值 - 方差模型，逐渐考虑实际金融交易中的各种摩擦因素。在研究中，涉及固定（非固定）交易费用、凸（非凸）交易费用、最小交易单位、股利、买卖价差、交易税、不同借贷利率、市场结清等多种因素。在考虑市场摩擦的情况下，对约束条件进行了优化。例如，带消费因素投资组合（Koo，1999）；固定交易费用、非凸交易费用、最小交易单位约束下的投资组合模型（Kellerer et al.，2000）；考虑股息、效用函数等因素的模型（Liu，2003；Simonelli，2005）；还有在考虑交易成本的基础上，加上了非流动资产分红等因素（Jiang，2007）。

1.2.2　多阶段投资组合优化

面对复杂的投资组合环境，资产的收益分布往往随阶段不同而发生变化，随着投资时间的延长，经济形势会出现波动，需要根据投资环境的变化来调整资产配置是投资者面临的现实问题。于是将单阶段的投资组合模型拓展到多阶段的情况进行研究，即动态投资组合分析。在动态投资组合分析时，投资者可以在每个阶段初期根据上一阶段的情况调整投资策略，使投资组合更能反映市场的实际情况，在一定程度上克服收益率影响以及投资过程中的一些不确定性因素带来的影响。同时，多阶段模型的最优投资组合分析时，采用现实市场数据并结合风险控制和市场摩擦因素进行分析，提高了优化模型在实际投资研究中的参考价值。

关于多阶段投资组合问题，摩辛（Mossin，1968）最早提出了多阶段投资组合问题，主要采用动态规划的方法将单阶段模型推广到多阶段模型，遗憾的是该模型不能采用动态规划方法求解。随后，利用嵌入的思想得到了多阶段均值-方差投资组合选择问题的有效前沿的解析表达式（Li and Ng，2000）。易江（2001）则基于均值-方差理论，以降低风险为标准提出并解决了多阶段风险资产的优化问题。随着计算机技术的发展，多阶段的求解在随机控制方面取得了较好的成果。例如，考虑交易成本下的多阶段投资组合优化问题，并得出了解析解（Calafiore，2008）；考虑交易成本和交易量限制等市场摩擦因素，建立了多阶段均值-平均绝对偏差投资组合优化模型（张鹏，2010）；在考虑投资回报、风险、交易成本和投资组合的多元化程度等情况下，构建了可能性均值-半方差-熵的多阶段投资组合优化模型（Zhang et al.，2012）；运用极小极大原理，建立了含有机会成本和交易成本的多期极小极大投资组合优化模型（任大源等，2012）；研究了考虑固定比例交易成本的多阶段均值-方差投资组合优化问题，并通过引入拉格朗日乘子和定义间接效用函数来解决投资组合优化问题（Wang and Liu，2013）。近年来，多阶段投资组合问题的研究仍受到关注，在目标函数的设定和条件约束上不断的深入，取得了系列相关成果（曾永泉和张鹏，2021；王晓琴和高岳林，2020；周忠宝等，2018；徐维军等，2018）。

1.2.3 模糊投资组合优化

投资者的投资是在一个不确定环境中进行的，不确定性的环境主要存在随机不确定性和模糊不确定性两种情况。随机不确定性主要是确定事件是否发生，一般通过概率进行描述；模糊不确定性，主要是事件状态的不确定性，通过模糊集合进行刻画。在证券投资领域，投资者面临着证券收益和风险都具有不确定性。这些不确定中，除了随机不确定性，还具有模糊不确定性。

对于模糊性的描述，扎德（Zadeh，1965）提出了模糊集合的概念，用隶属函数刻画元素对集合属于程度的连续过渡性，提供了对模糊现象进行定量描述和分析运算方法，为解决资本市场中的不确定问题提供了解决方法。贝尔曼和扎德（Bellman and Zadeh，1970）在多目标决策的基础上提出了模糊决策的基本模型，对于不能精确定义的参数、概念和事件都处理为模糊集合，增强了模型的适应性。在证券市场中的模糊不确定性受到关注之后，基于模糊性不确定环境下的投资组合选择问题逐渐进入研究视野。随着研究的深入，针对模糊变量的设定以及模糊变量测算方法的改进，产生了大量新的模糊资产组合选择模型。目前已有研究主要涉及以下类型。

（1）基于模糊决策的资产组合选择模型。在拉马斯瓦米的资产组合选择模型中，假定投资者基于 m 个市场情景构造证券组合，令 R_{jk} 表示期末资产 j 在第 k 个市场情景下的收益，证券的组合收益为：

$$R_k(x) = \sum_{j=1}^{n} R_{jk}(x)$$

那么，投资者对收益满意程度的隶属函数如下：

$$\mu_k[R_k(x)] = \begin{cases} 0, & R_k(x) < R_k^{\min} \\ \dfrac{R_k(x) - R_k^{\min}}{R_k^{\max} - R_k^{\min}}, & R_k^{\min} \leqslant R_k(x) \leqslant R_k^{\max} \\ 1, & R_k(x) > R_k^{\max} \end{cases}$$

其中，$R_k^{\min}$ 和 $R_k^{\max}$ 分别表示第 k 个市场情景下的最小和最大期望收益。基于模糊决策理论，拉马斯瓦米提出了如下的资产组合选择模型：

$$\begin{aligned} \max \quad & \mu_1[R_1(x)] \cap \mu_1[R_1(x)] \cap \cdots \cap \mu_m[R_m(x)] \\ \text{s.t.} \quad & \sum_{j=1}^{n} x_j = 1 \\ & x_j^{\min} \leqslant x_j \leqslant x_j^{\max}, \ j = 1, 2, \cdots, n \end{aligned}$$

其中，$x_j^{\min}$ 和 $x_j^{\max}$ 分别表示资产 j 上的最小和最大投资比例。此外，利用模糊决策理论，提出了一种新的非线性隶属函数，并将其应用到一类带交易费用的半绝对偏差风险函数投资组合问题（张银利，2013）；引入一种非线性隶属函数描述了投资者对投资收益和投资风险的满意程度，进一步提出了非线性满意程度的模糊决策投资组合选择模型（房勇和汪寿阳，2009）；将投资者的主观意见反映在模糊情况的组合投资模型之中（曾建华和汪寿阳，2003）。

（2）基于可能性理论的资产组合选择模型。田中等（Tanaka et al.，2000）将专家的意见和判断结合到资产组合选择问题中，在模型中假设未来收益率的向量 R 为可能性向量 A，服从指数型可能性分布函数：

$$\pi_A(R)=\exp\{-(R-c)^T D_A^{-1}(R-c)\}$$

其中，c 表示中心值向量，D_A 为对称的正定矩阵。通过专家设定可能度 h_i 表示未来股票市场状态与第 i 种样本 r_i 之间的相似度，根据历史数据样本结合 h_i 确定出可能性分布函数 $\pi_A(R)$ 的形式。于是，资产组合收益 $z=R^Tx$ 的可能性分布函数为：

$$\pi_x(z)=\max_R\{\pi_A(R)\,|\,z=R^Tx\}=\exp\{-(z-c^Tx)/(x^TD_Ax)\}$$

其中，c^Tx 表示中心值，x^TD_Ax 表示可能性收益变量 z 的宽度。根据马科维茨均值方差模型的思想，可能性中心值差值模型如下：

$$\begin{aligned}\max\quad & x^TD_Ax\\ \text{s. t.}\quad & c^Tx=r_c\\ & \sum_{j=1}^{n}x_j=1,\ x_j\geqslant 0,\ j=1,2,\cdots,n\end{aligned}$$

其中，r_c 表示投资者给定的投资收益中心值水平。此外，基于可能性理论的其他模糊资产组合模型也被提出，例如，基于上指数和下指数型可能性分布的模型（Tanaka and Guo，1999），极小极大遗憾资产组合选择模型（Inuiguchi and Tanino，2000），结合灰色预测和可能性理论的资产组合选择模型（Ong et al.，2005），以及其他相关的改进模型（Deng and Li，2010；Li et al.，2013；宋健和邓雪，2018；Nabil et al.，2019）。

（3）基于可信性理论的资产组合选择模型。杜波伊斯和普拉德（Dubois

and Prade，1988）介绍了可能性和必然性测度的基本概念，随后在此基础上，刘宝碇（2004）提出了模糊事件的另一个重要测度——可信性测度。用可信性理论测度模糊事件，不会出现发生机会不相同的模糊事件可信性值相等且都为 1 的情况。如果模糊事件的可信性测度的值等于 1，则对应的该模糊事件一定发生。与可能性测度不同的是，可信性测度时发生机会不同的模糊事件对应的可信性值一定不同。从理论上而言，可信性测度满足自对偶的重要特征，弥补了可能性测度的不足；从实践上来说，可信性测度能有效描述金融市场中存在的不确定性因素，如经济、政策和投资者心理预期等，进而提高投资组合优化的效率和实用性。目前，针对可信性测度在投资组合问题中的应用已经进行了深入研究，并取得了大量关于可信性模糊投资组合的理论与应用的研究成果。基于可信性测度，研究了具有破产控制约束的多阶段可信性均值 – 熵投资组合优化（Liu and Zhang，2016）；分别讨论了可信性测度和可能性测度下的投资组合优化问题，并针对不同的优化模型设计了不同的算法进行求解（刘勇军，2013）；基于可信性理论，采用半绝对偏差衡量投资组合风险，建立了具有一系列约束条件的多目标优化模型，并使用启发式算法求解并近似估计了投资组合的有效前沿（Vercher and Bermúdez，2015）；以及其他可信性测度下模糊投资组合优化模型的相关研究成果（Vercher and Bermúdez，2013；Mukesh，2016；张鹏和龚荷珊，2018；王灿杰和邓雪，2019）。

1.3　最优化问题及最优化方法

对金融优化问题的分析和求解主要采用最优化理论及其方法。作为一门应用科学，最优化方法被广泛应用于工程、经济、管理等多个领域，其主要思路是运用数学模型描述现实中提出的决策问题，并通过数学方法对模型进行求解，随后对解的结果进行分析，最终为决策提供科学依据。随着现代工业的迅速发展和计算机技术的出现，极大地推动了最优化理论及方法的发展。

1.3.1 最优化问题的表述及分类

在有限维空间$\mathbb{R}^n$中，最优化问题表示为寻找一个多元函数在给定区域上的极值，其数学形式如下：

$$\begin{aligned} \min \quad & f(x) \\ \text{s.t.} \quad & x \in S \end{aligned} \tag{1-1}$$

其中，$S \subset \mathbb{R}^n$为给定的，称为可行域；x表示决策变量，函数f：$\mathbb{R}^n \to \mathbb{R}$，表示目标函数。当$S=\mathbb{R}^n$时，以上问题则化为无约束的最优化问题。如果$x^* \in S$满足：

$$f(x^*) \leqslant f(x), \quad \forall x \in S$$

则称x^*为问题方程（1－1）的整体最优解，$f(x^*)$为问题方程（1－1）的整体最优值。如果$x^* \in S$满足：

$$f(x^*) < f(x), \quad \forall x \in S$$

则称x^*为问题方程（1－1）的严格整体最优解，$f(x^*)$为问题方程（1－1）的严格整体最优值。若$x^* \in S$，存在x^*的邻域$N_\delta(x^*)$，使得

$$f(x^*) \leqslant f(x), \quad \forall x \in N_\delta(x^*) \cap S$$

则称x^*为问题方程（1－1）的局部最优解，$f(x^*)$为问题方程（1－1）的局部最优值。若$x^* \in S$，存在x^*的邻域$N_\delta(x^*)$，使得

$$f(x^*) < f(x), \quad \forall x \in N_\delta(x^*) \cap S$$

则称x^*为问题方程（1－1）的严格局部最优解，$f(x^*)$为问题方程（1－1）的严格局部最优值。

在实际应用中，通常将问题方程（1－1）表示为如下结构：

$$\begin{aligned} \min \quad & f(x) \\ \text{s.t.} \quad & h_i(x) \leqslant 0 \\ & g_j(x) = 0 \end{aligned} \tag{1-2}$$

其中，f，h_i，g_j：$\mathbb{R}^n \to \mathbb{R}$均为已知的函数，称函数$h_i(i=1, 2, \cdots, k)$和$g_j(j=1, 2, \cdots, l)$为约束函数。现记

$$I = \{x \mid h_i(x) \leqslant 0\}, \quad E = \{x \mid g_j(x) = 0\}$$

于是，问题方程（1-2）中的可行域 $S = I \cup E$。

根据不同的分类角度，可以对最优化问题进行相应的区分定义。例如，当 $E \neq \varnothing$，$I = \varnothing$ 时，称问题方程（1-2）为等式约束优化问题；当 $I \neq \varnothing$，$E = \varnothing$ 时，称问题方程（1-2）为不等式约束优化问题。如果目标函数和约束函数都是线性函数时，则称问题为线性规划问题；否则称之为非线性规划问题。如果决策变量的取值要求为整数时，则称问题为整数规划问题；如果可行域为组合编码的集合时，则称问题为组合优化问题。如果每个决策变量的取值都是确定可知的，则称为确定性最优化问题；如果某个或某些变量的取值符合一定的统计规律，则称为随机性最优化问题。如果问题的表述与时间有关，称为动态最优化问题；如果与时间无关，则称为静态最优化问题，简称为最优化问题。

1.3.2 线性规划及求解方法

一般而言，求线性目标函数在线性约束下的最大值或最小值问题，称为线性规划问题。这类问题具有以下相同的特点：

（1）目标函数都是以决策变量表示的线性函数，根据具体问题的不同情况，要求目标函数实现最大化或者最小化。

（2）每个问题都可以用一组决策变量表示某一方案，其具体的取值就代表一个具体方案。可以根据决策变量代表的事物特征，对变量的取值进行约束，例如，整数约束、非负约束等。

（3）约束条件可以表示为一组线性的等式或不等式形式。

线性规划的标准数学模型如下：

$$\begin{aligned} \min \quad & f(x) \\ \text{s.t.} \quad & Ax \leqslant b \\ & Aeq \times x = beq \\ & lb \leqslant x \leqslant ub \end{aligned}$$

其中，A 为不等式约束的系数矩阵，b 为不等式约束值向量，Aeq 表示等式约束的系数矩阵，beq 表示等式约束值向量，lb 和 ub 分别表示 x 的下限和上限。

线性规划是运筹学中发展较快、应用广泛、理论成熟的一个重要分支，在经济管理、交通运输、工农业生产等经济活动中发挥着明显的作用。一般地，经济效果的提升可以通过两种途径实现：第一，改进生产工艺、使用新设备和新型原材料等技术方面的提升；第二，合理安排人力、物力资源，达到生产组织与计划的改善。而线性规划的施展主要是针对第二种途径，在一定条件下合理安排人力、物力等资源，使得经济效果达到最好。早期求解线性规划的经典方法是 20 世纪十大数学算法之一的单纯形法。但随着线性优化算法的发展，为了进一步提高求解效率，逐渐出现了改进单纯形法、对偶单纯形法、原始对偶方法以及各种多项式时间算法等。

单纯形法于 1947 年由美国数学家丹齐格（Dantzig）首次提出，其理论依据为：线性规划问题的可行域是 $\mathbb{R}^n$ 空间中的多面凸集，其最优值若存在一定在该凸集的某顶点达到。顶点对应的可行解称为基本可行解。单纯形法的基本思想为：先找出一个基本可行解，进行辨别，看是否为最优解；如果不是，则按照一定法则转换到另一个改进的基本可行解，再辨别；如此重复，直至找到最优解。如果基本可行解为有限个，经过有限次转换一定能够确定问题的最优解，利用这个方法也可以辨别问题有没有最优解。该方法具体步骤为：

第一步，将约束方程组表示为典型的线性方程组，找出基本可行解作为初始基本可行解。

第二步，如果基本可行解不存在，则问题无解。

第三步，如果基本可行解存在，以初始基本可行解为起点，利用最优性条件和可行性条件，引入非基变量代替某一基变量，找出改进的基本可行解。

第四步，反复利用第三步进行迭代，直到满足最优性条件，如果迭代过程中出现目标函数无界，则停止迭代。

1.3.3 非线性规划及求解方法

在实际操作中，将实际问题归结为非线性规划问题时，需要注意以下几个方面：

（1）收集与问题相关的信息，明确问题的可选择方案，并通过变量进行表示。

（2）根据实际需要，提出追求的最小化或最大化目标，借助各种科学和技术原理将其转化为数学表达式。

（3）在明确目标以后，需要确立目标优劣的评价标准，并运用数量形式进行表述。

（4）通常采用变量之间的等式或不等式关系表示需要寻找问题的相关限制条件。

在非线性系统中，各要素之间彼此影响，一个变量的微小变化都可能会对其他变量产生不成比例的影响，甚至是相当大的扰动。一般来讲，非线性规划的求解要比线性规划困难得多。线性规划的最优解如果存在，则只能在可行域的边界取得，而非线性规划的最优解则可能出现在可行域的任一位置。目前还没有适用于各种非线性规划问题的通用算法，各个方法都有自己特点的适应范围。

非线性规划的一个重要理论是 1951 年库恩 – 塔克最优条件的建立，随后 20 世纪 50 年代主要围绕梯度法和牛顿法进行研究。60 年代，以 DFP 方法为起点，这是研究拟牛顿法的活跃时期，也伴随着对共轭梯度法的进一步探讨。70 年代是非线性规划高速发展的时期，1970 年提出的 BFGS 方法是一种高效的拟牛顿方法，同时约束变尺度方法和拉格朗日乘子法也是这时期的重要研究成果。进入 80 年代后，计算机技术的飞速发展极大地推动了非线性规划的进一步研究，涌现出诸如信赖域法、稀疏拟牛顿法、内点法以及有限储存法等有效的计算方法。

对于非线性规划问题，可以运用迭代思想对它进行求解。基本思路如下：从初始点 x^0 开始，按照某种迭代规则生成一个点列 $\{x^k\}$，设 x^k 为第 k 轮迭代点，记第 $k+1$ 轮的迭代点为：

$$x^{k+1} = x^k + t_k p^k$$

其中，$p^k \in \mathbb{R}^n$ 为第 k 轮搜索方向，$t_k \in \mathbb{R}$ 为沿 p^k 方向的步长。如果该点列为有限个数时，最后一个点就是问题的最优解；若该点列为无穷时，且有极限点，则极限点为问题的最优解。使用迭代方法的重点在于，构造好每一步迭代的搜索方向和相应的步长。

设 $\bar{x} \in \mathbb{R}^n$ 且 $p \neq 0$，如果存在 $\delta > 0$，有 $f(\bar{x} + tp) < f(\bar{x})$，$\forall t \in (0, \delta)$，则称 p 为 f 在点 $\bar{x}$ 处的下降方向。设 $\bar{x} \in \mathbb{R}^n$ 且 $p \neq 0$，如果存在 $t > 0$，有 $\bar{x} + tp \in S$，则称 p 为 f 在点 $\bar{x}$ 处关于 S 的可行方向。一个向量 p 既是函数 f 在 $\bar{x}$ 处的下降方向，又是 $\bar{x}$ 处关于 S 的可行方向，则称其为函数 f 在点 $\bar{x}$ 处关于 S 的可行下降方向。现在给出迭代方法的步骤：

第一步，选择初始点 x^0，令当前迭代次数 $k = 0$。

第二步，根据某一规则，选择函数 f 在点 x^k 处关于 S 的可行下降方向为 p^k，以及沿搜索方向 p^k 适当的步长 t_k。

第三步，根据迭代公式 $x^{k+1} = x^k + t_k p^k$ 计算下一个迭代点，如果已满足终止条件，停止迭代，输出结果；否则，进入第二步。

1.3.4 最优化问题求解方法概述

求解最优化问题的主要手段就是对优化问题的可行域进行搜索，根据不同的搜索策略，将主要的搜索方法分为以下几种。

（1）枚举法。对整个可行域中的所有点进行计算比较，进而找出最优点。该方法策略简单，针对可行域为有限集合时非常有效，但其计算量偏大。枚举法通常适合整数规划、组合优化等问题，典型的方法有动态规划和分支定界法。

（2）解析法。在搜索过程中，需要利用目标函数的解析性质，通过目标函数的梯度方向来确定下一步的搜索方向，从而沿最陡的方向进入下一个局部最优点。典型的方法有最速下降法、牛顿法、共轭梯度法等。这里对几种经典的解析算法进行介绍。

①最速下降法。该方法每轮搜索的方向都是目标函数在当前点下降最快的方向。其具体步骤如下：

第一步，择初始点 x^0，给定终止误差 ε。

第二步，计算梯度向量 $\nabla f(x^k)$，如果 $\| \nabla f(x^k) \| \leq \varepsilon$，停止迭代，输出结果；否则，进入下一步。

第三步，构造负梯度方向，取 $p^k = -\nabla f(x^k)$。

第四步，求步长 t_k，使得：

$$f(x^k + t_k p^k) = \min_{t \geqslant 0} f(x^k + tp^k)$$

令 $x^{k+1} = x^k + t_k p^k$，转向第二步。

②牛顿法。该方法需要考虑目标函数在 x^k 处的二次逼近式

$$f(x) \approx f(x^k) + \nabla f(x^k)^T (x - x^k) + \frac{1}{2}(x - x^k)^T \nabla^2 f(x^k)(x - x^k)$$

其中，$\nabla^2 f(x^k)$ 表示海森矩阵，形式如下：

$$\nabla^2 f(x^k) = \begin{bmatrix} \dfrac{\partial^2 f(x^k)}{\partial x_1^2} & \cdots & \dfrac{\partial^2 f(x^k)}{\partial x_1 \partial x_n} \\ \vdots & & \vdots \\ \dfrac{\partial^2 f(x^k)}{\partial x_n \partial x_1} & \cdots & \dfrac{\partial^2 f(x^k)}{\partial x_n^2} \end{bmatrix}$$

通常将方向 p^k 称为从点 x^k 出发的牛顿方向，每一轮搜索从当前迭代点出发，沿牛顿方向并取步长为1进行迭代。具体步骤如下：

第一步，择初始点 x^0，给定终止误差 ε。

第二步，计算梯度向量 $\nabla f(x^k)$，如果 $\|\nabla f(x^k)\| \leqslant \varepsilon$，停止迭代，输出结果；否则，进入下一步。

第三步，计算 $[\nabla^2 f(x^k)]^{-1}$，构造牛顿方向：

$$p^k = -[\nabla^2 f(x^k)]^{-1} \nabla f(x^k)$$

第四步，令 $x^{k+1} = x^k + p^k$，转向第二步。

③变尺度法。该方法能够避免二阶导数矩阵及其求逆过程，同时比最速下降法收敛速度更快，尤其对于高维问题具有明显优势。这里简要介绍一种经典的变尺度法——DFP方法的计算步骤。

第一步，择初始点 x^0，给定梯度允许误差 ε。

第二步，计算梯度向量 $\nabla f(x^k)$，如果 $\|\nabla f(x^k)\| \leqslant \varepsilon$，$x^0$ 即为近极小值点，停止迭代；否则，进入下一步。

第三步，取 $\overline{H}^{(0)} = I$（单位矩阵），以及 $p^0 = -\overline{H}^{(0)} \cdot \nabla f(x^0)$，并沿 p^0 方向进行搜索，确定步长 λ_0：

$$f(x^0+\lambda_0 p^0)=\min_{\lambda} f(x^0+\lambda p^0)$$

得出下一个近似点：$x^1=x^0+\lambda_0 p^0$。

第四步，计算向量 $\nabla f(x^k)$，如果 $\|\nabla f(x^k)\|\leqslant\varepsilon$，停止迭代，输出结果；否则，计算 $\overline{H}^{(k)}$：

$$\overline{H}^{(k)}=\overline{H}^{(k-1)}+\frac{\Delta x^{k-1}(\Delta x^{k-1})^T}{(\Delta G^{(k-1)})^T\Delta x^{k-1}}-\frac{\overline{H}^{(k-1)}\Delta G^{(k-1)}(G^{(k-1)})^T\Delta H^{(k-1)}}{(\Delta G^{(k-1)})^T\overline{H}^{(k-1)}\Delta G^{(k-1)}}$$

其中，$\Delta G^{(k)}=\nabla f(x^{k+1})-\nabla f(x^k)$，$\Delta x^k=x^{k+1}-x^k$。令 $p^k=-\overline{H}^{(k)}\times\nabla f(x^k)$，并沿 p^k 方向进行一维搜索，确定 λ_k，从而得到近似点：$x^{k+1}=x^k+\lambda_k p^k$。

第五步，如果 x^{k+1}满足要求，即为近似解；否则，转向第四步。

（3）直接法。如果目标函数不可导或者导函数的解析式难以表示时，可以使用直接搜索的方法经过有限次迭代达到最优点。典型的方法有爬山法、鲍威尔方法等。下面主要介绍一下鲍威尔方法。

鲍威尔方法由基本搜索、加速搜索以及调整搜索三个部分组成，具体如下：

第一步，初始化数据。选择初始点 x^0 以及 n 个线性无关的初始方向，构成搜索方向组：

$$\{p^0,\ p^1,\ \cdots,\ p^{n-1}\}$$

给定终止误差 ε，令当前迭代次数 $k:=0$。

第二步，进行基本搜索。令 $y^0:=x^k$，依次沿 $\{p^0,\ p^1,\ \cdots,\ p^{n-1}\}$ 中的方向进行一维搜索，对应地获得辅助迭代点 y^1，y^2，…，y^n，即有：

$$\begin{cases}f(y^{j-1}+t_{j-1}p^{j-1})=\min\limits_{t\geqslant 0} f(y^{j-1}+tp^{j-1})\\ y^j=y^{j-1}+t_{j-1}p^{j-1}\end{cases}$$

其中，$j=1,\ 2,\ \cdots,\ n$。

第三步，构造加速方向。令 $p^n=y^n-y^0$，如果 $\|p^n\|\leqslant\varepsilon$，停止迭代，输出 $x^{k+1}=y^n$；否则，进入下一步。

第四步，确定调整方向。根据以下公式：

$$f(y^{m-1})-f(y^m)=\max\{f(y^{j-1})-f(y^j)\mid 1\leqslant j\leqslant n\}$$

找出 m，如果有：

$$f(y^0)-2f(y^n)+f(2y^n-y^0)<2[f(y^{m-1})-f(y^m)]$$

成立，则进入第五步；否则，进入第六步；

第五步，调整搜索方向组。取 t_n，使得：

$$f(y^n + t_n p^n) = \min_{t \geqslant 0} f(y^n + tp^n)$$

令 $x^{k+1} = y^n + t_n p^n$，并取：

$$\{p^0, p^1, \cdots, p^{n-1}\}_{k+1}: = \{p^0, \cdots, p^{m-1}, p^{m+1}, \cdots, p^{n-1}, p^n\}$$

同时，令 $k: = k+1$，转向第二步。

第六步，不调整搜索方向组。令 $x^{k+1}: = y^n$，$k: = k+1$，转向第二步。

（4）随机法。基于直接法的思想，在迭代公式中对搜索方向加入了随机变化，使得算法能够在搜索过程中以较大概率脱离局部最优点，寻找到更理想的结果。随机法可分为盲目随机法和导向随机法，前者在可行域中随机选择点进行测试，后者则需根据当前搜索的最优解情况进行搜索调整。导向随机法包括遗传算法、模拟退火算法、蚁群算法、粒子群优化算法等。随后，将重点介绍随机法中的粒子群优化算法及其研究现状。

本章参考文献

[1] Zadeh L A. Fuzzy sets [J]. Information and Control, 1965, 3 (8): 338 – 353.

[2] Bellman R, Zadeh L A. Decision making in a fuzzy environment [J]. Management Science, 1970, 17 (4): 141 – 164.

[3] 张银利，高淑萍，邱言玲. 投资组合选择的一种模糊决策方法 [J]. 数学的实践与认识，2013，43（20）：50 – 57.

[4] 房勇，汪寿阳. 基于模糊决策的投资组合优化 [J]. 系统科学与数学，2009，29（11）：1517 – 1526.

[5] 曾建华，汪寿阳. 一个基于模糊决策理论的投资组合模型 [J]. 系统工程理论与实践，2003（1）：99 – 104.

[6] Tanaka H, Guo P, Türksen I B. Portfolio selection based on fuzzy probabilities and possibility distributions [J]. Fuzzy Sets and Systems, 2000, 111

(3): 387 -397.

[7] Ong C S, Huang J J, Tzeng G H. A novel hybrid model for portfolio selection [J]. Applied Mathematics and Computation, 2005, 169 (2): 1195 - 1210.

[8] Tanaka H, Guo P. Portfolio selection based on upper and lower exponential possibility distributions [J]. European Journal of Operational Research, 1999, 114 (1): 115 -126.

[9] Inuiguchi M, Tanino T. Portfolio selection under independent possibilistic information [J]. Fuzzy Sets and Systems, 2000, 115 (1): 83 -92.

[10] Deng X, Li R. A portfolio selection model based on possibility theory using fuzzy two-stage algorithm [J]. Journal of Convergence Information Technology, 2010, 5 (6): 138 -145.

[11] Li T, Zhang W G, Xu W J. Fuzzy possibilistic portfolio selection model with VaR constraint and risk-free investment [J]. Economic Modelling, 2013, 31 (3): 12 -17.

[12] 宋健，邓雪. 基 PSO-AFSA 混合算法的模糊投资组合问题的研究 [J]. 运筹与管理，2018，27 (9): 148 -155.

[13] Nabil M, Mohamed S C, Walid A. Multi-objective imprecise programming for financial portfolio selection with fuzzy returns [J]. Expert Systems with Applications, 2019 (138): 1 -15.

[14] Dubois D, Prade H. Possibility Theory [M]. New York: Plenum Press, 1988.

[15] Liu B D. Uncertainty Theory: An Introduction to Its Axiomatic Foundations [M]. Heidelberg: Springer-Verlag, 2004.

[16] Liu Y J, Zhang W G. Credibilistic multi-period portfolio optimization model with bankruptcy control and affine recourse [J]. Applied Soft Computing, 2016, 38 (2): 890 -906.

[17] 刘勇军. 多期模糊投资组合优化模型及算法研究 [D]. 广州：华南理工大学，2013.

［18］ Vercher E, Bermúdez D. Portfolio optimization using a credibility mean-absolute semi-deviation model ［J］. Expert Systems with Applications, 2015, 42 (20): 7121 –7131.

［19］ Vercher E, Bermúdez J. A possibilistic mean-downside risk-skewness model for efficient portfolio selection ［J］. IEEE Transactions on Fuzzy Systems, 2013, 21 (3): 585 –595.

［20］ Mukesh K. Credibilistic mean-entropy models for multi-period portfolio selection with multi-choice aspiration levels ［J］. Information Sciences, 2016 (6): 9 –26.

［21］ 张鹏，龚荷珊．可调整的均值－半方差可信性投资组合绩效评价［J］．模糊系统与数学，2018，32（1）：144－157.

［22］ 王灿杰，邓雪．基于可信性理论的均值－熵－偏度投资组合模型及其算法求解［J］．运筹与管理，2019，28（2）：154－159，192.

［23］ 曾永泉，张鹏．限制卖空的不确定多阶段均值－绝对偏差投资组合决策［J］．模糊系统与数学，2021，35（3）：59－70.

［24］ 王晓琴，高岳林．考虑交易费用的均值－VaR 多阶段投资组合优化模型［J］．工程数学学报，2020，37（6）：673－684.

［25］ 周忠宝，刘湘晖，肖和录，等．基于线性反馈策略的多阶段均值－方差投资组合优化［J］．系统科学与数学，2018，38（9）：1018－1035.

［26］ 徐维军，庾灿斌，徐中岳．多约束的多阶段积极投资组合模型及实证研究［J］．运筹学学报，2018，22（4）：57－68.

［27］ Sharpe W F. A simplified model for portfolio analysis ［J］. Management Science, 1963, 9 (2): 277 –293.

［28］ Mao J C T. Models of capital budgeting, EV vs ES ［J］. Journal of Financial and Quantitative Analysis, 1970, 4 (5): 657 –675.

［29］ Green R C, Hollifield B. When will mean-variance efficient portfolios be well diversified? ［J］. The Journal of Finance, 1992, 47 (5): 1785 –1809.

［30］ Konno H, Yamazaki H. Mean-absolute deviation portfolio optimization model and its applications to Tokyo stock market ［J］. Management Science, 1991,

37 (5): 519 - 531.

[31] Fernstein C D, Thapa M N. Notes, a reformation of a mean-absolute deviation portfolio optimization [J]. Management Sci, 1993, 38: 1552 - 1553.

[32] Samuelson P A. An exact consumption-loan model of interest with or without the social contrivance of money [J]. Journal of Political Economy, 1958, 66 (6): 467 - 482.

[33] Sun Q, Yan Y. Skewness persistence with optimal portfolio selection [J]. Journal of Banking & Finance, 2003, 27 (6): 1111 - 1121.

[34] Marcos A, et al. Mean-value-at-risk optimal portfolios with derivatives [J]. Derivatives Quarterly, 1999, 6 (2): 56 - 63.

[35] Yiu K F C. Optimal portfolios under a value-at-risk constraint [J]. Journal of Economic Dynamics and Control, 2004, 28 (7): 1317 - 1334.

[36] 易江，李楚霖．用安全第一标准选择多期风险资产组合 [J]. 管理工程学报，2001 (3): 60 - 62.

[37] Calafiore G C. Multi-period portfolio optimization with linear control policies [J]. Automatica, 2008, 44 (10): 2463 - 2473.

[38] 张鹏．多阶段均值 - 平均绝对偏差投资组合的离散近似迭代法 [J]. 系统管理学报，2010 (3): 266 - 271.

[39] Zhang W, Liu Y, Xu W. A possibilistic mean-semivariance-entropy model for multi-period portfolio selection with transaction costs [J]. European Journal of Operational Research, 2012, 222 (2): 341 - 349.

[40] 任大源，徐玖平，黄南京，等．含交易成本和机会成本的极小极大多期投资组合选择模型 [J]. 系统工程理论与实践，2012, 32 (1): 11 - 19.

[41] Wang Z, Liu S. Multi-period mean-variance portfolio selection with fixed and proportional transaction costs [J]. Management, 2013, 9 (3): 643 - 657.

[42] Mossin J. Optimal multiperiod portfolio policies [J]. Journal of Business, 1968 (41): 215 - 229.

[43] Li D, Ng W L. Optimal dynamic portfolio selection: multi-period mean-

variance formulation [J]. Mathematical Finance, 2000, 10 (3): 387 -406.

[44] Jiang B. Optimal portfolio selection with transaction costs when an illiquid asset pays cash dividends [J]. Journal of the Korean Mathematical Society, 2007, 44 (1): 1 39 -150.

[45] Koo H K. Consumption and portfolio selection with labor income: a discrete-time approach [J]. Mathematical Methods of Operations Research, 1999, 50 (2): 219 -243.

[46] Kellerer H, Mansini R, Speranza M G. Selecting portfolios with fixed costs and minimum transaction lots [J]. Annals of Operations Research, 2000, 99 (1): 287 -304.

[47] Liu S, Wang S Y, Qiu W. Mean-variance-skewness model for portfolio selection with transaction costs [J]. International Journal of Systems Science, 2003, 34 (4): 255 -262.

[48] Simonelli M R. Indeterminacy in portfolio selection [J]. European Journal of Operational Research, 2005, 163 (1): 170 -176.

| 第 2 章 |

PSO 算法概述

本章从 PSO 算法的思想起源开始，逐步介绍算法的模型和实施步骤、模型中相关参数的设置、算法的改进方法和研究现状等内容。

2.1 基本原理和模型

2.1.1 算法原理

作为一种基于种群行为的随机搜索算法，PSO 算法源于对鸟群的觅食行为的研究。当一群鸟在一块区域内随机寻找食物时，如果区域中只有一块食物，找到食物最简单有效的方法是搜寻离食物最近的鸟所在的附近区域。将鸟群觅食的行为方式和人们搜集的决策经验结合起来，于是形成了 PSO 算法的基本原理。在 PSO 算法中，将优化问题的解视为搜索空间中的鸟，抽象为没有质量且没有体积的粒子，并将其扩展到多维空间。粒子在空间中的每个位置以及飞行速度都表示成矢量。每个粒子都对应一个由优化函数决定的适应值（fitness value），还有一个飞行速度确定其飞行的方向和距离。在飞行中，粒子们通过搜集各自的历史最好位置（记为 pbest）和当前位置，积累自己的飞行经验。同时，每个粒子还能及时掌握同伴们的飞行经验，从而找到迄今为止整个种群中所有粒子的最好位置（记为 gbest）。于是，结合自身经验和同伴的最好经验，粒子可以追随当前最优的粒子在搜索空间中继续飞行，直到寻得满意的解为止。

2.1.2 标准 PSO 算法模型

在 PSO 体系中，首先对一群粒子进行随机初始化，然后粒子们按照一定的迭代方式在解空间中进行搜索。假设搜索空间为 D 维，种群的粒子个数为 n，第 i 个粒子的位置和速度分别是 $X_i=(X_{i1},X_{i2},\cdots,X_{iD})$ 和 $V_i=(V_{i1},V_{i2},\cdots,V_{iD})$，第 i 个粒子的个体极值和全局极值分别为 $P_i=(P_{i1},P_{i2},\cdots,P_{iD})$ 和 $P_g=(P_{g1},P_{g2},\cdots,P_{gD})$。

在迭代过程中，粒子通过以下公式来更新自身的速度和位置：

$$V_{id}(t+1)=wV_{id}(t)+c_1r_1[P_{id}(t)-X_{id}(t)]+c_2r_2[P_{gd}(t)-X_{id}(t)] \tag{2-1}$$

$$X_{id}(t+1)=X_{id}(t)+V_{id}(t+1) \tag{2-2}$$

其中，$i=1,2,\cdots,n$，$d=1,2,\cdots,D$。w 表示惯性权重，c_1 和 c_2 表示加速因子，r_1 和 r_2 表示 0 ~ 1 之间均匀分布的随机数。标准 PSO 算法的具体步骤如下：

第一步，初始化种群中各粒子的位置和速度。

第二步，评价每个粒子的适应度，将各粒子的当前位置和适应值存储在 pbest 中，并将所有 pbest 中适应值最优的粒子信息储存在 gbest 中。

第三步，运用迭代公式（2-1）和公式（2-2）分别更新粒子的速度和位置。

第四步，将每个粒子的适应值与历史最好位置比较，保留较好的作为当前的 pbest。

第五步，比较当前所有粒子的 pbest 和 gbest，更新 gbest。

第六步，若符合搜索的停止条件，返回搜索结果；否则，进入第三步。

2.2 参数设置的分析

通过大量的实验和分析，研究人员发现 PSO 算法的性能在很大程度上取决于算法中的控制参数，包括搜索空间维数、粒子的搜索范围、粒子总数 n、粒子的最大速度、惯性权重 w 以及加速因子 c_1 和 c_2 等。其中搜索空间维数和粒子的搜索范围由优化问题决定，其他参数则可以通过技术修正使算法取得更好的性能。

第一，粒子总数。种群的规模可依据优化问题的复杂程度自行决定。对于比较简单的问题，10 个粒子已经可以取得很好的结果；对于一般的优化问题，20～40 个粒子也足够获得满意的结果；对于比较复杂的问题或一些特定问题，则需要考虑 100 个以上的粒子。

第二，粒子的最大速度。最大速度决定粒子在一次迭代中最大的飞行距离，反映粒子当前位置与最好位置之间区域的精度。当设置的值太大，粒子可能会飞出最优解所在的区域；而设置的值太小，粒子则无法进入局部最优解以外的区域探索，从而易陷入局部最优。通常粒子的最大速度可根据粒子的搜索范围来确定。

第三，惯性权重。粒子速度迭代公式中第一部分反映了粒子以前速度对当前粒子飞行轨迹的影响，而权重系数决定粒子受历史飞行速度的影响程度。选择较大的权重值时，可以加强粒子探索陌生区域的能力，体现出较强的全局搜索能力避免陷入局部最优；选择较小的权重值时，粒子会滞留在当前区域附近搜索，增强算法的局部搜索能力从而加速收敛。于是，惯性权重的设置对算法的全局搜索和局部搜索的平衡起着重要的作用。通常采用线性变化、模糊自适应、随机变化等手段。

第四，加速因子。培养了粒子自我总结和向群体优秀个体学习的能力，

c_1 和 c_2 分别反映了粒子向 pbest 和 gbest 靠近的程度。当 $c_1 = c_2 = 0$ 时，粒子将以固定的方向一直飞行，直到飞出边界。由于粒子只能搜索有限区域，很难获得最优解。当 $c_1 = 0$ 时，粒子不具备个体认知能力，在群体经验的作用下也许收敛很快，但是处理复杂问题容易陷入局部最优。当 $c_2 = 0$ 时，粒子缺乏相互之间的信息共享，仅仅根据自身经验进行迭代，同时进行了 n 个单独的搜索，违背了群智能算法的真正思想，很难找到最优解。通常取 c_1 和 c_2 均为 2，也有其他取法，一般 c_1 和 c_2 相等，取值在 0 ~ 4 之间。

2.3 算法的改进

由于标准 PSO 算法在搜索后期易陷入局部最优，无法获得真正的全局最优解。为了提高算法的全局搜索能力，增强搜索的速度和精度，研究人员进行了大量的优化工作，目前主要包括以下三方面的改进措施。

2.3.1 参数设置的修正

2.3.1.1 惯性权重的修正

惯性权重可调节粒子下一步速度对当前速度的继承能力，选择合适的权重值将实现算法全局搜索与局部搜索的平衡。在标准 PSO 算法的基础上，提出了带收缩因子的 PSO 算法（Clerc，1999），对惯性权重进行模糊动态处理（Shi and Eberhart，2001），基于代数余弦的惯性权重调整（陈国初和俞金寿，2005）。下面分别对几种常见的权重处理方法进行阐述。

第一，收缩因子法。在粒子速度迭代公式（2 - 1）中引入收缩因子 ϕ，如下：

$$\phi = \frac{2}{\left|2 - C - \sqrt{C^2 - 4C}\right|},\quad C = c_1 + c_2$$

此时速度更新公式为：

$$V_{id}(t+1)=\phi\{V_{id}(t)+c_1r_1[P_{id}(t)-X_{id}(t)]+c_2r_2[P_{gd}(t)-X_{id}(t)]\}$$

为保证算法的顺利进行，C 必须大于 4，通常取 $c_1=c_2=2.05$，则 $\phi=0.729$。这种取法形式上等价于 $w=0.729$，$c_1=c_2\approx1.49445$ 的标准 PSO 算法。

第二，线性递减权重法。因为较大的权重值利于跳出局部极值，较小的权重值利于精确的局部搜索。于是针对标准 PSO 算法的早熟以及后期易在最优解附近产生震荡，采用线性变化的权重设置，使得权重从最大值 w_{max} 变化到最小值 w_{min}，公式如下：

$$w=w_{max}-\frac{t(w_{max}-w_{min})}{T}$$

其中，t 为当前迭代步数，T 为最大迭代步数，通常取 $w_{max}=0.9$，$w_{min}=0.4$。

第三，自适应权重法。采用非线性的动态惯性权重来平衡算法的全局和局部搜索能力，公式如下：

$$w=\begin{cases}w_{min}-\dfrac{(w_{max}-w_{min})(f-f_{min})}{f_{avg}-f_{min}}, & f\leqslant f_{avg}\\ w_{max}, & f>f_{avg}\end{cases}$$

其中，w_{max} 和 w_{min} 分别为权重的最大和最小值，f 为粒子当前的目标函数值，f_{avg} 和 f_{min} 分别表示当前所有粒子的平均目标值和最小目标值。在以上公式中，权重值随粒子的目标函数值自动变化，具有良好的自我调整和适应能力。当粒子的目标值趋于一致时，权重值会变大；而粒子目标值分散时，权重值会减小。同时，对于目标值更优的粒子赋以较小的权重，保护了该粒子；对目标值较差的粒子则赋予较大的权重，使其向更好的区域逼近。

第四，随机权重法。设定权重为服从某种随机分布的随机数，在一定程度上可以克服线性递减策略带来的不足。当迭代初期接近最优点时，随机选择可能生成相对小的权重值，加速收敛；当迭代后期偏离最优点时，线性递减策略无法搜索到最优，而随机生成的权重则能克服这种情况。具体表达式如下：

$$\begin{cases}w=\mu+\sigma\times h_1\\ \mu=\mu_{min}+(\mu_{max}-\mu_{min})\times h_2\end{cases}$$

其中，μ_{min}和μ_{max}分别表示随机权重均值的最小和最大值，σ 表示随机权重均值的标准差，h_1 为标准正态分布的随机数，h_2 为 0 ~ 1 之间均匀分布的随机数。

2.3.1.2 加速因子的修正

加速因子通常固定为常值，在一些实际应用中，还存在其他的取值形式，例如，同步变化、异步变化以及随时间变化的加速因子（time-varying acceleration coefficients，TVAC）等。

第一，同步变化的加速因子。将加速因子 c_1 和 c_2 设定为随迭代次数变化的函数，公式为：

$$c_1 = c_2 = c_{max} - \frac{c_{max} - c_{min}}{T} t$$

其中，c_{max}和 c_{min}分别为设定范围的最大和最小值，T 为最大迭代步数。

第二，异步变化的加速因子。在搜索过程中，两个因子随迭代次数进行不同的变化，被称为异步变化的加速因子。在搜索的初期，粒子拥有较大的自我总结能力和较小的社会学习能力，增强全局搜索；而在搜索后期，粒子拥有较小的自学能力和较大的社会学习能力，加速收敛到全局最优。具体表达式为：

$$c_j = c_{j,ini} + \frac{c_{j,fin} - c_{j,ini}}{T} t$$

其中，$j = 1$，2，$c_{j,fin}$和 $c_{j,ini}$分别为加速因子的迭代终值和初值。通常这样设置：$c_{1,ini} = 2.5$，$c_{1,fin} = 0.5$，$c_{2,ini} = 0.5$，$c_{2,fin} = 2.5$。

2.3.2 粒子速度与位置的调整

为避免 PSO 算法早熟和收敛停滞，许多学者表明能够按照某些新的标准，对整个粒子群或者部分粒子的状态进行重新赋值。范登伯格和恩格尔布雷希特（Van den Bergh and Engelbrecht，2002）提出了一种新的 PSO 算法，在粒子速度和位置公式中设置了一个比例因子。考虑耗散型的 PSO 算法，将小概率随机变异操作融入迭代公式中，有效地提高了算法的全局搜索能力

(Xie et al. , 2002)。随后，蒙森和塞皮（Monson and Seppi，2004）、肯尼迪(Kennedy，2003)、里奇和布莱克威尔（Richer and Blackwell，2006）分别利用卡尔曼滤波、高斯分布、列维分布等对算法进行了很好的改进。此外，还有研究者提出了统一 PSO 算法（UPSO）（Parsopoulos and Vrahatis，2004）、主要素 PSO 算法（PCPSO）（Voss，2005）、二阶震荡 PSO 算法（龚纯和王正林，2012）等有效的优化方法。同时，在研究局部版 PSO 算法和全局版 PSO 算法中粒子间的信息流时，肯尼迪（Kennedy）和门德斯（Mendes）提出了粒子群的相关拓扑结构。进而，门德斯（Mendes，2004）系统地分析了这些拓扑结构对标准 PSO 算法性能的影响，发现算法的鲁棒性和执行性跟粒子群的拓扑结构有直接关系。在此基础上，一些学者相继对动态邻居结构（Janson and Middendorf，2005；Hamdan，2008；王雪飞等，2007）进行了较深入的研究和探讨。下面介绍一下二阶震荡 PSO 算法。

二阶震荡 PSO 算法是在二阶 PSO 算法基础上改变而来，而二阶 PSO 算法将粒子速度的变化与粒子位置的变化联系起来，定义了新的速度公式：

$$V_{id}(t+1) = wV_{id}(t) + c_1r_1[P_{id}(t) - 2X_{id}(t) + X_{id}(t-1)] + c_2r_2[P_{gd}(t) - 2X_{id}(t) + X_{id}(t-1)] \tag{2-3}$$

在公式（2-3）中引入一个震荡环节，得到二阶 PSO 算法的速度更新公式：

$$V_{id}(t+1) = wV_{id}(t) + c_1r_1[P_{id}(t) - (1+\xi_1)X_{id}(t) + \xi_1X_{id}(t-1)] + c_2r_2[P_{gd}(t) - (1+\xi_2)X_{id}(t) + \xi_2X_{id}(t-1)]$$

其中，ξ_1 和 ξ_2 为随机数。在算法迭代的前半程，取：

$$\xi_1 < \frac{2\sqrt{c_1r_1} - 1}{c_1r_1},\ \xi_2 < \frac{2\sqrt{c_2r_2} - 1}{c_2r_2}$$

以增强算法的全局搜索能力。在迭代的后半程，则取：

$$\xi_1 \geqslant \frac{2\sqrt{c_1r_1} - 1}{c_1r_1},\ \xi_2 \geqslant \frac{2\sqrt{c_2r_2} - 1}{c_2r_2}$$

以确保算法的收敛。

2.3.3 与其他算法思想的融合

PSO 算法与其他优化算法的融合也成为目前改进的一个主要方向。不同的算法因为其特有的学习机制而导致其在应对不同类型的优化问题时各有侧重。如何利用不同算法所具有的特殊学习机制以实现算法在不同的优化问题上的性能的平衡并提高其总体性能便成为了研究的热点。其中涉及的主要算法有：遗传算法、模拟退火算法、混沌搜索算法、蚁群算法、差分进化、萤火虫算法、人工蜂群等，吸引了众多学者的关注和研究。将遗传算法与 PSO 算法相结合，提出遗传学习的粒子群优化算法（GLPSO）（Gong et al.，2015）。在 GLPSO 算法中，遗传算子用于生成样本，粒子从样本中学习，进而利用粒子的历史搜索信息为种群的进化提供了指导。通过对粒子的历史信息进行交叉、变异和选择，所构建的样本不仅具有很高的多样化，而且质量很高。在这种措施下，PSO 算法的全局搜索能力和搜索效率都得到了增强。艾迪莱克（Aydilek，2018）将萤火虫算法与 PSO 算法结合，提出了一种新的混合算法，被记为 HFPSO。另外，分别将免疫机制、小波变异、差分进化和量子行为与 PSO 算法结合，也取得了相应的改进结果（高鹰和谢胜利，2004；Ling et al.，2008；Zhang and Xie，2003；Yang et al.，2004）。接下来，分别对遗传算法、模拟退火算法、混沌搜索算法和 PSO 算法的融合思路进行阐述。

2.3.3.1 与遗传算法的融合

将遗传算法中的三种基本操作：选择、交叉和变异分别与 PSO 算法结合起来，得到新的混合优化算法。

（1）基于选择的 PSO 算法。在标准 PSO 算法的每次迭代过程中，对所有粒子的适应值进行排序；然后用群体中表现最好的一半粒子替换表现最差的一半粒子，更新粒子的速度和位置，同时每个粒子的历史最优仍需保留。

（2）基于交叉的 PSO 算法。在每次迭代过程中，依照杂交概率选择指定数目的粒子放入杂交池中，进行随机两两杂交；然后用杂交产生的子代粒子（记为 *child*）替换父代粒子（记为 *parent*）。子代粒子的位置和速度分别由以下公式获得：

$$child(X) = q \times parent_1(X) + (1 - q)parent_2(X)$$

$$child(V)=\frac{parent_1(V)+parent_2(V)}{|parent_1(V)+parent_2(V)|}|parent_1(V)|$$

其中，q 表示 0 ~ 1 之间的随机数。

（3）基于变异的 PSO 算法。在迭代过程中，对每个粒子进行变异操作，需要设定两个参数：变异概率 P_m 和变异维数 D_m。当第 i 个粒子产生的随机数 $rand_i \leqslant P_m$ 时，对该粒子进行以下操作。

for $k=1:D_m$

$d=\lceil rand_k 1 \cdot D \rceil$;

$X_{id}=rand_{k2}\cdot(U_d-L_d)$;

end

其中，$rand_{k1}$ 和 $rand_{k2}$ 分别表示 0 ~ 1 之间的随机数，$\lceil\cdot\rceil$ 表示向上取整。

2.3.3.2 与模拟退火算法的融合

由于模拟退火算法在搜索时具有概率突跳的能力，因此可以有效地避免 PSO 算法陷入局部最优的情况。在退火过程中，该算法在接受好的解同时，还以一定概率保留较差的解，而这种概率会随着温度的降低而变小。基于模型退火的 PSO 算法步骤如下。

第一步，随机初始化所有粒子。

第二步，评价各粒子的适应度，将当前所有粒子的位置和适应值存储在各自的 pbest 中，然后把 pbest 中最优的个体存储在 gbest 中。

第三步，确定初始温度，一般设定为 $t_0=f(\text{gbest})/\ln 5$。

第四步，由以下公式决定当前温度下 pbest 的适配值：

$$TF(\text{pbest})=\frac{e^{-[f(\text{pbest})-f(\text{gbest})]/t}}{\sum_{i=1}^{n} e^{-[f(\text{pbest})-f(\text{gbest})]/t}}$$

第五步，采用轮盘赌策略从所有 pbest 中选出 gbest’ 替换 gbest，分别通过下面的公式更新粒子速度和位置：

$$V_{id}(t+1)=\phi\{V_{id}(t)+c_1r_1[P_{id}(t)-X_{id}(t)]+c_2r_2[P_{gd'}-X_{id}(t)]\}$$

$$X_{id}(t+1)=X_{id}(t)+V_{id}(t+1)$$

其中，ϕ 为收缩因子。

第六步，计算各粒子的适应值，更新 pbest 和 gbest。

第七步，进行退温操作，$t_{k+1}=\lambda t_k$。

第八步，当满足停止条件时，停止搜索，输出结果；否则，进入第四步。

2.3.3.3 与混沌搜索算法的融合

混沌搜索过程为一个遍历过程，能有效预防算法陷入早熟。混沌局部搜索算法具体步骤为：

第一步，置 $k=0$，将决策变量 x_j^k 通过公式

$$s_j^k=\frac{x_j^k-x_{\min,j}}{x_j^k-x_{\max,j}}$$

映射为 0 ~ 1 之间的混沌变量 s_j^k，其中，$x_{\max,j}$ 和 $x_{\min,j}$ 分别为第 j 维变量的搜索上下界。

第二步，更新混沌变量 $s_j^{k+1}=4s_j^k(1-s_j^k)$。

第三步，转换混沌变量为决策变量，$x_j^{k+1}=x_{\min,j}+s_j^{k+1}(x_{\max,j}-x_{\min,j})$。

第四步，根据 x_j^{k+1} 对新解作出评价，当新解优于初始解或搜索条件满足时，输出结果；否则，$k=k+1$，进入第二步。

该算法收敛速度较慢，对初始解很敏感，可以通过 PSO 算法来克服它的不足。PSO 算法侧重全局搜索，混沌搜索算法则在前者基础上作局部搜索。于是混沌 PSO 算法思路如下。

第一步，随机初始化所有粒子。

第二步，评价各粒子的适应度，将当前所有粒子的位置和适应值存储在各自的 pbest 中，然后把 pbest 中最优的个体存储在 gbest 中。

第三步，更新粒子的速度和位置。

第四步，计算粒子的目标函数值，然后保留适应值最好的 20% 的粒子。

第五步，对种群中的最优粒子进行混沌局部搜索，并更新其 pbest 和 gbest。

第六步，当满足停止条件时，搜索停止，输出结果；否则，进入第七步。

第七步，按照以下公式收缩搜索区域：

$$x_{\min,j} = \max\{x_{\min,j}, x_{g,j} - r(x_{\max,j} - x_{\min,j})\},$$
$$x_{\max,j} = \min\{x_{\max,j}, x_{g,j} - r(x_{\max,j} - x_{\min,j})\},$$

其中，$0 < r < 1$，$x_{g,j}$表示 gbest 的第 j 维变量的值。

第八步，在收缩空间中随机产生种群中剩余的80%的粒子，进入第二步。

混沌 PSO 算法通过加强搜索的分散性保持种群的多样化，在保留一定优秀粒子时，根据群体最优位置动态收缩搜索区域，然后在收缩区域中利用随机粒子替换表现差的粒子。

2.4 多目标 PSO 算法概述

2.4.1 算法原理

杰奎琳和理查德（Jacqueline and Richard，1999）在 PSO 算法的基础上首次提出了多目标粒子群优化算法（multi-objective particle swarm optimization algorithm，MOPSO），随后科埃罗和勒丘加（Coello and Lechuga，2002）对其结果进行了充实和完善。MOPSO 算法继承了 PSO 算法的优点：并行式随机搜索和良好的自适应能力，另外算法中出现了两个重要环节：引导粒子的选择以及非劣解的产生。在算法的设计中，需要注意以下三个问题：一是如何在非劣解集中筛选出粒子的学习样本；二是迭代过程中产生了大量的非劣解，如何存储这些解，使其均匀分布到帕累托前沿；三是怎样维持解集的多样性。于是，MOPSO 算法将针对以上问题进行设计，其简单流程如下：

第一步，随机初始化种群，并分配 pbest 和 gbest 到外部档案中。

第二步，更新所有粒子的速度和位置。

第三步，评价粒子适应度，更新 pbest。

第四步，更新外部档案中的 gbest。

第五步，检查外部档案库的容量，清理多余的非劣解。

第六步，当满足停止条件时，输出结果；否则，进入第二步。

2.4.2 算法分类及改进

（1）基于帕累托支配的方法。目前使用最广泛的一种方法，具体操作为：把多个目标函数值映射到基于秩的函数中，并根据帕累托支配关系计算适应值。首先将粒子群中所有非支配解赋值 1，然后忽略这些解，而种群中新的非支配解则赋值为 2，直至所有解均被赋值为止。在每一轮运行中，会涉及很多非支配解，同时产生帕累托前沿的近似解。尽管与传统的多目标优化（MOEA）算法，例如，与 NSGA-II 算法（Deb，2002）和 PAES 算法（Knowles and Corne，2000）相比，多目标粒子群算法在解决多目标优化问题方面表现出了较强的性能，但是在求解具有复杂帕累托前沿的多目标问题时仍存在困难。为解决这一问题，科埃罗等（Coello et al.，2005）提出一种使用拥挤距离、突变、ε-支配的多目标 PSO 算法，对于不同的子群使用不同的突变策略从而获得了较为优异的性能。融合帕累托支配、外部归档和拥挤距离等技术，设计了一种综合学习的 MOPSO 算法（Huang et al.，2006）。基于帕累托的平衡适应度估计方法被提出，用以维护外部文档中存储的非支配解（NMPSO），并以此方法从外部文档中确认全局最优个体，使用支配与非支配关系确定个体最优（Lin et al.，2016）。基于竞争学习机制的多目标粒子群（CMOPSO）算法被提出，采用了环境选择的策略以维持种群进化，CMOPSO 算法中的领导集通过非支配与拥挤距离排序的方式从当前种群中选择（Zhang et al.，2018）。基于瓶颈目标学习策略的协同粒子群优化（CPSO）算法被提出，并用以解决超多目标优化问题（Liu et al.，2018）；自适应粒子群算法的多目标优化框架被建立（Tang et al.，2017）；以及基于多重自适应方法的多目标粒子群（AMOPSO）算法被设计，并将其用于供水系统问题的优化（Han et al.，2017）。

（2）基于分解的方法。不同于通过支配关系确定全局和个人最佳粒子的多目标粒子群算法（即基于帕累托的多目标粒子群算法），通过将多目标优化问题分解为多个单目标问题而提出了一种多目标粒子群（MOPSOD）算法

(Peng and Zhang, 2008)。MOPSOD 算法遵循 MOEA/D 算法的基本框架，并用基于 PSO 的搜索方法代替了遗传算子。此外，在该算法中，通过一个外部文档来存储每个目标的最优个体。受分解思想的启发，萨波特卡斯·马丁内斯和科埃罗（Zapotecas Martinez and Coello, 2011）提出了一种多目标粒子群优化算法。在该算法中，通过重新初始化策略维持种群多样性，并且由于 gbest 从当前种群中选择，从而使得算法取消了外部文档，进而降低了算法的复杂度。一种不同于以前的基于分解的多目标粒子群（dMOPSO）算法被提出，在该算法中目标空间被一组方向矢量划分为一组子区域，并且在每个子区域中最多保留一个粒子（Dai et al., 2015）。一种基于多重搜索策略与分解的多目标粒子群算法被设计出（MMOPSO），MMOPSO 算法利用分解方法将多目标转化为一组聚合问题，然后对每个粒子进行相应分配，以优化每个聚合问题，并且在 MMOPSO 算法中设计了两种搜索策略来更新每个粒子的速度以维持种群多样性（Lin et al., 2015）。之后，粒子搜索到的所有非支配解都保存在外部集中并在该外部集中进一步执行进化搜索策略以强化算法的性能。除此之外，还有很多基于分解的多目标粒子群算法被提出，例如：MOPSO-AD 算法（Zhang et al., 2018）和 R2MOPSOD 算法（Liu et al., 2019）。

（3）基于 ε-支配的方法。利用帕累托支配的松弛形式——ε-支配定义大小为 ε 的盒子集合，每个盒子只能保存一个非劣解，所有搜索到的非劣解都能保存到盒子中，在迭代中可过滤外部存档中的解。相比帕累托支配，该方法能增强算法的收敛性和多样分布性。郑向伟和刘弘（2007）在 MOPSO 算法中考虑了基于合作型协同和 ε-占优的优化方法，徐鸣等（2009）在 ε-支配下提出了基于最大最小适应函数的改进算法。

（4）基于偏好的方法。针对多目标优化问题中的某些决策方案，设定偏好信息，如目标的权重、参考点、参考方向、参考区域等，然后找出与偏好信息相关的最优解集，进而提高算法速度，改善决策效率。余进等（2009）设计了基于目标间关系和参考点的 MOPSO 算法；王丽萍等（2010）借助决策者的正负偏好对粒子的引导作用，提出了一种交互式算法；麦雄发和李玲（2010）从决策的参考区域入手对算法进行了改进。

除了以上方法外，张利彪和周春光（2008）、章国安等（2010）、赫滕豪塞纳等（Hettenhausena et al.，2010）分别将多种群、粒子记忆体、交互式操作等手段运用到算法的设计中，获得了一些不错的结果。在 MOPSO 算法的改进方面，徐斌和俞静（2010）运用递进思想对惯性权重进行了随机处理、王允良和李为吉（2008）提出了一种基于小生境技术的 MOPSO 算法、勒胡加和罗（Lechuga and Rowe，2005）借助小生境数优化了解集的帕累托前沿。王辉和钱峰（2008）将拥挤度和变异手法结合起来，设计了基于动态聚集距离的改进算法；阿格拉瓦尔等（Agrawal et al.，2008）在算法中考虑了模糊聚类技术；陈民铀等（2009）通过非支配排序和动态加权的策略，提出了自适应进化的 MOPSO 算法。

2.5 PSO 算法的研究现状

群智能算法主要根据群集动物（如蚂蚁、鸟、鱼等）的有效觅食或逃避追捕的行为来设计算法思路。在这些群体中，个体的行为是建立在群体行为之上的，个体间通过共享群体信息、交换个体信息来进行协作。PSO 算法是一种模拟鸟的群集觅食行为，以求解连续变量优化问题为背景的随机优化算法。与传统优化算法相比，PSO 算法具有很强的鲁棒性，并采用了独特的思想和技术。首先，相比传统优化算法中以单个初始点开始迭代求解的思路，PSO 算法运用了群体的概念，从多个初始点同时开始寻求最优解；其次，传统优化算法在计算目标函数值的同时通常要考虑函数的连续性和光滑性等特征以明确搜索的方向，而 PSO 算法仅仅通过目标函数值对应的适应度函数值就可以轻松的进行迭代；最后，传统优化算法多采用确定性的搜索方法，限制了算法的应用范围，而 PSO 算法的群体随机搜索思想具有很好的自适应性。

于是，PSO 算法以其概念简单、参数少、易操作等特点很快受到众多学者的关注和喜爱。国际演化计算会议将其列为其中一个讨论专题。IEEE 计算智能协会从 2003 年开始每年举办一次群智能会议，PSO 算法则为其中的一个重要主题。自从 1995 年提出以来，经过 20 多年来的发展，PSO 算法的理论和应用研究得到了很大的进步，在不同学科、不同领域的运用进行得如火如荼。下面分别从理论研究与应用研究两个方面阐述 PSO 算法的国内外现状。

2.5.1 理论研究现状

PSO 算法的理论研究始于 1998 年，然而由于算法本身具有以下一些难以克服的特点，使得算法的收敛性分析仍未取得重大突破。第一，算法的搜索过程依赖群体的协作，其中涉及的群体动力学过程非常复杂；第二，粒子的速度和位置更新具有很强的随机性，无法用确定性数学方法分析其运动轨迹的稳定性；第三，算法的寻优过程与选择的适应度函数有关，不同基准函数的测试结果存在差异，很难得到一个统一的检验标准。于是，在现有的研究过程中多考虑简化的粒子群优化模型，采用了代数方法、解析方法、线性系统理论等手段。

奥兹坎和莫汉（Ozcan and Mohan，1998）首先考虑了 PSO 算法的简化模型，假设粒子个数和空间维数均为 1，粒子的个体最优和全局最优不变，忽略随机性。于是，粒子的运动轨迹近似为正弦波状，其中波的频率和振幅跟选择的参数有关。接着，奥兹坎（Ozcan，1999）研究了多维搜索空间的情况。克莱尔和肯尼迪（Clerc and Kennedy，2002）针对多维复杂空间中的 PSO 算法，将随机参数常数化，利用状态转移矩阵的思想分析了单个粒子的运动轨迹，为参数的设置提供了合理的范围。同年，范登伯格（Van den Bergh，2002）在分析算法全局和局部收敛性时，利用随机优化算法收敛性判据，证明了标准 PSO 算法无法保证全局收敛，甚至局部收敛，并提出了确保局部收敛的 GCPSO 算法。安田等（Yasuda et al.，2003）在简化模型的基础上，研究了带惯性权重的 PSO 算法。特雷利亚（Trelea，2003）利用离散动态系统理论对算法的动态行为和收敛性作出了分析，给出了参数选择的稳定区域。布莱克威尔（Blackwell，2005）考虑了扩展的粒子群简化模型，坎帕纳等（Campana et al.，2006）运用零输入响应对 PSO 算法进行了分析，卡迪尔卡马纳坦等（Kadirkamanathan et al.，2006）通过李雅普诺夫稳定性理论分析，进而得到了算法收敛的一些宽松条件。随后，费尔南德斯 · 马丁内斯和加西亚·冈萨洛（Fernandez Martinez and Garcia Gonzalo，2009）深入比较了PSO 算法的随机性分析。

在国内，张丽平（2005）对 PSO 算法的参数选择作出了详细的研究，并得出了一些指导性规律。接着，潘峰等（2006）研究了三种 PSO 算法的粒子运动特性。李宁等（2006）运用差分方程分析了粒子的运动轨迹。曾建潮和崔志华（2006）利用线性系统理论分析了一种统一粒子群模型的收敛性，并提出随机粒子群算法。岳本贤（2011）运用差分方程和拉普拉斯变换探索粒子轨迹演变，分析了 PSO 算法的搜索机理及其收敛性，并给出算法系统的谱半径和李亚普第二定律的收敛性和稳定性及其理论证明。傅阳光（2012）将标准 PSO 算法参数的经验区域划分为四个子区域，研究了标准 PSO 算法在经验区域的各个子区域内的收敛和发散行为，分析了系统特征根与算法参数的关系。金欣磊（2006）首先对随机过程下的粒子行为进行了研究。随后，胡玉成（2010）利用随机过程理论，证明了粒子位置序列均方稳定；并在单个粒子分析的基础上，研究了粒子群体运动行为，进而证明了群体运动的稳定性。

通过已有的算法理论研究可知，简化的粒子群模型忽略了粒子之间的交互性和粒子运动的随机性，不能真正反映出群体间互相协作、共同进化的本质。而研究粒子的随机动态行为时，目前很少有文献考虑了整个种群的动态行为，仅仅分析单个粒子的运动情况，无法体现算法的运行机制和真正的收敛性。由于粒子群的离散动力学过程非常复杂，完成算法收敛性分析的真正突破还有一段路要走。

2.5.2 应用研究现状

PSO 算法自问世以来，受到了不同领域学者们的广泛关注，在解决科学问题和工程实践中发挥出极大的潜力。下面将从组合优化、数据挖掘、电力系统和图像处理等方面进行阐述。

（1）组合优化问题主要涉及旅行销售商问题（traveling salesman problem，TSP）、0－1 背包问题、车间调度问题（job-shop scheduling problem，JSP）、

最小生成树（minimum spanning tree，MST）问题等。肯尼迪和埃伯汉特（Kennedy and Eberhart，1997）首先提出了离散二进制 PSO 算法，用以解决组合问题。克莱尔（Clerc，2004）设计了一种 TSP-DPSO 算法用以求解 TSP。随后不少学者在离散 PSO 算法的基础上进行研究，在求解 TSP（郭文忠和陈国龙，2006）、0-1 背包问题（Ren and Wang，2009）、JSP（周驰，2006）、MST 问题（郭文忠和陈国龙，2009）等方面提出了各自的优化算法。

（2）在数据挖掘领域，通过自组织映射和 PSO 算法结合的方法解决了基因聚类问题（Xiao et al.，2004）。乔立岩等（2006）在分析特征子集选择时，提出了融合离散 PSO 算法和支持向量机封装模式的新方法。陈仕涛等（2010）基于粗糙集简约模型设计了一种混合 PSO 算法，有效解决了特征选择中连续性数据处理的耗时问题。陆艳萍等（Lu et al.，2011）利用 PSO 算法考虑了高维数据聚类问题。

（3）在电力系统领域，坎南等（Kannan et al.，2004）在研究最低成本发电扩张问题时，运用 PSO 算法有效地解决了带有强约束的优化模型。运用离散 PSO 算法分析了配电网重构问题（许立雄等，2006），通过 PSO 算法解决了在发动机约束下的电力系统经济调度问题（Gaing，2003）。一种改进的离散 PSO 算法被用以求解电力市场盈利区间的约束优化问题（Yuan et al.，2005）。刘涌等（2006）利用改进的 PSO 算法研究了电力系统的机组组合问题。

（4）在图像处理方面，运用局部搜索的改进 PSO 算法分析了生物医学图像的配准问题（Wachowiak et al.，2004）。结合模糊理论，提出了一种混合 PSO 算法，用以解决图形匹配和识别问题（Du et al.，2005）。杨延西等（2008）对 PSO 算法进行混沌优化处理，优化后的算法有效解决了图像匹配问题。刘羿彤等（2008）设计了基于二维熵的 PSO 算法用于处理红外图像分割。

另外，PSO 算法在多目标规划（Mostaghim and Teich，2003；Ray and Liew，2002；Coello et al.，2004）、动态规划（Eberhart and Shi，2001；Blackwell and Bentley，2002；Parsopoulos and Vrahatis，2004；Blackwell and Branke，2006）、系统识别（Kassabalidis et al.，2002）、大规模集成电路设计

(Chen et al., 2010)、无线传感器网络 (Guo et al., 2011)、神经网络 (Zhang et al., 2007) 等方面的应用也取得了一些好的成果。

2.5.3 PSO 算法在投资组合中的研究现状

自 2005 年以来，一些学者将 PSO 算法及其改进算法逐渐应用到投资组合领域。运用 PSO 算法到股票投资组合中 (Chang and Hsu, 2007)；研究 PSO 算法在投资能力指数下组合优化模型中的应用 (Chang et al., 2008)；通过一种基于扩散厌恶的改进 PSO 算法，估计了证券投资组合的最优化结果 (Jiang et al., 2008)。蒋金山和廖文志 (2009) 提出了自适应参数的二次粒子群算法，并用于解决股票市场的投资组合问题。陈炜等 (2009) 通过改进的粒子群算法研究了存在交易成本和投资数量约束下的投资组合选择模型。刘衍民等 (2011) 在马科维茨投资组合的均值－方差模型框架下，给出了限制投资数量的自融资投资组合模型，并采用基于广义学习策略的约束粒子群算法对模型进行了求解。徐法升和陈炜 (Xu and Chen, 2009) 在模型中加入了具有二次分段上凸形式的交易成本函数，然后借助 PSO 算法得到了相关的数值结果。田金亚和马建宏 (Tian and Ma, 2008) 分别考虑基于蚁群算法和自适应机制的改进 PSO 算法，并分析了资产投资组合的相关问题张昕丽和张可村 (Zhang and Zhang, 2009)。

除了收益和风险因素之外，实际金融市场中的投资组合模型还要考虑投资成本、决策者偏好、资源分配等重要环节。如何更好地体现投资者对各因素的综合反应，例如，在最大化收益的情况下，希望最小化风险，为决策提供进一步的选择信息，这类多目标投资组合问题变得越来越重要。在求解多目标优化问题时，通常不同目标之间会产生冲突，无法获得一个统一的最优解。此时，问题的最优解被考虑为一个相互等价的解的集合，即帕累托最优解集。多目标 PSO 算法成功应用于投资组合优化问题，在于其独特的搜索方式。算法的种群随机搜索思想很适合求解多目标问题，在一轮迭代中，粒子群能寻找到一个接近帕累托前沿的解集，并保证解集分布具有一定的多样性。而在搜索开始前，不需要搜集决策者偏好之类的其他信息，有很好的自适应性。

本章参考文献

[1] Clerc M. The swarm and queen: towards a deterministic and adaptive particle swarm optimization [C]. Congress on Evolutionary Computation, 1999: 1951 – 1957.

[2] Shi Y, Eberhart R. Fuzzy adaptive particle swarm optimization [C]. Congress on Evolutionary Computation, 2001: 101 – 106.

[3] 陈国初，俞金寿．增强型微粒群优化算法及其在软测量中的应用 [J]. 控制与决策，2005，20（4）：377 – 381.

[4] Ratnaweera A, Halgamuge S K, Watson H C. Self-organizing hierarchical particle swarm optimizer with time-varying acceleration coefficients [J]. IEEE Transactions on Evolutionary Computation, 2004, 8 (2): 240 – 255.

[5] Van den Bergh F, Engelbrecht A P. A new locally convergent particle swarm optimizer [C]. IEEE International Conference on Systems, Man and Cybernetics, 2002: 94 – 99.

[6] Xie X F, Zhang W L, Yang Z L. A dissipative particle swarm optimization [C]. Congress on Evolutionary Computation, 2002: 1456 – 1461.

[7] Monson C K, Seppi K D. The kalman swarm—a new approach to particle motion in swarm optimization [J]. Lecture Notes in Computer Science, 2004, 3102: 140 – 150.

[8] Kennedy J. Bare bones particle swarms [C]. IEEE Swarm Intelligence Symposium, 2003: 80 – 87.

[9] Richer T, Blackwell T M. The Levy particle swarm [C]. Congress on Evolutionary Computation, 2006: 805 – 815.

[10] Parsopoulos K E, Vrahatis M N. UPSO: a unified particle swarm optimization scheme [J]. Lecture Series on Computer and Computational Sciences, 2004, 1: 868 – 873.

[11] Voss M S. Principal component particle swarm optimization [C]. IEEE Swarm Intelligence Symposium, 2005: 8-10.

[12] 龚纯，王正林. 精通 MATLAB 最优化计算 [M]. 北京：电子工业出版社，2012.

[13] Mendes R. Population topologies and their influence in particle swarm performance [D]. University of Minho, Braga, Portugal, 2004.

[14] Janson S, Middendorf M. A hierarchical particle swarm optimizer and ite adaptive variant [J]. IEEE Transactions on Systems, Man and Cybernetics, 2005, 35 (6): 1272-1282.

[15] Hamdan S A. Hybrid particle swarm optimizer using multi-neighborhood topologies [J]. Journal of Computer Science, 2008, 7 (1): 36-44.

[16] 王雪飞，王芳，邱玉辉. 一种具有动态拓扑结构的粒子群算法研究 [J]. 计算机科学，2007，34 (3)：205-207.

[17] Gong Y J, Li J J, Zhou Y, et al. Genetic learning particle swarm optimization [J]. IEEE Transactions on Cybernetics, 2015, 46 (10): 2277-2290.

[18] Aydilek I B. A hybrid firefly and particle swarm optimization algorithm for computationally expensive numerical problems [J]. Applied Soft Computing, 2018, 66: 232-249.

[19] 高鹰，谢胜利. 免疫粒子群优化算法 [J]. 计算机工程与应用，2004，40 (6)：4-6.

[20] Ling S H, Iu H H C, Chan K Y, et al. Hybrid particle swarm optimization with wavelet mutation and its industrial applications [J]. IEEE Transactions on Systems, Man and Cybernetics, 2008, 38 (3): 743-763.

[21] Zhang W, Xie X. DEPSO: hybrid particle swarm with differential evolution operator [C]. IEEE International Conference on Systems, Man and Cybernetics, 2003: 3816-3821.

[22] Yang S Y, Wang M, Jiao L C. A quantum particle swarm optimization [C]. Congress on Evolutionary Computation, 2004: 320-324.

[23] Jacqueline M, Richard C. Application of particle swarm to multiobjec-

tive optimization, Department of Computer Science and Software Engineering, Auburn University, 1999.

[24] Coello C A C, Lechuga M S. MOPSO: a proposal for multiple objective particle swarm optimization [J]. Congress on Evolutionary Computation, 2002: 1051 - 1056.

[25] Deb K, Pratap A, Agarwal S, et al. A fast and elitist multiobjective genetic algorithm: NSGA-II [J]. IEEE Transactions on Evolutionary Computation, 2002, 6 (2): 182 - 197.

[26] Knowles J D, Corne D W. Approximating the non-dominated front using the pareto archived evolution strategy [J]. Evolutionary Computation, 2000, 8 (2): 149 - 172.

[27] Sierra M R, Coello C A C. Improving PSO-based multi-objective optimization using crowding, mutation and ε-dominance [C]. International Conference on Evolutionary Multi-Criterion Optimization, 2005, 505 - 519.

[28] Huang V L, Suganthan P N, Liang J J. Comprehensive learning particle swarm optimizer for solving multi-objective optimization problems [J]. International Journal of Intelligent Systems, 2006, 21 (2): 209 - 226.

[29] Lin Q, Liu S, Zhu Q, et al. Particle swarm optimization with a balanceable fitness estimation for many-objective optimization problems [J]. IEEE Transactions on Evolutionary Computation, 2016, 22 (1): 32 - 46.

[30] Zhang X, Zheng X, Cheng R, et al. A competitive mechanism based multi-objective particle swarm optimizer with fast convergence [J]. Information Sciences, 2018, 427: 63 - 76.

[31] Liu X F, Zhan Z H, Gao Y, et al. Co-evolutionary particle swarm optimization with bottleneck objective learning strategy for many-objective optimization [J]. IEEE Transactions on Evolutionary Computation, 2018.

[32] Tang B, Zhu Z, Shin H S, et al. A framework for multi-objective optimization based on a new self-adaptive particle swarm optimization algorithm [J]. Information Sciences, 2017, 420: 364 - 385.

[33] Han H, Lu W, Qiao J. An adaptive multi-objective particle swarm optimization based on multiple adaptive methods [J]. IEEE Transactions on Cybernetics, 2017, 47 (9): 2754 -2767.

[34] Peng W, Zhang Q. A decomposition-based multi-objective particle swarm optimization algorithm for continuous optimization problems [C]. IEEE International Conference on Granular Computing, 2008: 534 -537.

[35] Zapotecas Martinez S, Coello C A C. A multi-objective particle swarm optimizer based on decomposition [C]. Annual Conference on Genetic and Evolutionary Computation, 2011: 69 -76.

[36] Dai C, Wang Y, Ye M. A new multi-objective particle swarm optimization algorithm based on decomposition [J]. Information Sciences, 2015, 325: 541 -557.

[37] Lin Q, Li J, Du Z, et al. A novel multi-objective particle swarm optimization with multiple search strategies [J]. European Journal of Operational Research, 2015, 247 (3): 732 -744.

[38] Zhang H, Wu J, Sun C, et al. A multi-objective particle swarm optimizer based on simulated annealing and decomposition [C]. IEEE International Conference on Cloud Computing and Intelligence Systems. 2018: 262 -273.

[39] Liu J, Li F, Kong X, et al. Handling many-objective optimization problems with r2 indicator and decomposition-based particle swarm optimizer [J]. International Journal of Systems Science, 2019, 50 (2): 320 -336.

[40] 郑向伟，刘弘．一种基于合作型协同 ε-占优的多目标微粒群算法 [J]. 软件学报，2007，18 (12): 109 -119.

[41] 徐鸣，沈希，马龙华，等．一种多目标粒子群改进算法的研究 [J]. 控制与决策，2009，24 (11): 1713 -1718，1728.

[42] 余进，何正友，钱清泉．基于偏好信息的多目标微粒群优化算法研究 [J]. 控制与决策，2009，24 (1): 66 -70，75.

[43] 王丽萍，江波，邱飞岳．基于决策偏好的多目标粒子群算法及其应用 [J]. 计算机集成制造系统，2010，16 (1): 140 -148.

[44] 麦雄发，李玲. 基于决策者偏好区域的多目标粒子群算法研究 [J]. 计算机应用研究，2010，27 (4)：1301 - 1303，1348.

[45] 张利彪，周春光. 求解多目标优化问题的一种多子群体进化算法 [J]. 控制与决策，2008，23 (1)：1313 - 1316.

[46] 章国安，周超，周晖. 基于粒子记忆体的多目标微粒群算法 [J]. 计算机应用研究，2010，27 (5)：1665 - 1668.

[47] Hettenhausena J，Lewisa A，Mostaghimb S. Interactive multi-objective particle swarm optimization with heat map-visualization-based user interface [J]. Engineering Optimization，2010，42 (2)：119 - 139.

[48] 徐斌，俞静. 递进多目标粒子群算法的设计及应用 [J]. 计算机科学，2010，37 (4)：241 - 244.

[49] 王允良，李为吉. 基于混合多目标粒子群算法的飞行器气动布局设计 [J]. 航空学报，2008，29 (5)：1202 - 1206.

[50] Lechuga M S，Rowe J. Particle swarm optimization and fitness sharing to solve multi-objective optimization problems [C]. Congress on Evolutionary Computation，2005：1204 - 1211.

[51] 王辉，钱峰. 基于拥挤度与变异的动态微粒群多目标优化算法 [J]. 控制与决策，2008，23 (11)：1238 - 1241，1248.

[52] Agrawal S，Panigrahi B K，Tiwari M K. Multi-objective particle swarm algorithm with fuzzy clustering for electrical power dispatch [J]. IEEE Transactions on Evolutionary Computation，2008，12 (5)：529 - 541.

[53] 陈民铀，张聪誉，罗辞勇. 自适应进化多目标粒子群优化算法 [J]. 控制与决策，2009，24 (12)：1851 - 1855，1864.

[54] Ozcan E，Mohan C. Analysis of a simple particle swarm optimization system [J]. Intelligent Engineering Systems Through Artificial Neural Network，1998，8：253 - 258.

[55] Ozcan E，Mohan C. Particle swarm optimization：surfing the waves [C]. IEEE Congress on Evolutionary Computation，1999：1939 - 1944.

[56] Clerc M，Kennedy J. The particle swarm-explosion，stability and con-

vergence in a multidimensional complex space [J]. IEEE Transactions on Evolutionary Computation, 2002, 6 (1): 58 – 73.

[57] Van den Bergh F. An analysis of particle swarm optimizers [D]. University of Pretoria, Pretoria, South Africa, 2002.

[58] Yasuda K, Ide A, Iwasaki N. Adaptive particle swarm optimization [C]. IEEE International Conference on Systems, Man and Cybernetics, 2003: 1554 – 1559.

[59] Trelea I C. The particle swarm optimization algorithm: convergence analysis and parameter selection [J]. Information Processing Letters, 2003, 85 (6): 317 – 325.

[60] Blackwell T M. Particle swarms and population diversity [J]. Soft Computing, 2005, 9 (11): 793 – 802.

[61] Campana E F, Fasano G, Pinto A. Dynamic system analysis and initial particles position in particle swarm optimization [C]. IEEE Swarm Intelligence Symposium, 2006.

[62] Kadirkamanathan V, Selvarajah K, Fleming P J. Stability analysis of the particle dynamics in particle swarm optimizer [J]. IEEE Transactions on Evolutionary Computation, 2006, 10 (3): 245 – 255.

[63] Fernandez Martınez J L, Garcıa Gonzalo E. The PSO family: deduction, stochastic analysis and comparison [J]. Swarm Intelligence, 2009, 3 (4): 245 – 273.

[64] 张丽平. 粒子群优化算法的理论及实践 [D]. 杭州: 浙江大学, 2005.

[65] 潘峰, 陈杰, 甘明刚, 等. 粒子群优化算法模型分析 [J]. 自动化学报, 2006, 32 (3): 368 – 375.

[66] 李宁, 孙德宝, 邹彤, 等. 基于差分方程 PSO 算法粒子运动轨迹分析 [J]. 计算机学报, 2006, 29 (11): 2052 – 2061.

[67] 曾建潮, 崔志华. 微粒群算法的统一模型及分析 [J]. 计算机研究与发展, 2006, 43 (1): 96 – 100.

［68］岳本贤．粒子群算法拓展研究及在约束布局优化中应用［D］．大连：大连理工大学，2011.

［69］傅阳光．粒子群优化算法的改进及其在航迹规划中的应用研究［D］．武汉：华中科技大学，2012.

［70］金欣磊．基于 PSO 的多目标优化算法研究及应用［D］．杭州：浙江大学，2006.

［71］胡成玉．面向动态环境的粒子群算法研究［D］．武汉：华中科技大学，2010.

［72］Kennedy J，Eberhart R C. A discrete binary version of the particle swarm algorithm［C］. IEEE International Conference on Systems，Man and Cybernetics，1997：4104－4108.

［73］Clerc M. Discrete particle swarm optimization-illustrated by the traveling salesman problem［R］. Studies in Fuzziness and Soft Computing，2004：219－239.

［74］郭文忠，陈国龙．求解 TSP 问题的模糊自适应粒子群算法［J］．计算机科学，2006，33（6）：161－162.

［75］Ren Z H，Wang J. A discrete particle swarm optimization for solving multiple knapsack problem［C］. International Conference on Natural Computation，2009：166－170.

［76］周驰，高亮，高海兵．基于 PSO 的置换流水车间调度算法［J］．电子学报，2006，34（11）：2008－2011.

［77］郭文忠，陈国龙．一种求解多目标最小生成树问题的有效离散粒子群优化算法［J］．模式识别与人工智能，2009，22（4）：597－604.

［78］Xiao X，Dow E R，Eberhart R，et al. A hybrid self-organizing maps and particle swarm optimization approach［J］. Concurrency and Computation：Practice and Experience，2004，16（9）：895－915.

［79］乔立岩，彭喜元，彭宇．基于微粒群算法和支持向量机的特征子集选择方法［J］．电子学报，2006，34（3）：496－498.

［80］陈仕涛，陈国龙，郭文忠，等．基于粒子群优化和领域约简的入

侵检测日志数据特征选择［J］. 计算机研究与发展，2010，47（7）：1261－1267.

［81］Lu Y P，Wang S R，Li S Z，et al. Particle swarm optimizer for variable weighting in clustering high-dimensional data［J］. Machine Learning，2011，82（1）：43－70.

［82］Kannan S，Slochanal S M R，Subbaraj P，et al. Application of particle swarm optimization technique and its variants to generation expansion planning problem［J］. Electric Power Systems Research，2004，70：203－210.

［83］许立雄，吕林，刘俊勇. 基于改进粒子群优化算法的配电网络重构［J］. 电力系统自动化，2006，30（7）：27－30.

［84］Gaing Z L. Particle swarm optimization to solving the economic dispatch considering the generator constraints［J］. IEEE Transactions on Power Systems，2003，18（3）：1187－1195.

［85］Yuan X H，Yuan Y B，Wang C，et al. An improved PSO approach for profit-based unit commitment in electricity market［C］. IEEE/PES Transmission and Distribution Conference and Exhibition：Asia and Pacific，2005：1－4.

［86］刘涌，侯志俭，蒋传文. 求解机组组合问题的改进离散粒子群算法［J］. 电力系统自动化，2006，30（4）：35－39.

［87］Wachowiak M P，Smolikova R，Zheng Y F，et al. An approach to multimodal biomedical image registration utilizing particle swarm optimization［J］. IEEE Transactions on Evolutionary Computation，2004，8（3）：289－301.

［88］Du J X，Huang D S，Zhang J，et al. Shape matching using fuzzy discrete particle swarm optimization［C］. IEEE Swarm Intelligence Symposium，2005：405－408.

［89］杨延西，刘丁，辛菁. 基于混沌粒子群优化的图像相关匹配算法研究［J］. 电子与信息学报，2008，30（3）：529－533.

［90］刘羿彤，付梦印. 基于快速二维熵与 PSO 算法的红外线图像分割［J］. 模式识别与人工智能，2008，21（2）：155－159.

［91］Mostaghim S，Teich J. Strategies for finding good local guides in multiobjective particle swarm optimization (MOPSO) [C]. IEEE International Swarm Intelligence Symposium, 2003: 26 - 33.

[92] Ray T, Liew K M. A swarm metaphor for multiobjective design optimization [J]. Engineering Optimization, 2002, 34 (2): 141 - 153.

[93] Coello C A C, Pulido G T, Lechuga M S. Handling multiple objectives with particle swarm optimization [J]. IEEE Transactions on Evolutionary Computation, 2004, 8 (3): 256 - 279.

[94] Eberhart R C, Shi Y. Tracking and optimizing dynamic systems with particle swarms [C]. Congress on Evolutionary Computation, 2001: 94 - 100.

[95] Blackwell T M, Bentley P. Don't push me! Collision-avoiding swarms [C]. Congress on Evolutionary Computation, 2002: 1691 - 1696.

[96] Parsopoulos K E, Vrahatis M N. On the computation of all global minimizers through particle swarm optimization [J]. IEEE Transactions on Evolutionary Computation, 2004, 8 (3): 211 - 224.

[97] Blackwell T M, Branke J. Multi-swarms, exclusion and anti-convergence on dynamic environments [J]. IEEE Transactions on Evolutionary Computation, 2006, 10 (4): 459 - 472.

[98] Kassabalidis I N, EI-Sharkawi M A, Marks R J, et al. Dynamic security border identification using enhanced particle swarm optimization [J]. IEEE Transactions on Power Systems, 2002, 17 (3): 723 - 729.

[99] Chen G L, Guo W Z, Chen Y Z. A PSO-based intelligent decision algorithm for VLSI floor planning [J]. Soft Computing, 2010, 14 (12): 1329 - 1337.

[100] Guo W Z, Xiong N X, Vasilakos A Z, et al. Multi-source temporal data aggregation in wireless sensor networks [J]. Wireless Personal Communications, 2011, 56 (3): 359 - 370.

[101] Zhang J R, Zhang J, Lok T M, et al. A hybrid particle swarm optimization-back-propagation algorithm for feed forward neural network training [J]. Applied Mathematics and Computation, 2007, 185 (2): 1026 - 1037.

[102] Chang J F, Hsu S W. The construction of stocks portfolios by using particle swarm optimization [C]. International Conference on Innovative Computing, Information and Control, 2007: 390.

[103] Jiang W G, Zhang Y B, Xie J W. A particle swarm optimization algorithm based on diffusion-repulsion and application to portfolio selection [C]. International Symposium on Information Science and Engineering, 2008: 498 – 501.

[104] 蒋金山，廖文志．基于二次粒子群算法的投资组合优化 [J]．计算机应用与软件，2009，26（6）：161 – 163.

[105] 陈炜，张润彤，杨玲．基于改进粒子群算法的投资组合选择模型 [J]．计算机科学，2009，36（1）：146 – 147.

[106] 刘衍民，赵庆祯，牛奔．约束粒子群算法求解自融资投资组合模型研究 [J]．数学的实践与认识，2011，41（2）：78 – 84.

[107] Chang J F, Chen J F, Lin S H. Applying investment satisfied capability index and particle swarm optimization to construct the stocks portfolio [C]. International Conference on Innovative Computing, Information and Control, 2008: 595.

[108] Xu F S, Chen W. A portfolio model with quadratic subsection concave transaction costs based on PSO [C]. Chinese Control and Decision Conference, 2009: 1895 – 1898.

[109] Tian J Y, Ma J H. Study of security investment optimizing combination based on PSACO [C]. International Symposiums on Information Procession, 2008: 710 – 714.

[110] Zhang X L, Zhang K C. Application of adaptive particle swarm optimization in portfolio selection [C]. International Conference on Information Science and Engineering, 2009: 3977 – 3980.

第 3 章

QPSO 算法概述

在经典力学中，PSO 算法中粒子的运动轨迹是确定的，粒子的速度受到限制，在搜索时不可能遍历整个解空间，这使得算法的全局收敛性能在迭代后期变弱。研究发现，在量子空间中粒子行为和人类学习行为类似，具有很高的不确定性（Sun et al.，2004）。于是从量子力学的角度提出了量子粒子群优化算法（quantum-behaved particle swarm optimization，QPSO），该算法利用波函数表述粒子的状态，通过求解薛定谔方程，得出粒子出现在不同点的概率密度函数，利用蒙特卡罗模拟得出粒子的位置方程。由于粒子在量子空间中没有特定的轨道，具有更高的随机性，因而其智能性相比标准的 PSO 算法要高。QPSO 算法是按照一定的概率在整个空间进行搜索，保证了算法的全局收敛性。该算法粒子的状态只需要由位置矢量来决定，相比 PSO 算法形式更简单，计算速度更快，收敛性能更好。

3.1 算法原理及流程

在量子空间中，系统具有叠加性，粒子的行为和人类的智能行为相似，拥有较高的不确定性和随机性，使得算法的智能性也较高，因此可以采用量子模型来模拟粒子的运动轨迹。孙俊（2009）研究发现，粒子在经典力学中产生束缚态，而且处于束缚态的粒子可以以一定的概率在搜索空间中的任何地方出现。粒子群体形成的量子势能场可以用来表征粒子的聚集性，由此提出了量子粒子群优化算法，该算法的更新公式中没有粒子的速度矢量，而是根据群体的协同性和自组织性，采用蒙特卡罗模拟粒子的运动状态，迭代进化。克莱尔（Clerc，1999）分析了 PSO 算法的收敛性并提出了粒子的运动场中存在着一个吸引点 P_i，使粒子聚集到该点。

当 $w=0$ 时，PSO 算法中粒子速度更新公式（2－1）变为：

$$v_{ij}(t+1)=c_1r_1[p_{ij}(t)-x_{ij}(t)]+c_2r_2[p_{gj}(t)-x_{ij}(t)]$$

记 $\phi_1=c_1r_1$，$\phi_2=c_2r_2$，$\phi=\phi_1+\phi_2$，则粒子位置公式（2－2）变为：

$$x_{ij}(t+1)=(1-\phi)x_{ij}(t)+\phi_1p_{ij}(t)+\phi_2p_{gj}(t)$$

当个体极值 p_{ij} 与群体极值 p_{gj} 固定不变时，以上位置公式变为：

$$x_{ij}(t+1)=x_{ij}(t)+\phi[P_{ij}(t)-x_{ij}(t)]$$

其中，$P_{ij}(t)=\dfrac{\phi_1p_{ij}(t)+\phi_2p_{gj}(t)}{\phi}$。当 $|1-\phi|<1$ 时，随着迭代的进行，PSO 算法收敛，此时每个粒子会收敛到局部吸引点 P_i，于是有：

$$P_{ij}(t)=\varphi p_{ij}(t)+(1-\varphi)p_{gj}(t) \tag{3-1}$$

其中，$\varphi=\dfrac{\phi_1}{\phi}$。

由公式（3－1）可知，局部吸引点的位于由 p_{ij} 和 p_{gj} 为顶点构成的超矩形中，且随着 p_{ij} 和 p_{gj} 而变化。在收敛的过程中，粒子随着速度的减小而靠近其局部吸引点，此时，粒子的个体极值点、群体最优点和局部吸引点三个位置重合。因此，可以认为在局部吸引点附近存在着势能场，吸引着种群中的粒子不断地向局部吸引点靠近，使得粒子可以在搜索空间中保持聚集性。

在 PSO 算法中，粒子的运动轨迹由牛顿运动定律来决定，飞行状态由粒子的速度和位置来描述。为了防止粒子飞越出边界，一般对粒子的速度有最大最小值的限制，导致粒子在搜索空间中的搜索也受限，粒子不能遍历整个解空间，因此，粒子也就不能全局收敛。假设 PSO 算法中粒子具有量子行为，则每个粒子个体的状态将由量子力学中的波函数 $\psi(x, t)$ 表示（x 为粒子的位置向量），$|\psi|^2$ 代表粒子在 t 时刻时位于解空间某处的概率密度 Q，具体形式（孙俊，2009）如下：

$$\int_{-\infty}^{+\infty} |\psi|^2 \mathrm{d}x\mathrm{d}y\mathrm{d}z = \int_{-\infty}^{+\infty} Q\mathrm{d}x\mathrm{d}y\mathrm{d}z$$

在量子空间中，粒子运动的薛定谔方程为：

$$ih \frac{\partial}{\partial t}\psi(x, t) = \hat{H}\psi(x, t) \tag{3-2}$$

其中，h 为普朗克常数，$\hat{H}$ 为哈密尔顿算子，形式为：

$$\hat{H} = -\frac{h^2}{2m}\nabla^2 + V(x) \tag{3-3}$$

其中，m 为质量，$V(x)$ 表示势能函数。在局部吸引点 P_i 处建立 δ 势阱，设 $Y = x - P_i$，γ 为正比例系数，于是势能函数为 $V(x) = -\gamma\delta(Y)$。因此公式（3-3）变为：

$$\hat{H} = -\frac{h^2}{2m}\frac{\mathrm{d}^2}{\mathrm{d}Y^2} - \gamma\delta(Y)$$

薛定谔方程（3-2）变成：

$$\frac{\mathrm{d}^2\psi}{\mathrm{d}Y^2} + \frac{2m}{h^2}[E + \gamma\delta(Y)]\psi = 0$$

这里 E 表示粒子能量，上述方程的波函数形式为：

$$\psi(Y) = \frac{1}{\sqrt{L}}e^{\frac{-|Y|}{L}},\ L = \frac{h^2}{m\gamma}$$

其中，L 表示 δ 势阱的长度，此处的波函数描述了粒子在局部吸引点处的概率，利用蒙特卡罗模拟出粒子的位置方程如下：

$$x_i(t+1)=P_i(t)\pm\frac{L_i(t)}{2}\ln\left(\frac{1}{u}\right) \tag{3-4}$$

其中，u 为（0，1）之间的随机数，$L(t)$ 为时间 t 的函数。

由公式（3-4）可知，$L(t)$ 能反映粒子的搜索范围，其值越大意味着搜索范围越大，然而过大则会导致粒子的发散；其值越小则表示搜索空间会越集中，若太小则可能让算法陷入局部最优。通常 $L(t)$ 的取值采用以下两种方式（孙俊，2009）。

（1）取 $L_i(t)=2\beta\times|P_i(t)-x_i(t)|$，则位置公式（3-4）为：

$$x_i(t+1)=P_i(t)\pm\beta\times|P_i(t)-x_i(t)|\ln\left(\frac{1}{u}\right) \tag{3-5}$$

（2）引入粒子个体最优位置的平均值（mbest），即：

$$\text{mbest}_i(t) = \frac{1}{N}\sum_{i=1}^{N}\text{pbest}_{ij}(t)$$

这里 N 表示种群规模。取 $L_i(t)=2\beta\times|\text{mbest}_i(t)-x_i(t)|$，于是位置公式（3-4）更新如下：

$$x_i(t+1)=P_i(t)\pm\beta\times|\text{mbest}_i(t)-x_i(t)|\ln\left(\frac{1}{u}\right) \tag{3-6}$$

这里 β 称为收缩-扩张系数，用于调节算法中粒子的速度；当 $u>0.5$ 时，位置公式中取“+”，否则取“-”。

在 QPSO 算法中，第 i 个粒子的位置 $x_i(t)$、个体当前最优位置 $p_i(t)$ 以及群体最优位置 $p_g(t)$ 的更新方式和 PSO 算法一样。孙俊（2009）通过实验证明了位置更新公式（3-6）比公式（3-5）优化结果更好，从而在 QPSO 算法中用公式（3-6）进行粒子位置的更新。QPSO 算法流程如下：

第一步，设定搜索维度 D，种群规模 N 以及最大迭代次数 T，初始化种群的粒子位置。

第二步，计算粒子的适应度，保留适应度最优的粒子位置为群体最优位置 $p_g(t)$。

第三步，用公式（3-1）计算局部吸引点。

第四步，用公式（3-6）更新第 i 个粒子的个体最优位置 $p_i(t)$。

第五步，比较第 i 个粒子当前的适应度与个体最优点的适应度，将适应度更优的粒子位置保留为 $p_i(t)$；比较第 i 个粒子个体最优点的适应度与群体最优点的适应度，取适应度更优的位置为群体最优位置 $p_g(t)$。

第六步，满足迭代终止条件，输出结果；否则，转第二步。

3.2 参数设置与多样性指标

3.2.1 收缩 - 扩张系数的设定

收缩 - 扩张系数 β 取值不同时，算法收敛性有着差异（Sun et al.，2005）。在数值实验中测试了 β 分别取 1.0、1.5、1.7、1.8 和 2.0 时的收敛率，结果显示当 $\beta<1.78$ 时，算法能收敛到局部吸引点，并提供了两种 β 的选取方法。

第一，线性递减法。孙俊等（Sun et al.，2005）在验证 $\beta<1.78$ 时，发现 β 取值与算法收敛率成反比，并给出了动态递减的取值公式：

$$\beta=(\beta_1-\beta_2)\frac{T-t}{T}+\beta_2$$

其中，T 为最大迭代次数，β_1 和 β_2 分别表示取值区间的下限和上限。在迭代进行的初期，β 取较大的值，使得粒子在整个解空间内进行探索；而在迭代的后期，粒子聚集到局部吸引点，此时 β 取较小值，粒子则在最优点附近进行搜索，确保算法的全局搜索能力。

第二，自适应方法。引入第 i 个粒子的适应度与群体最优粒子适应度的距离差，记为 ΔF，公式如下：

$$\Delta F=\frac{|F_i-F_g|}{\min\{|F_i|,\ |F_g|\}}$$

其中，F_i 和 F_g 分别为粒子个体和群体的适应度，ΔF 越小表明粒子个体离最优点越近，于是搜索范围变小，β 的取值越大。令 $z=\ln(\Delta F)$，β 的具体公式如下：

$$\beta(z)=\begin{cases}0.6, & z>0\\ 0.7, & -2<z\leqslant 0\\ 0.6+0.1k, & -k-1<z\leqslant -k(k=2,3,4)\\ 1+0.2(k-4), & -k-1<z\leqslant -k(k=5,6,7)\\ 1.8, & z\leqslant -8\end{cases}$$

除了线性递减公式之外，方伟等（2010）给出了两种非线性递减方法：

$$\beta=(\beta_1-\beta_2)\left(\frac{t}{T}\right)^2+\beta_1$$

以及

$$\beta=(\beta_1-\beta_2)\left(\frac{t}{T}\right)^2+(\beta_2-\beta_1)\left(\frac{2t}{T}\right)^2+\beta_1$$

另外，运用模拟退火、余弦函数等不同函数形式对收缩 - 扩张系数进行调节，进而对这些改进算法的收敛性能进行了比较（Tian et al.，2011）。

3.2.2 多样性指标的选择

种群的多样性是衡量算法性能好坏的重要指标之一。在 QPSO 算法迭代后期，由于多样性的缺失会导致算法易陷入局部最优，于是在进化过程中需保持多样性以增强算法性能。

采用多样性函数来测试种群的多样性（Sun et al.，2005），设定种群规模为 N，搜索维度为 D，多样性测试函数的形式如下：

$$diversity(S)=\frac{1}{|S||A|}\sum_{i=1}^{N}\sqrt{\sum_{j=1}^{D}(x_{ij}-mbest_j)^2}$$

其中，$|S|$为粒子空间的个数，$|A|$为粒子搜索的最大距离。当 $diversity(S)$ 小于给定阀值时，粒子会聚集在空间中某一处，多样性降低；当 $diversity(S)$ 大于给定阀值时，粒子受到激发，搜索范围变大，多样性提高。

另外，有一种针对全局最优位置进行扰动的改进算法（Liu et al.，2006），该方法通过扰动来调节粒子与最优点之间的距离来激发粒子运动，从而增强种群的多样性。具体公式为：

$$P_{id}=P_{id}+\alpha\varepsilon|A|$$

其中，ε 为（0，1）上服从正态分布的随机数，α 表示扰动因子，$|A|$为粒子搜索的最大距离。

3.3 算法的评价

局部吸引点是由粒子的自我认知和相互学习而产生的，因此米基和基什克（Mikki and Kishk，2005）将局部吸引点也叫作学习倾向点，粒子在搜索过程中，从当前的位置向局部吸引点靠近而进行寻优搜索。

标准的 PSO 算法中，粒子的学习状态通过粒子的“速度－位移”进化方程得到，这种进化方式使得粒子群体的随机性和智能性较低。算法中粒子的聚集性导致粒子搜索范围变小，全局搜索能力较低。在 QPSO 算法中，粒子处于量子空间，粒子的聚集态用概率密度函数来描述，粒子以一定的概率落在搜索空间中的任意地方，即使远离局部吸引点的位置，也会比当前的最优点好，因此粒子的全局搜索能力较强。算法中的参数 L 为粒子的搜索范围，L 的大小会影响到算法的收敛性，刘华鉴（2012）用平均最优位置来评价 L，此处的平均最优位置类似于人类社会行为中的主流认知，L 类似于个体创造力。当个体认知离主流认知较远时，个体创造力往往越大，即粒子搜索范围越大；反之，当个体认知离主流认知较近，个体创造力也就越小，粒子搜索寻优范围越小，QPSO 算法正是在这种搜索过程中不断进行粒子之间的学习、更新与信息传递，从而达到群体最优。因此，QPSO 算法的收敛速度和全局收敛性能好于标准 PSO 算法，具体不同点如下：

（1）在算法的理论上不同。PSO 算法是在经典力学的基础上建立粒子的“速度－位移”更新公式，粒子的状态表征可以得到；QPSO 算法的粒子更新公式仅有位置，粒子的状态由波函数表征，并且量子系统的叠加性使得可以描述比经典力学更多的状态。

（2）在搜索方式上不同。PSO 算法中粒子必须维持一定的束缚状态才能确保粒子聚集，由此限定了粒子的搜索区域，导致粒子不能在整个空间搜索；而 QPSO 算法中，粒子的出现是以一定的概率落在搜索区域内的任意地方，因此粒子的搜索范围较大，可以在更大的空间进行搜索寻优，增加了粒子的多样性，避免了粒子过早地陷入局部最优点。

（3）在位置更新公式上不同。相比 PSO 算法，QPSO 算法的更新公式中定义了粒子之间的平均最好位置来评价粒子的搜索范围，提高了粒子群体之间的协作能力，其全局搜索能力和收敛性能更高。

3.4 算法的改进

孙俊等（Sun et al.，2005）从量子理论上证明了 QPSO 算法是全局收敛，肯尼迪（Kennedy，2003）认为这是 PSO 算法最具有发展潜能的一种改进。即使 QPSO 算法在一定程度上提升了算法的性能，但是在实际计算时，粒子的搜索只是在可行解的空间进行，使得在算法迭代的后期依旧会出现群体的多样性缺失等现象，因此算法仍有很大的改进空间。在算法的改进方面，主要体现在以下几个方面。

第一，搜索策略的改进。莫哈德塞等（Mohadeseh et al.，2012）提出了一种广义局部搜索的 QPSO 算法，提高了粒子跳出局部最优点的能力。孔庆琴等（2007）提出了一种新的搜索策略，该策略通过个体粒子的信息进行搜索，保持了粒子群体的多样性。奚茂龙（2008）针对粒子的搜索过程，提出了随机最优选择策略，引入相对进化速度概念，并改进粒子的进化方程，避免了粒子陷入局部最优点。章国勇等（2013）在 QPSO 算法中融入两种精英学习策略，对粒子个体利用动态逼近学习策略进行搜索，引导粒子跳出局部最优点，提升了全局搜索能力。赵吉和程成（2016）提出了基于演化搜索的 QPSO 算法，将搜索空间划分为不同的区域，并对粒子位置进行自适应变异，使算法在收敛速度方面有较大提升。

第二，群体多样性的提升。针对提出的多样性因子进行自适应选择，扩大粒子的选择（Sun et al.，2005）；利用多样性信息来改进算法，增强全局收敛性能（Sun et al.，2006）；采用概率分布提升粒子多样性（Fang et al.，2009）。采用高斯分布产生随机数，提出了一些改进的算法，以改进粒子的早熟问题（Coelho，2007；Coelho et al.，2008）。通过混沌搜索来增加多样性，避免陷入局部最优（Yang and Hirosato，2008）。周頔等（2011）针对算法早熟现象，融入协同策略，提出了协同 QPSO 算法，避免了粒子的早熟现象。

第三，与其他算法的融合。将 QPSO 算法与模拟退火算法结合，将其中的弱选择函数采用模拟退火算法，提升了算法跳出局部极值的能力（Mikki and Kishk，2005）。将免疫算法与 QPSO 算法融合，结合两者优点提升算法的全局收敛性（Liu et al.，2006）。方伟等（2008）将微分进化应用到了 QPSO 算法当中，提升了群体的多样性。任小康等（2010）提出了将单纯形搜索法与 QPSO 算法混合的改进算法，更好地平衡了全局搜索和局部搜索能力。这里，介绍两种与其他算法思想融合的 QPSO 算法。

3.4.1 基于差分进化的改进算法

差分进化算法（differential evolution，DE）是由斯托恩和普莱斯（Storn and Price，1995）提出的一种进化算法。该算法采用交叉、变异和选择机制来更新种群，通过个体之间的竞争与合作产生新个体，算法形式简单、鲁棒性强。算法步骤如下：

第一步，设定种群规模为 N，搜索维度为 D。初始化粒子位置，生成公式如下：

$$x_{ij} = x_{ij}^{low} + r(x_{ij}^{up} - x_{ij}^{low})$$

其中，x_{ij}表示第 i 个个体的第 j 维，r 为（0，1）上均匀分布的随机数，x_{ij}^{low} 和 x_{ij}^{up}分别表示种群位置的下限和上限。

第二步，变异操作。在当前种群中随机选择两个相异的个体，将它们的差向量乘以缩放因子后，与其余的待变异个体进行向量的代数运算，生成新的个体：

$$y_{ij}(t+1) = x_{r_1 j}(t) + F_c[x_{r_2 j}(t) - x_{r_1 j}(t)]$$

其中，r_1 和 r_2 均为区间［1，N］上的随机整数，F_c 表示缩放因子。

第三步，交叉操作。将第 t 代个体 $x_i(t)$ 与 $y_i(t+1)$ 进行交叉操作，得

试验个体 $u_i(t+1)$：

$$u_{ij}(t+1)=\begin{cases}y_{ij}(t+1), & r<P_{CR}\text{或}j=j_r\\ x_{ij}(t), & \text{其他}\end{cases} \tag{3-7}$$

其中，P_{CR} 为交叉概率，取值在 0.8 ~ 1 之间；j_r 为区间 [1, D] 上的随机整数。

第四步，选择操作。选择适应度小的个体作为下一代，公式如下：

$$x_{ij}(t+1)=\begin{cases}u_{ij}(t+1), & f(u_{ij}(t+1))\leqslant f(x_{ij}(t))\\ u_{ij}(t), & \text{其他}\end{cases} \tag{3-8}$$

第五步，比较个体的适应度与当前种群的最优适应度，选择适应度较小的位置更新当前种群最优位置。

第六步，满足迭代终止条件，输出结果；否则，转第二步。

在 DE 算法中，交叉和选择操作可以增强算法的局部搜索能力，差分算法可以保持种群的多样性，然而在进化后期算法的速度变得较慢。QPSO 算法具有量子机制，能较快地搜寻全局最优解，可是在收敛后期的局部搜索方面有所不足。因此，考虑运用 DE 算法中的差分运算、交叉和选择操作对粒子位置进行更新，改进 QPSO 算法的粒子位置方程，该混合算法的具体步骤如下：

第一步，设定搜索维度 D，种群规模 N 以及最大迭代次数 T，初始化种群的粒子位置。

第二步，计算粒子的适应度，保留适应度最优的粒子位置为群体最优位置 $p_g(t)$。

第三步，用公式（3-1）计算局部吸引点。

第四步，运用差分运算，更新第 i 个粒子的个体最优位置 $p_i(t)$，公式如下：

$$\begin{cases}p_{1j}(t)=x_{r_1 j}(t)-x_{r_2 j}(t)\\ p_{2j}(t)=x_{r_3 j}(t)-x_{r_4 j}(t)\\ p_{ij}(t)=x_{r_5 j}(t)+c_1 p_{1j}(t)+c_2 p_{2j}(t)\end{cases}$$

其中，r_i 为区间 [1, N] 上的随机整数，c_1 和 c_2 为区间（0, 1）上均匀分布的随机数。

第五步，用公式（3－7）对第 i 个粒子进行交叉操作，运用公式（3－8）比较第 i 个粒子当前的适应度与个体最优点的适应度，将适应度更优的粒子位置保留为 $p_i(t)$。

第六步，比较第 i 个粒子个体最优点的适应度与群体最优点的适应度，取适应度更优的位置为群体最优位置 $p_g(t)$。

第七步，满足迭代终止条件，输出结果；否则，转第二步。

3.4.2 基于黑洞搜索策略的改进算法

黑洞搜索算法（black hole，BH）是一种受到黑洞现象启发而产生的进化算法。黑洞是一种质量巨大且体积微小的天体，在其周围存在强有力的吸引力，任何物体甚至电磁波进入其中也无法逃脱。在 BH 算法中，宇宙系统被比作有限的搜索区域，通过模拟黑洞现象，在搜索域内随机产生 N 个星体，形式如下：

$$x_i(0)=x_{\min}+r(x_{\max}-x_{\min})$$

其中，$x_i(0)$ 为第 i 个星体的初始位置，$x_{\min}$和 $x_{\max}$分别表示星体位置的下限和上限，r 为（0，1）上的随机数。黑洞位置一旦确定，其他非黑洞星体会按照一定的运动轨迹靠近黑洞，直到被黑洞捕获。黑洞搜索作为一种强有力的搜索机制，星体向黑洞靠近的位置公式如下：

$$x_i(t+1)=x_i(t)+r(x_{BH}-x_i(t))$$

其中，x_{BH}表示黑洞位置。

根据已有研究思想（Zhang et al.，2008；陈民铀和程杉，2013），在 QPSO 算法中引入黑洞搜索策略，以种群的全局最优位置为中心，半径为 R 范围内随机生成的一组粒子视为黑洞。基于黑洞理论，粒子在被黑洞捕获的同时，也存在一定的概率从黑洞逃脱。设置阀值 $p\in[0,1]$ 表示黑洞的捕获能力，当随机数 $l\in[0,1]$ 不超过阀值时，黑洞将捕获粒子的局部最优位置 p_i，于是粒子的位置更新公式如下：

$$x_i(t+1)=p_i(t)+2R(r-0.5) \tag{3-9}$$

随机黑洞策略的引入使得粒子能够更快地收敛于全局最优，加速了粒子的迭代速度，而粒子又有一定的概率逃逸黑洞，增强了种群的多样性，使得算法不易陷入局部最优。该改进算法的步骤如下。

第一步，设定搜索维度 D，种群规模 N，最大迭代次数 T 以及黑洞半径 R 和阀值 p，初始化种群的粒子位置。

第二步，计算粒子的适应度，更新个体最优位置 p_i，并保留适应度最优的粒子位置为群体最优位置 $p_g(t)$。

第三步，用公式（3-1）计算局部吸引点。

第四步，随机生成 $l \in [0, 1]$，当 $l \leqslant p$ 用公式（3-9）计算粒子的位置；否则，用公式（3-6）更新第 i 个粒子的个体最优位置 $p_i(t)$。

第五步，比较第 i 个粒子当前的适应度与个体最优点的适应度，将适应度更优的粒子位置保留为 $p_i(t)$；比较第 i 个粒子个体最优点的适应度与群体最优点的适应度，取适应度更优的位置为群体最优位置 $p_g(t)$。

第六步，满足迭代终止条件，输出结果；否则，转第二步。

本章参考文献

[1] Sun J, Feng B, Xu W B. Particle swarm optimization with particles having quantum behavior [C]. Congress on Evolutionary Computation, 2004: 325-331.

[2] 孙俊. 量子行为粒子群优化算法研究 [D]. 无锡：江南大学，2009.

[3] Clerc M. The swarm and queen: towards a deterministic and adaptive particle swarm optimization [C]. IEEE Conference on Evolutionary Computation, 1999: 1951-1957.

[4] Sun J, Xu W B, Liu J. Parameter selection quantum-behaved particle swarm optimization [C]. International Conference on Natural Computation, 2005: 543-552.

[5] 方伟，孙俊，谢振平，等. 量子粒子群优化算法的收敛性分析及控制参数研究 [J]. 物理学报，2010，59 (6)：3686 - 3694.

[6] Tian N, Lai C, Pericleous K, et al. Contraction-expansion coefficient learning in quantum-behaved particle swarm optimization [C]. International Symposium on Distributed Computing and Applications to Business, Engineering and Science, 2011: 303 - 308.

[7] Sun J, Xu W B, Feng B. Adaptive parameter control for quantum-behaved particle swarm optimization on individual level [C]. IEEE International Conference on Systems, Man and Cybernetics, 2005: 3049 - 3054.

[8] Liu J, Sun J, Xu W. Improving quantum-behaved particle swarm optimization by simulated annealing [C]. International Conference on Intelligent Computing, 2006: 130 - 136.

[9] Mikki S, Kishk A A. Investigation of the quantum particle swarm optimization technique for electromagnetic applications [C]. IEEE Antennas and Propagation Society International Symposium, 2005: 45 - 48.

[10] 刘华蓥. 粒子群优化算法的改进研究及在石油工程中的应用 [D]. 大庆：东北石油大学，2012.

[11] Mohadeseh S, Hossein N, Malihe M. A quantum behaved gravitational search algorithm [J]. Intelligent Information Management, 2012 (4): 390 - 395.

[12] 孔庆琴，孙俊，须文波. 基于 QPSO 的改进算法 [J]. 计算机工程与应用，2007，43 (28)：58 - 60.

[13] 奚茂龙. 群体智能算法及其在移动机器人路径规划与跟踪控制中的研究 [D]. 无锡：江南大学，2008.

[14] 章国勇，伍永刚，顾巍. 基于精英学习的量子行为粒子群算法 [J]. 控制与决策，2013，28 (9)：1341 - 1348.

[15] 赵吉，程成. 基于演化搜索信息的量子行为粒子群优化算法 [J]. 计算机工程与应用，2016 (1)：1 - 7.

[16] Sun J, Xu W, Feng B. Adaptive parameter control for quantum-behaved particle swarm optimization on individual level [C]. IEEE International Con-

ference on systems, Man and Cybernetics, 2005: 3049 – 3054.

[17] Sun J, Xu W, Fang W. A diversity-guided quantum-behaved particle swarm optimization algorithm [C]. International Conference on Simulated Evolution and Learning, 2006: 497 – 504.

[18] Fang W, Sun J, Xu W. Analysis of mutation operators on quantum-behaved particle swarm optimization algorithm [J]. New Mathematics and Natural Computation, 2009, 5 (2): 487 – 496.

[19] Coelho L S. Novel Gaussian quantum-behaved particle swarm optimizer applied to electromagnetic design [J]. Science Measurement & Technology, 2007, 11 (5): 290 – 294.

[20] Coelho L S, Nedjah N, Mourelle L M. Gaussian quantum-behaved particle swarm optimization applied to fuzzy PID controller design [J]. Quantum Inspired Intelligent Systems Studies in Computational Intelligence, 2008 (121): 1 – 15.

[21] Yang K Q, Hirosato N. Quantum particle swarm optimizer with chaotic mutation search [J]. IEEE Transactions on Information and Systems, 2008, 91 (7): 1963 – 1970.

[22] 周頔，孙俊，须文波. 具有量子行为的协同粒子群优化算法 [J]. 控制与决策，2011, 26 (4): 582 – 586.

[23] Liu J, Sun J, Xu W, Fang W. Quantum-behaved particle swarm optimization with immune operator [C]. International Symposium on Methodologies for Intelligent Systems, 2006: 77 – 83.

[24] 方伟，孙俊，须文波. 基于微分进化算子的量子粒子群优化算法及应用 [J]. 系统仿真学报，2008, 20 (24): 6740 – 6744.

[25] 任小康，郝瑞芝，孙正兴，等. 基于单纯形法的量子粒子群优化算法 [J]. 微电子学与计算机，2010, 27 (1): 154 – 157.

[26] Storm R, Price K. Differential evolution a simple and efficient adaptive scheme for global optimization over continuous space [R]. Technical Report International Computer Science Institute, 1995: 22 – 25.

[27] Zhang J Q, Liu K, Tan Y, et al. Random black hole particle swarm optimization and its application [C]. IEEE Conference on Neural & Signal Processing, 2008: 359-365.

[28] 陈民铀，程杉. 基于随机黑洞和逐步淘汰策略的多目标粒子群优化算法 [J]. 控制与决策，2013，28 (11): 1129-1134.

| 第 4 章 |

投资组合理论及相关模型

收益和风险的权衡是金融决策的核心问题。人们在面对具有相同预期收益而承载不同风险的两项投资决策时，风险较大的那项决策将是无效的；如果面对承载相同风险而具有不同预期收益的两项投资决策时，则预期收益较小的决策是无效的。在面对高风险高收益和低风险低收益时，人们将按照自己对收益和风险的偏好进行权衡选择。然而，市场的均衡却会导致与个体的偏好无关的结果，这是市场对参与者个体行为整合的结果。本章围绕投资组合理论展开对均值 - 方差模型和资本资产定价模型相关内容进行阐述。

4.1 投资组合及均值 - 方差模型

马科维茨（Markowitz，1952）提出的证券投资组合理论，创立了“均值 - 方差”分析框架，研究了单个投资者在追求效用最大化情况下的行为模式，为现代股票定价理论奠定了基础。这一理论通常被认为是现代金融学的开端，它的问世使得金融学开始摆脱纯粹的描述性研究和单凭经验操作的状态，进入了数量化研究的时代，引发了后续一系列金融理论的重大突破。

4.1.1 投资组合的选择

投资组合的选择狭义是指如何构筑各种有价证券的头寸来最好地符合投资者的收益和风险的权衡；广义而言，包括对所有资产和负债的构成做出决策，甚至包括对人力资本（如教育和培训）的投资（宋逢明，2002）。这里，我们仅限于狭义的范畴。

对理性的投资者而言，尽管存在普遍遵循的一般性规律，但放眼整个金融市场，并不存在一种对所有投资者来说都是最佳的投资组合选择策略。其成因如下：

第一，收入背景。不同的个人投资者或机构投资者，有不同的利益结构，对于市场的变动也有不同的敏感度。例如，相比一位中学教师，一名受雇于证券公司按盈利分成的证券分析师，其收入对股票市场的波动非常敏感，投资股票需要承受的风险要大得多。

第二，投资周期。不同投资者调整自己投资组合的周期不一样，可能会随着时间的流逝而发生变化。不同投资者对同一投资组合存在不同的看法，如一些炒股积极的股民会频繁地更换自己的投资组合，而一些开设长期定期存款的投资者则会很长时间才调整一次组合。

第三，风险态度。个人投资者因为年龄、地位、财产状况等，机构投资者因为经营的方向和自身实力，对风险会采取不同的态度。当然，投资分析时需要区分投资者有能力承担风险和有意愿承担风险的差异。

第四，投资结构。从理论上讲，由银行和其他金融机构提供的金融产品可以构筑起无穷种投资组合，然而实际上真正可供投资者选择的只是有限几种。注意，投资组合理论给出的是一种选择投资组合的指导思路，而不是实战操作的手册。

在投资组合的选择中，除了无风险证券外，将所有具有风险的股票、债券以及其他衍生证券统称为风险资产。正如“不要把鸡蛋放在同一个篮子里”，投资组合理论的基本思想是通过分散化投资来对冲一部分风险。例如，两项风险资产在组合中的权重分别是 ω_1 和 $1-\omega_1$，它们的预期收益率分别为 $E(r_1)$ 和 $E(r_2)$，方差分别为 σ_1^2 和 σ_2^2，于是可得组合的预期收益率 $E(r)$ 和方差 σ^2 如下：

$$E(r)=\omega_1 E(r_1)+(1-\omega_1)E(r_2)$$

$$\sigma^2=\omega_1^2\sigma_1^2+(1-\omega_1)^2\sigma_2^2+2\omega_1(1-\omega_1)\rho\sigma_1\sigma_2$$

其中，$\rho\in(-1,1)$ 为相关系数。在该组合中，若想取得最小方差，可求出

$$\omega_1=\frac{\sigma_2^2-\rho\sigma_1\sigma_2}{\sigma_1^2+\sigma_2^2-2\rho\sigma_1\sigma_2}$$

接下来，将讨论多项风险资产组合的情况。

4.1.2 均值 - 方差模型的理论分析

在研究投资者行为时，马科维茨借用消费者行为理论中的无差异曲线的概念，构造了投资者的等效用曲线，将坐标系中的两种商品换成了预期收益率和标准差。同时，仿照消费者预算线的概念，提出了可行域和有效边界的定义。进而，根据消费者行为理论中的消费者均衡，通过有效边界和投资者的等效用曲线构建了投资者均衡，得出等效用曲线与有效边界的切点就是投资者最满意的投资组合，这就是均值 - 方差模型的理论思想（张元萍，2016）。均值 - 方差模型对单个投资者的行为进行了规范性描述，是投资者最优资产选择行为的纯理论模型。

马科维茨投资组合理论的基本假设（周复之，2008）有：

（1）投资者在投资决策中只关注投资收益这个随机变量的两个数字特征，即投资的期望收益和方差。

（2）投资者是理性的，也是风险厌恶的。

（3）投资者的目标是使其期望效用最大化。

（4）资本市场是有效的。

（5）资本市场的证券是有风险的。

（6）资本市场上的每种证券都是无限可分的。

（7）资本市场的供给具有无限弹性。

现有 n 种证券，收益率向量为 $x=(x_1, x_2, \cdots, x_n)'$，由于收益率具有随机性，设每种证券收益率的期望分别为 $\mu_1, \mu_2, \cdots, \mu_n$。协方差矩阵 Σ 和预期收益率向量 $\mu=(\mu_1, \mu_2, \cdots, \mu_n)'$ 均为已知的，考虑在各证券上的投资分配比例 $\omega=(\omega_1, \omega_2, \cdots, \omega_n)'$，要求资金全部投入同时不允许卖空。于是，投资比例 ω 需满足以下公式：

$$\omega \geqslant 0, \ \Pi'\omega=1, \text{其中} \ \Pi'=(1, 1, \cdots, 1)$$

当满足既定方差水平上有最大的预期收益率或在既定收益水平上有最小的方差时，投资者的最优投资组合将是一个均方差有效率的资产组合，此时的资产选择问题将转换为一个给定目标函数和约束条件的规划问题。根据投资组合理论的假设，这里有两种不同的情形：

情形1：指定预期收益率 $\omega'\mu=a$，求 ω 使得风险 $\sigma^2=\mathrm{var}(\omega'x)=\omega'\Sigma\omega$ 最小。

情形2：指定风险 $\mathrm{var}(\omega'x)=\omega'\Sigma\omega=\sigma_0^2$，求 ω 使得收益率 $\omega'\mu$ 最大。

先考虑情形1的求解，在满足约束条件 $\omega \geqslant 0$，$\Pi'\omega=1$，$\omega'\mu=a$ 时，求使得 $\omega'\Sigma\omega$ 最小的 ω。用拉格朗日函数法求解这个带约束条件的二次规划问题。具体步骤如下：

第一步，建立拉格朗日函数，并得到一阶最优化条件。

$$L(\omega, \lambda_1, \lambda_2)=\omega'\Sigma\omega-2\lambda_1(\Pi'\omega-1)-2\lambda_2(\omega'\mu-a)$$

一阶最优化条件对应的方程组如下：

$$\begin{cases} \dfrac{\partial L}{\partial \omega}=2\Sigma\omega-2\lambda_1\Pi-2\lambda_2\mu=0 & (4-1) \\ \dfrac{\partial L}{\partial \lambda_1}=\Pi'\omega-1=0 & (4-2) \\ \dfrac{\partial L}{\partial \lambda_2}=\omega'\mu-a=0 & (4-3) \end{cases}$$

第二步，解方程组。由公式（4-1）可得 $\Sigma\omega=\lambda_1\Pi+\lambda_2\mu$，两边左乘 Σ^{-1} 有：

$$\omega = \Sigma^{-1}(\lambda_1 \Pi + \lambda_2 \mu) \tag{4-4}$$

因为协方差矩阵 Σ 是对称、正定的，所以 Σ^{-1} 也为对称、正定矩阵。由公式（4-4）可知：

$$\omega' = (\lambda_1 \Pi' + \lambda_2 \mu')\Sigma^{-1} \tag{4-5}$$

分别将公式（4-4）和公式（4-5）代入公式（4-2）和公式（4-3）中，有：

$$\begin{cases} \Pi'\Sigma^{-1}\Pi\lambda_1 + \Pi'\Sigma^{-1}\mu\lambda_2 = 1 \\ \Pi'\Sigma^{-1}\mu\lambda_1 + \mu'\Sigma^{-1}\mu\lambda_2 = a \end{cases}$$

记 $A = \Pi'\Sigma^{-1}\Pi$，$B = \Pi'\Sigma^{-1}\mu$，$C = \mu'\Sigma^{-1}\mu$，$\Delta = AC - B^2$，于是上述方程组可化为：

$$\begin{cases} A\lambda_1 + B\lambda_2 = 1 \\ B\lambda_1 + C\lambda_2 = a \end{cases}$$

解得 $\lambda_1 = \dfrac{C - aB}{\Delta}$，$\lambda_2 = \dfrac{aA - B}{\Delta}$，将 λ_1 和 λ_2 代入公式（4-4），可得最优解 ω_a 为：

$$\omega_a = \frac{\Sigma^{-1}\Pi(C - aB) + \Sigma^{-1}\mu(aA - B)}{\Delta} \tag{4-6}$$

此时，最小方差 $\sigma^2(\omega_a) = \omega'_a \Sigma \omega_a$，将公式（4-4）代入可得：

$$\sigma^2(\omega_a) = \omega'_a \Sigma[\Sigma^{-1}(\lambda_1 \Pi + \lambda_2 \mu)] = \omega'_a(\lambda_1 \Pi + \lambda_2 \mu)$$

再利用公式（4-2）和公式（4-3），有：

$$\sigma^2(\omega_a) = \lambda_1 + \lambda_2 a = \frac{Aa^2 - 2Ba + C}{\Delta} = \frac{A}{\Delta}\left(a - \frac{B}{A}\right)^2 + \frac{1}{A} \tag{4-7}$$

通过 ω_a 和 $\sigma^2(\omega_a)$ 的表达式，可知每一个给定的预期收益率 a，都有唯一对应的投资组合比例以及风险值。以 a 的取值为纵坐标，σ 的值为横坐标，易知满足公式（4-7）的所有点（σ，a）构成的轨迹为一条双曲线。在图 4.1 中，以 t 点为拐点的下半支曲线代表的组合不会被理性投资者所选择，只有上半支曲线所代表的组合为有效的选择，于是上半支曲线被称为投资组合的有效边界（即有效前沿曲线）。有效边界描述了投资者依据预期收益率和风险关系可能选择的有效组合，然后不同的投资者在根据自身的等效用曲线与有效边界的切点，确定最佳的组合。

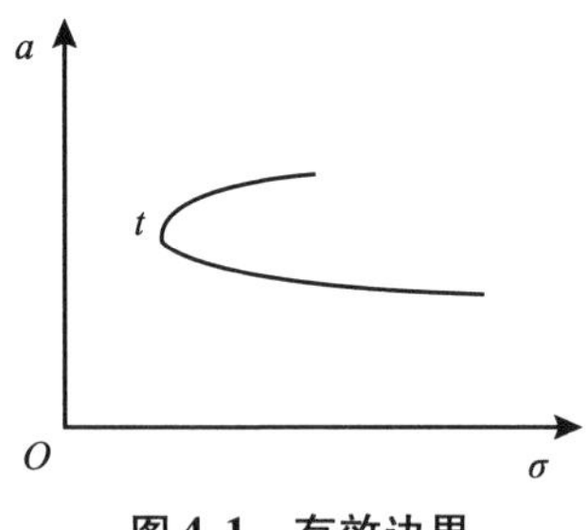

图 4.1 有效边界

随后，讨论情形 2 的求解。在满足 $\omega \geqslant 0$，$\Pi'\omega = 1$，$\omega'\Sigma\omega = \sigma_0^2$ 时，求使得 $\omega'\mu$ 最大的 ω，将目标函数化最小值问题，然后采用拉格朗日函数法进行求解。具体步骤如下：

第一步，构造拉格朗日函数：

$$L(\omega, \lambda_1, \lambda_2) = -2\omega'\mu - 2\lambda_1(\Pi'\omega - 1) - \lambda_2(\omega'\Sigma w - \sigma_0^2)$$

一阶最优化条件对应的方程组如下：

$$\begin{cases} \dfrac{\partial L}{\partial \omega} = -2\mu - 2\lambda_1 \Pi - 2\lambda_2 \Sigma\omega = 0 & (4-8) \\ \dfrac{\partial L}{\partial \lambda_1} = \Pi'\omega - 1 = 0 & (4-9) \\ \dfrac{\partial L}{\partial \lambda_2} = \omega'\Sigma\omega - \sigma_0^2 = 0 & (4-10) \end{cases}$$

第二步，解方程组。由公式（4-8）可得 $\Sigma\omega = k_1\Pi + k_2\mu$，（$k_1 = \lambda_1/\lambda_2$，$k_2 = 1/\lambda_2$），两边左乘 Σ^{-1} 有：

$$\omega = \Sigma^{-1}(k_1\Pi + k_2\mu) \tag{4-11}$$

同时可得：

$$\omega' = (k_1\Pi' + k_2\mu')\Sigma^{-1} \tag{4-12}$$

分别将公式（4-11）和公式（4-12）代入公式（4-9）和公式（4-10）中，有

$$\begin{cases} \Pi'\Sigma^{-1}\Pi k_1 + \Pi'\Sigma^{-1}\mu k_2 = 1 \\ k_1^2\Pi'\Sigma^{-1}\Pi + 2k_1k_2\Pi'\Sigma^{-1}\mu + k_2^2\mu'\Sigma^{-1}\mu = \sigma_0^2 \end{cases}$$

记 $A = \Pi'\Sigma^{-1}\Pi$，$B = \Pi'\Sigma^{-1}\mu$，$C = \mu'\Sigma^{-1}\mu$，$\Delta = AC - B^2$，于是上述方程

组可化为:

$$\begin{cases} Ak_1 + Bk_2 = 1 & (4-13) \\ Ak_1^2 + 2Bk_1k_2 + Ck_2^2 = \sigma_0^2 & (4-14) \end{cases}$$

解之可得:

$$k_1 = \frac{1}{A} - \frac{B}{A}k_2, \quad k_2^2 = \frac{A\sigma_0^2 - 1}{\Delta}$$

于是将 k_1 和 k_2 代入公式（4－11），可得:

$$\omega_{\sigma_0^2} = \Sigma^{-1}\left[\left(\frac{1}{A} - \frac{B}{A}\sqrt{\frac{A\sigma_0^2 - 1}{\Delta}}\right)\Pi + \sqrt{\frac{A\sigma_0^2 - 1}{\Delta}}\mu\right]$$

此时的最大收益率不妨记为 $a = \mu'\omega_{\sigma_0^2}$。根据公式（4－11），可知:

$$\sigma_0^2 = \omega'_{\sigma_0^2}\Sigma\omega_{\sigma_0^2} = \omega'_{\sigma_0^2}(k_1\Pi + k_2\mu) = k_1 + k_2 a \qquad (4-15)$$

现在验证公式（4－15）对应的有效前沿曲线与公式（4－7）是一样的。将 k_1 和 k_2 代入公式（4－15），可得:

$$\sigma_0^2 = \frac{1}{A} + \left(a - \frac{A}{B}\right)k_2$$

移项后两边同时平方，有:

$$\left(\sigma_0^2 - \frac{1}{A}\right)^2 = \left(a - \frac{A}{B}\right)^2 \frac{A\sigma_0^2 - 1}{\Delta}$$

进一步整理可得:

$$\sigma_0^2 = \frac{A}{\Delta}\left(a - \frac{B}{A}\right)^2 + \frac{1}{A}$$

显然，这两种情形下得到的函数表达式完全相同，即给定预期收益率 a 时得到最小方差 σ^2，和给定风险 σ^2 时求最大预期收益率 a 本质上是等价的。

4.1.3 均值－方差模型解的性质探讨

根据模型的假设，n 种证券收益率的期望分别为 μ_1，μ_2，…，μ_n，记 μ_{min} 和 μ_{nax} 分别为 n 种证券平均收益率的最小和最大值，那么 $\omega'\mu$ 显然是 μ_1，μ_2，…，μ_n 的加权平均，给定的预期收益率 a 必然在 μ_{min} 和 μ_{max} 之间取值。

由协方差矩阵 Σ 为正定的，可知 Σ^{-1} 为正定矩阵。于是，有 $A=\Pi'\Sigma^{-1}\Pi>0$，$C=\mu'\Sigma^{-1}\mu>0$。现讨论 $\Delta=AC-B^2>0$。

可以通过证明 $A(AC-B^2)=A^2C-B^2A>0$ 或 $C(AC-B^2)=C^2A-B^2C>0$ 来实现目的，这里考虑 $A^2C-B^2A>0$（另一种思路类似）。利用好 Σ^{-1} 为正定矩阵的信息，不妨假设 $\alpha=A\mu-B\Pi$，于是有：

$$\alpha'\Sigma^{-1}\alpha=(A\mu-B\Pi)'\Sigma^{-1}(A\mu-B\Pi)>0$$

进一步整理，可得：

$$(A\mu-B\Pi)'\Sigma^{-1}(A\mu-B\Pi)=A^2C-AB^2-AB^2+B^2A=A(AC-B^2)>0$$

因为 $A>0$，所以 $\Delta=AC-B^2>0$。

随后，对均值 - 方差模型解的性质作进一步探讨。

（1）根据公式（4-7）以及 $A>0$，$\Delta>0$，可知 $\sigma^2(\omega_a)\geqslant 1/A$。在均值 - 方差模型中，通过增加资产的种类进行风险分散化，可以消除非系统风险（企业风险），但不能消除系统风险。这里的 $1/A$ 意味着系统风险，易知当预期收益率 $a=B/A$ 时取得等号，代入公式（4-6）可得相应的最优投资组合 ω_g（这里 $g=B/A$），具体如下：

$$\omega_g=\frac{\Sigma^{-1}\Pi}{A}=\frac{\Sigma^{-1}\Pi}{\Pi'\Sigma^{-1}\Pi} \tag{4-16}$$

（2）预期收益率在 $\mu_{\min}$ 和 $\mu_{\max}$ 之间任取两个值 h_1 和 h_2，设模型的最优解分别为 ω_{h_1} 和 ω_{h_2}，由公式（4-4）得，这两个投资组合的协方差为：

$$\mathrm{cov}(\omega'_{h_1}x,\omega'_{h_2}x)=\omega'_{h_1}\Sigma\omega_{h_2}=\omega'_{h_1}(\lambda_1\Pi+\lambda_2\mu)$$

根据 $\lambda_1=\dfrac{C-h_2B}{\Delta}$，$\lambda_2=\dfrac{h_2A-B}{\Delta}$，有：

$$\mathrm{cov}(\omega'_{h_1}x,\ \omega'_{h_2}x)=\frac{C-h_2B}{\Delta}\omega'_{h_1}\Pi+\frac{h_2A-B}{\Delta}\omega'_{h_1}\mu$$

然后，结合约束条件 $\Pi'\omega_{h_1}=1$，$\omega'_{h_1}\mu=h_1$，整理得：

$$\mathrm{cov}(\omega'_{h_1}x,\ \omega'_{h_2}x)=\frac{C-h_2B}{\Delta}+\frac{h_2A-B}{\Delta}h_1=\frac{A}{\Delta}\left(h_1-\frac{B}{A}\right)\left(h_2-\frac{B}{A}\right)+\frac{1}{A} \tag{4-17}$$

进而，考虑任一投资组合 ω_h 和最优投资组合 ω_g 之间的协方差，有：

$$\mathrm{cov}(\omega_h' x,\ \omega_g' x) = \frac{1}{A} = \sigma^2(\omega_g)$$

表明最低风险的投资组合与任一有效组合之间的协方差，等于模型的最低风险。

(3) 当预期收益率取 $C/B(B \neq 0)$ 时，有 $\lambda_1 = 0$，$\lambda_2 = 1/B$，运用公式（4-4）可得

$$\omega_d = \frac{\Sigma^{-1}\mu}{B} = \frac{\Sigma^{-1}\mu}{\Pi'\Sigma^{-1}\mu},\ d = \frac{C}{B} \tag{4-18}$$

由公式（4-16）和公式（4-18）知，$\Sigma^{-1}\Pi = \omega_g A$，$\Sigma^{-1}\mu = \omega_d B$，代入 $\omega_a = \Sigma^{-1}(\lambda_1 \Pi + \lambda_2 \mu)$ 中，可得 $\omega_a = \lambda_1 A \omega_g + \lambda_2 B \omega_d$，其中：

$$\lambda_1 A + \lambda_2 B = \frac{C - aB}{\Delta} A + \frac{aA - B}{\Delta} B = 1$$

表明 ω_a 可由 ω_g 与 ω_d 的线性组合而得，即投资组合模型的任一有效解可以分解为两个特定解的凸线性组合形式。于是，模型的全部有效解构成的解空间，其维数不会超过 2。

(4) 通过公式（4-17）知，当预期收益率 $h_1 \neq B/A$ 时，必存在 h_2 使得 $\mathrm{cov}(\omega_{h_1}' x,\ \omega_{h_2}' x) = 0$。意味着，可以找出两个线性无关的投资组合 ω_{h_1} 和 ω_{h_2}。因模型的解空间维数不会超过 2，除非解向量之间都具有高度相关性，一般可以推断维数为 2。于是，考虑一个能够反映市场平均收益的投资选择 ω_M，借助公式（4-17）确定另一个与 ω_M 无关的解，然后就可以通过这两个解的线性组合将全部有效解表示出来。

4.2 资本资产定价模型

资本资产定价模型（capital asset pricing model，CAPM）是由美国斯坦福大学教授夏普等人在马科维茨证券投资组合理论基础上提出的一种证券投资理论。CAPM 解决了所有的人按照组合理论投资下，资产的收益与风险的问题。其理论包括两个部分：资本市场线（capital market line，CML）和证券市场线（security market line，SML）。

现在考虑在风险资产组合的基础上加入无风险资产。设有 n 种风险资产，收益率向量为 $x=(x_1, x_2, \cdots, x_n)'$，每种资产的收益率期望分别为 $\mu_1, \mu_2, \cdots, \mu_n$，协方差矩阵为 Σ。加入的无风险资产的收益率为 R_0，显然 $\mu_i \geqslant R_0(i=1, 2, \cdots, n)$。此时，新组合的投资结构为：

$$(\omega_0, \omega')=(\omega_0, \omega_1, \omega_2, \cdots, \omega_n)$$

其中，ω_0 为无风险资产的投资占比，ω 为风险资产的投资占比向量，$\omega_0+\Pi'\omega=1$。

当给定预期收益率 $\omega_0 R_0+\omega'\mu=a$ 时，考虑适当的投资选择（ω_0, ω'），使得该组合的风险 $\sigma^2=\mathrm{var}(\omega' x)=\omega'\Sigma\omega$ 最小。通过对该模型的求解，可以得出新投资组合的有效边界。

4.2.1 资本市场线

加入无风险资产后的投资组合模型如下：

$$\begin{aligned} \min \quad & \sigma^2=\omega'\Sigma\omega \\ \text{s. t.} \quad & \omega_0+\Pi'\omega=1 \\ & \omega_0 R_0+\omega'\mu=a \end{aligned}$$

引入拉格朗日函数：

$$L(\omega_0, \omega, \lambda_1, \lambda_2)=\omega'\Sigma\omega-2\lambda_1(\omega_0+\Pi'\omega-1)-2\lambda_2(\omega_0 R_0+\omega'\mu-a)$$

根据一阶最优化条件有：

$$\begin{cases} \dfrac{\partial L}{\partial \omega_0}=-2\lambda_1-2\lambda_2 R_0=0 & (4-19) \\ \dfrac{\partial L}{\partial \omega}=2\Sigma\omega-2\lambda_1\Pi-2\lambda_2\mu=0 & (4-20) \\ \dfrac{\partial L}{\partial \lambda_1}=\omega_0+\Pi'\omega-1=0 & (4-21) \\ \dfrac{\partial L}{\partial \lambda_2}=\omega_0 R_0+\omega'\mu-a=0 & (4-22) \end{cases}$$

由公式（4-20），可得：

$$\omega=\Sigma^{-1}(\lambda_1\Pi+\lambda_2\mu), \ \omega'=(\lambda_1\Pi'+\lambda_2\mu')\Sigma^{-1}$$

将上式代入公式（4－21）和公式（4－22），有：

$$\begin{cases} \Pi'\Sigma^{-1}\Pi\lambda_1 + \Pi'\Sigma^{-1}\mu\lambda_2 = 1 - \omega_0 \\ \Pi'\Sigma^{-1}\mu\lambda_1 + \mu'\Sigma^{-1}\mu\lambda_2 = a - \omega_0 R_0 \end{cases}$$

记 $A = \Pi'\Sigma^{-1}\Pi$，$B = \Pi'\Sigma^{-1}\mu$，$C = \mu'\Sigma^{-1}\mu$，则有：

$$\begin{cases} A\lambda_1 + B\lambda_2 = 1 - \omega_0 \\ B\lambda_1 + C\lambda_2 = a - \omega_0 R_0 \end{cases}$$

根据以上方程组和公式（4－19），可得：

$$\lambda_1 = -R_0\lambda_2,\ \lambda_2 = \frac{a - R_0}{C - 2R_0 B + R_0^2 A} \tag{4-23}$$

从而，风险资产的投资比例向量 $\omega = \Sigma^{-1}(\lambda_1\Pi + \lambda_2\mu) = \Sigma^{-1}(-R_0\Pi + \mu)\lambda_2$，即：

$$\omega_a = \frac{a - R_0}{C - 2R_0 B + R_0^2 A}\Sigma^{-1}(\mu - R_0\Pi)$$

那么，无风险资产的投资占比为 $\omega_0 = 1 - \Pi'\omega_a$。

该组合的风险为：

$$\sigma^2(\omega_a) = \omega_a'\Sigma\omega_a = \omega_a'(\lambda_1\Pi + \lambda_2\mu) = \lambda_1\omega_a'\Pi + \lambda_2\omega_a'\mu$$

由约束条件 $\omega_0 + \Pi'\omega_a = 1$，$\omega_0 R_0 + \omega'\mu = a$ 以及 $\lambda_1 = -R_0\lambda_2$，可知：

$$\sigma^2(\omega_a) = (a - R_0)\lambda_2 = \frac{(a - R_0)^2}{C - 2R_0 B + R_0^2 A} \tag{4-24}$$

进而，将公式（4－24）转化为预期收益率 a 和标准差 σ 的函数：

$$a = R_0 + \sigma\sqrt{C - 2R_0 B + R_0^2 A} \tag{4-25}$$

公式（4－25）代表的直线为无风险资产和风险资产组合所形成的有效组合边界，被称为资本市场线。

将均值－方差模型的有效前沿曲线与资本市场线放到同一坐标系下，当无风险资产占比 $\omega_0 = 0$ 时，刚好是直线

$$a = R_0 + \sigma\sqrt{C - 2R_0 B + R_0^2 A}$$

与双曲线

$$\sigma^2 = \frac{A}{AC - B^2}\left(a - \frac{B}{A}\right)^2 + \frac{1}{A}$$

的切点 M，如图 4.2 所示，记为（σ_M，a_M）。联立方程可得：

$$a_M = \frac{C - R_0 B}{B - AR_0},\ \sigma_M^2 = \frac{C - 2R_0 B + R_0^2 A}{(B - AR_0)^2} \tag{4-26}$$

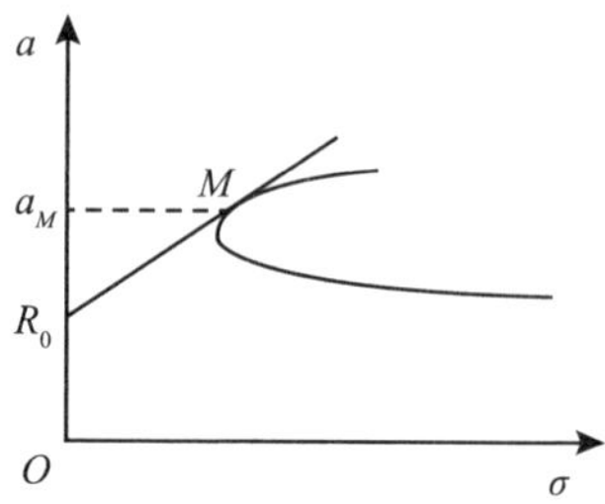

图 4.2　资本市场线与切点组合

通过公式（4－24）和公式（4－26），可知：

$$\sigma_M^2 = \frac{C - 2R_0 B + R_0^2 A}{(B - AR_0)^2} = \frac{(a_M - R_0)^2}{C - 2R_0 B + R_0^2 A}$$

则$\dfrac{1}{B - AR_0} = \dfrac{a_M - R_0}{C - 2R_0 B + R_0^2 A}$。

于是，切点组合的投资选择比例为：

$$\omega_{a_M} = \frac{a_M - R_0}{C - 2R_0 B + R_0^2 A}\Sigma^{-1}(\mu - R_0 \Pi) = \frac{1}{B - AR_0}\Sigma^{-1}(\mu - R_0 \Pi) \tag{4-27}$$

在图 4.2 中，点（0，R_0）与切点（σ_M，a_M）连线的斜率为（$a_M - R_0$）/σ_M，即公式（4－25）中直线的斜率，表示单位风险所得的收益，被称为夏普比率。资本市场线上任一点所代表的投资组合，都可以由一定比例的无风险资产和由切点代表的风险资产组合而成。理性的投资者会选择一部分投资无风险资产，另一部分投资有风险资产，从而获得高于无风险收益率 R_0 的投资回报。对于风险极度厌恶的投资者，会将资金完全用于无风险资产，即点（0，R_0）代表的组合。如果是一般的风险厌恶者，则会选择在点（0，R_0）和切点（σ_M，a_M）连线之间的点进行投资组合。如果是风险偏好型，则会在切点（σ_M，a_M）右上方的延长线上进行，表明投资者将卖空无风险资产，把所得的资金投资于 M 点代表的风险资产组合上。

4.2.2 市场组合

在图 4.2 中 M 点代表的切点组合具有重要的实际价值，我们称之为有风险资产的市场组合。市场组合是这样的投资组合，它包含所有市场上存在的资产种类，各种资产所占的比例和每种资产的总市值占市场所有资产总市值的比例相同。

例如，一个只有 3 种资产的小市场：股票 A、股票 B 和无风险证券，股票 A 的总市值 600 亿元，股票 B 的总市值为 200 亿元，无风险证券的总市值为 200 亿元，该市场所有资产的总市值为 1000 亿元。那么，一个市场组合包括了所有这 3 种资产，股票 A 占 60%，股票 B 占 20%，无风险证券占 20%，可见市场组合是一个市场资产结构的缩影。而有风险资产的市场组合是指从市场组合中拿掉无风险证券后的组合，在上面这个包含 3 种资产的小市场中，构建一个有风险资产的市场组合：按照股票 A 和股票 B 总市值的比例 3∶1 来进行分配，即股票 A 占 75%，股票 B 占 25%。

因此，资本市场线和均值－方差模型有效前沿曲线的切点所代表的资产组合就是有风险资产的市场组合。任何市场上存在的风险资产都被包含在切点所代表的资产组合里。因为理性的投资者会选择资本市场线上的点作为投资组合，不被切点组合包含的资产会变得无人问津，其价格会下跌，从而收益率上升，直到进入切点组合中。当市场达到均衡时，任何一种资产都不会出现过度的需求或供给，所有理性投资者选择的有风险资产比例应同切点组合的投资比例相同。因此，在市场处于均衡时，各种有风险资产的市场价值在全部有风险资产的市场总价值里所占比重应当和切点组合的比重一样。

于是，就出现了被动的，但很有效的指数化投资策略。该策略分两步：第一步，按照市场的组成比例来构筑有风险资产的组合，实现了风险分散化；第二步，将资金按照投资者的收益/风险偏好分别投资到无风险资产和构筑的有风险市场组合中。在实际操作中，这种策略的调节也很方便。当觉得投资组合的风险偏大时，则适当增加对无风险资产的投入比例，否则反向操作。在现有的各个金融市场中，已存在很多能够反映市场总体价格水平变化的指数，例如：标准普尔500指数、日经225指数、《金融时报》100指数、恒生指数、上证指数和深证指数等。这些指数的构成成分都反映了对应市场所交易的各种资产的构成比例，以此类指数为基础而开发的指数产品，通常可以用来作为有风险市场组合的替代品。故而，这种投资策略被称为指数化投资策略，在欧美被养老基金、共同基金等金融机构广泛使用，并被作为评估其他主动型投资策略绩效的依据。另外，可以清楚地发现，这种投资策略的制定，与个别投资者的效应函数无关，其产生是整个市场整合的结果。

4.2.3 证券市场线

资本资产定价模型进一步讨论的是单个有风险资产的定价问题。从马科维茨开创性的工作到提出资本资产定价模型，间隔长达13年，可见现代金融学发展道路的曲折，而作为资本资产定价模型中的核心——证券市场线的提出也标志着分析金融学走向成熟。

资本资产定价模型有许多前提性的假设条件，主要包括对市场的完善性和环境的无摩擦性。现对主要的假设条件（宋逢明，2002）阐述如下：

（1）存在许多投资者，与整个市场相比，每个投资者的份额很小，于是投资者都是价格的接受者，不具备“做市”的力量，市场处于完善的竞争状态。

（2）所有投资者都只计划持有投资资产一个相同的周期，只关心投资计划期内的情况，不考虑计划期以外的事情。

（3）投资者只能交易公开交易的金融工具，如股票、债券等，即不把人力资本、私人企业和政府融资项目等考虑在内；假设投资者可以不受限制地以固定的无风险利率借贷。

（4）无税和交易成本，即市场是无摩擦的。

（5）所有投资者的行为都是理性的，遵循马科维茨投资组合选择模型来优化自己的投资行为。

（6）收益投资者都以相同的观点和分析方法来对待各种投资工具，对所交易的金融工具未来的收益现金流的概率分布、预期值和方差等都有相同的估计，即一致预期假设。

现考虑切点组合的收益率 $\omega'_{a_M}x$ 与单个风险资产收益率 $x_i(i=1, 2, \cdots, n)$ 之间的协方差：

$$\text{cov}(x_i,\ \omega'_{a_M}x)=\Sigma_i\omega_{a_M}$$

其中，Σ_i 为协方差矩阵的第 i 行。进而得出各个风险资产与切点组合的协方差向量：

$$\text{cov}(x,\ \omega'_{a_M}x)=\begin{pmatrix}\text{cov}(x_1,\ \omega'_{a_M}x)\\ \text{cov}(x_2,\ \omega'_{a_M}x)\\ \cdots\\ \text{cov}(x_n,\ \omega'_{a_M}x)\end{pmatrix}=\begin{pmatrix}\Sigma_1\omega_{a_M}\\ \Sigma_2\omega_{a_M}\\ \cdots\\ \Sigma_n\omega_{a_M}\end{pmatrix}=\Sigma\omega_{a_M}$$

由公式（4－27），可知：

$$\text{cov}(x,\ \omega'_{a_M}x)=\Sigma\omega_{a_M}=\frac{1}{B-AR_0}(\mu-R_0\Pi) \tag{4－28}$$

同时，切点组合的方差为：

$$\text{var}(\omega'_{a_M}x)=\omega'_{a_M}\Sigma\omega_{a_M}=\omega'_{a_M}\frac{1}{B-AR_0}(\mu-R_0\Pi)$$

因为切点组合同样为均值－方差模型的解，满足其约束条件 $\Pi'\omega_{a_M}=1$，$\omega'_{a_M}\mu=a_M$，于是上式可化为：

$$\text{var}(\omega'_{a_M}x)=\frac{1}{B-AR_0}(\omega'_{a_M}\mu-R_0\omega'_{a_M}\Pi)=\frac{a_M-R_0}{B-AR_0} \tag{4－29}$$

根据公式（4－28）和公式（4－29）可得：

$$\mu-R_0\Pi=\frac{\text{cov}(x,\ \omega'_{a_M}x)}{\text{var}(\omega'_{a_M}x)}(a_M-R_0)$$

考虑单个风险资产时，上式则化为：

$$\mu_i-R_0=\frac{\text{cov}(x_i,\ \omega'_{a_M}x)}{\text{var}(\omega'_{a_M}x)}(a_M-R_0),\ i=1,\ 2,\ \cdots,\ n \tag{4－30}$$

公式（4－30）反映了每个风险资产的平均超额收益率与 a_M-R_0 成正比，而这个比例只同 $\omega'_{a_M}x$ 与 x_i 的协方差有关，将该比例用 β_i 表示，则有：

$$\mu_i-R_0=\beta(a_M-R_0),\ i=1,\ 2,\ \cdots,\ n$$

这里 a_M 的取值由市场决定，通常用市场指数来代替，反映了市场的平均收益情况；R_0 表示无风险收益率。当 a_M 和 R_0 确定后，单个风险资产的平均收益率可由 β_i 体现出来，即有：

$$\mu_i = R_0 + \beta_i(a_M - R_0), \ i = 1, \ 2, \ \cdots, \ n \tag{4-31}$$

公式（4－31）被称为证券市场线（SML），见图 4.3。β_i 为第 i 项资产的 β 系数，该系数反映了风险资产对市场依赖的程度，β 系数也成为金融中常见的专用术语。

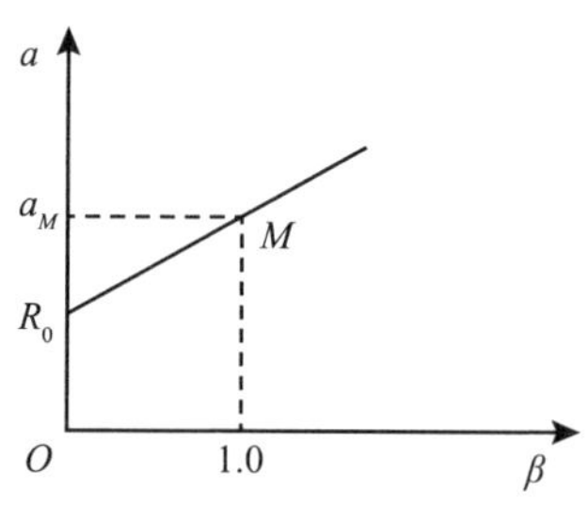

图 4.3　证券市场线

SML 给出了期望形式下风险与收益的关系，若预期收益高于证券市场线给出的收益，则应看多该证券，反之则看空。SML 只是表明我们期望高 β 的证券会获得较高的收益，并不是说高 β 的证券总能在任何时候都能获得较高的收益，如果这样高 β 证券就不是高风险了。若当前证券的实际收益已经高于证券市场线的收益则应该看空该证券，反之则看多。当然，从长期来看，高 β 证券将取得较高的平均收益率—期望回报的意义。

证券市场线说明，一项有价证券的风险补偿应当等于它的 β 系数乘以有风险资产的市场组合的风险补偿。如果一项资产的 β 系数大于 1，该项资产的风险补偿就大于市场组合的风险补偿，意味着该资产在市场上的价格波动会大于市场的平均价格波动。如果一项资产的 β 系数小于 1，则表明其价格波动会小于市场的平均价格波动。在图 4.3 中，可见无风险证券的 β 值等于零，市场组合相对于自身的 β 值为 1。进一步，由利率的期限结构理论知，无风险利率会随着时间而变化，因此 R_0 也会在数轴上上下移动。当 R_0 点的位置变动时，如果 SML 的斜率不变，则 SML 会上下平移，表明整个市场对风险的态度没有发生变化。如果 SML 斜率变大，即 SML 会绕 R_0 点逆时针方向旋转，表明整个市场对风险的厌恶加大，对同样的风险要求更大的风险补偿，市场趋于保守。如果 SML 斜率变小，即 SML 会绕 R_0 点顺时针方向旋转，表明整个市场对风险的厌恶减小，对同样的风险要求更小的风险补偿，市场更富于进取。

SML 虽然是由 CML 导出，但其意义不同。第一，CML 给出了市场组合与无风险证券构成的组合的有效集，任何资产（组合）的期望收益不可能高于 CML。第二，SML 给出的是单个证券或者组合的期望收益，它是一个有效市场给出的定价，但实际证券的收益可能偏离 SML。均衡时刻，有效资产组合可以同时位于资本市场线和证券市场线上，而无效资产组合和单个风险资产只能位于证券市场线上。

β 系数的一个重要性质是具有线性可加性。β 系数具有线性可加性的重要性质。在一个包含了 n 项资产的投资组合中，每个资产的比重为 ω_i，则组合的 β 系数为：

$$\beta_P = \sum_{i=1}^{n} \omega_i \beta_i$$

相应的组合平均收益率为：

$$\mu_P = R_0 + \beta_p (a_M - R_0)$$

资本资产定价模型主要有两个方面的应用：第一，用于评估投资基金实际运行中的经营业绩，在实际运行中，经理者习惯于侧重经营所熟悉的若干种证券，而忽视经营一个市场组合，证券市场线是评估经营业绩的有效手段；第二，用来作为确定资本成本的依据，尤其是一些非竞争性项目（如军事项目或其他秘密项目），证券市场线是行之有效的可靠方法。

本章参考文献

[1] Markowitz H. Portfolio selection [J]. Journal of Finance, 1952, 7

(1)：77 -91.

[2] 宋逢明. 金融工程原理——无套利均衡分析 [M]. 北京：清华大学出版社，2002.

[3] 张元萍，周远. 数理金融基础 [M]. 北京：北京大学出版社，2016.

[4] 周复之. 金融工程 [M]. 北京：清华大学出版社，2008.

第5章

PSO算法在投资组合优化中的应用

5.1 PSO算法在一类非连续投资组合模型中的应用

5.1.1 研究背景

马科维茨（Markowitz，1952）所作出的开创性工作，为现代投资组合分析奠定了坚实的基础，同时其经典的均值-方差模型在投资组合理论发展中起着重要的作用。从理论上而言，当资产种类足够多以及市场均衡时，不难估计出均值-方差模型中的相关参数。然而，在现实环境中市场是复杂的，不容易满足模型中的假设条件。为了更好地适应真实市场的需求，大量学者提出了一些改进的投资组合选择模型。例如，建立了 l_1 风险度量模型（Konno，1990）；研究了具有最小最大准则的优化模型（Cai et al.，2000）；利用最小回报率来刻画风险，进而发展了一类改进的投资组合选择模型（Young，1998）。同时，在模型的改进方面还出现了一些其他的研究工作和相关成果（Konno，1993；Teo and Yang，2001；Jackson and Staunton，1991）。通过研究发现，均值－方差模型对于参数的波动性非常敏感，为此，在数值实验中验证了 l_∞ 风险度量模型在面对输入参数扰动时取得的结果具有更好的稳定性（Cai et al.，2004）。鉴于经典的投资组合模型对于参数波动的敏感性，将在随后的研究中采用 l_∞ 风险度量模型。关于模型的求解算法，考虑用群智能算法中的 PSO 算法，该类算法对于函数性质的要求较低，甚至不需要连续性，具有很好的环境适应性。

在 PSO 系统中，为了寻找到一个最优解，各个粒子同时行动，又相互影响。在搜索空间中，每个粒子根据其自身的历史经验和相邻粒子最好的经验来更新自身的位置，从而逐步达到更好的位置。由于算法中只有很少的参数需要设定，因此 PSO 算法特别容易完成编程和运行。然而，PSO 却有着明显的缺陷：在算法的迭代后期易陷入早熟。为了更好地处理这个问题，关于 PSO 的一些改进方法先后被提出。为了避免早熟，在算法中重新考虑了参数的合理取值（Shi and Eberhart，1998）；构建了一类捕食模型用以阻止算法收敛到局部最优（Silva et al.，2003）；提出了一个具有被动集聚的 PSO 算法，用以帮助粒子及时逃离局部最优解（He et al.，2004）；在改进算法中运用了生存密度的概念，增加种群的多样性（Hendtlass，2003）。

在运用 PSO 算法求解投资组合问题上也出现了不少的研究成果。一类基于扩散排斥特征的改进 PSO 算法被提出，并应用于股票投资组合中（Jiang et al.，2008）；在股票投资组合问题中，运用了投资满意度指数，并借助 PSO 算法进行了求解（Chang et al.，2008）；通过改进的 PSACO 算法研究了证券投资组合优化问题（Tian and Ma，2008）；然后，一类改进算法 MPSO 被用以进行四类投资组合模型的比较分析（He and Huang，2012）。此外，还有一些 PSO 算法的改进及在投资组合问题应用方面的研究工作也在持续推进（Xu and Chen，2009；Zhang and Zhang，2009；Chang and Hsu，2007；蒋金山和廖文志，2009；陈炜等，2009；Liu et al.，2008）。

5.1.2 问题阐述

假设投资者拥有一笔总量为 K 的资产，将其投资到 m 只股票 A_1，A_2，…，A_m 上，不允许卖空。第 i 只股票的收益率为 R_i，为一随机变量，而投入股票 A_i 上的资产额 $x_i \geqslant 0$，满足：

$$\sum_{i=1}^{m} x_i = K$$

令 $E(R)$ 表示 R 的数学期望，并定义：

$$r_i = E(R_i)，\ q_i = E(|R_i - E(R_i)|)$$

其中，r_i 和 q_i 分别表示第 i 只股票的预期收益率和预期风险。

为了确定参数 r_i 和 q_i 的值，需通过相关股票的历史数据进行计算。该数据为投资日前 N 个交易日的收益率情况，其中 N 为参数估计量的样本数。令 S_{ij}表示第 i 只股票的第 j 个历史收益率，M 表示投资期间的交易日总数，计算公式如下：

$$S_{ij} = \frac{p_{i,j} - p_{i,j+M}}{p_{i,j+M}}，\ j = 1，2，\cdots，N$$

其中，$p_{i,j}$为第 i 只股票在投资日前第 j 个交易日的收盘价。第 i 只股票的预期收益率和预期风险分别为：

$$r_i = \frac{1}{N}\sum_{j=1}^{N} S_{ij}，\ q_i = \frac{1}{N}\sum_{j=1}^{N} |S_{ij} - r_i|$$

在投资组合模型中，设 $x_i \geqslant 0$，则一个投资组合 $x = (x_1，x_2，\cdots，x_m)$ 的预期收益率为：

$$r(x) = r(x_1，x_2，\cdots，x_m) = \sum_{i=1}^{m} E(R_i)x_i = \sum_{i=1}^{m} r_i x_i$$

同时，l_∞ 风险函数的定义为：

$$l_\infty(x) = \max_{1 \leqslant i \leqslant m} E(|R_i - E(R_i)|)x_i = \max_{1 \leqslant i \leqslant m} q_i x_i$$

假设投资者的风险厌恶度为 $\alpha \in [0，1]$，那么基于 l_∞ 风险度量的投资组合模型如下：

$$\begin{aligned} \min \quad & \alpha \max_{1\leqslant i\leqslant m} q_i x_i - (1-\alpha)\sum_{i=1}^{m} r_i x_i \\ \text{s. t.} \quad & \sum_{i=1}^{m} x_i = K \\ & x_i \geqslant 0,\ i=1,\ 2,\ \cdots,\ m \end{aligned} \tag{5-1}$$

显然，方程（5－1）的目标函数是非线性、不可微的，同时该函数对输入参数并不敏感，在实际应用中具有很好的适应性。

5.1.3 算法分析及测试

在标准 PSO 算法中，粒子通过自身历史最优和种群最优位置来确定下一步迭代。然而，在一些实际问题中最优解可能还跟粒子的次优位置有关。于是，借鉴文献中的算法思想（潘大志，2011），在每次迭代过程中考虑最优和次优位置的共同作用，同时引入遗传算法中的交叉操作增强种群的多样性，进而避免算法的早熟。这种基于交叉操作的混合 PSO 算法记为 NPSO。

假设搜索空间为 D 维，种群中粒子总数为 n，第 i 个粒子的历史最优和次优位置分别为：

$$P_i^1=(P_{i1}^1,\ P_{i2}^1,\ \cdots,\ P_{iD}^1),\ P_i^2=(P_{i1}^2,\ P_{i2}^2,\ \cdots,\ P_{iD}^2)$$

同时，全局最优和次优位置分别为：

$$P_g^1=(P_{g1}^1,\ P_{g2}^1,\ \cdots,\ P_{gD}^1),\ P_g^2=(P_{g1}^2,\ P_{g2}^2,\ \cdots,\ P_{gD}^2)$$

它们的迭代公式如下：

$$V_{id}^1(t+1)=wV_{id}(t)+c_1r_1[P_{id}^1(t)-X_{id}(t)]+c_2r_2[P_{gd}^1(t)-X_{id}(t)] \tag{5-2}$$

$$V_{id}^2(t+1)=wV_{id}(t)+c_1r_1[P_{id}^2(t)-X_{id}(t)]+c_2r_2[P_{gd}^1(t)-X_{id}(t)] \tag{5-3}$$

$$V_{id}^3(t+1)=wV_{id}(t)+c_1r_1[P_{id}^1(t)-X_{id}(t)]+c_2r_2[P_{gd}^2(t)-X_{id}(t)] \tag{5-4}$$

$$V_{id}^4(t+1)=wV_{id}(t)+c_1r_1[P_{id}^2(t)-X_{id}(t)]+c_2r_2[P_{gd}^2(t)-X_{id}(t)] \tag{5-5}$$

其中，$i=1, 2, \cdots, n$，$d=1, 2, \cdots, D$，w 为惯性权重，c_1 和 c_2 为加速因子，r_1 和 r_2 表示（0，1）上均匀分布的随机数。由迭代公式（5-2）至公式（5-5），定义粒子的速度更新公式为：

$$V_i(t+1)=\{V_i^j \mid f(X_i+V_i^j)=\min f(X_i+V_i^k),\ k=1, 2, 3, 4\} \tag{5-6}$$

以及粒子的位置更新公式：

$$X_i(t+1)=X_i(t)+V_i(t+1) \tag{5-7}$$

在以上公式中，粒子的历史最优位置和次优位置表达式分别如下：

$$P_i^1(t+1)=\begin{cases} P_i^1(t)，当 f[X_i(t+1)] \geqslant f[P_i^1(t)] \\ X_i(t+1)，当 f[X_i(t+1)] < f[P_i^1(t)] \end{cases} \tag{5-8}$$

以及

$$P_i^2(t+1)=\begin{cases} P_i^1(t)，当 f[X_i(t+1)] < f[P_i^1(t)] \\ X_i(t+1)，当 f[P_i^1(t)] \leqslant f[X_i(t+1)] < f[P_i^2(t)] \\ P_i^2(t)，当 f[X_i(t+1)] \geqslant f[P_i^2(t)] \end{cases} \tag{5-9}$$

其中，$i=1, 2, \cdots, n$。而全局最优和次优位置的表达式分别为：

$$P_g^1(t+1)=\begin{cases} P_i^1(t+1)，当 f[P_i^1(t+1)] < f[P_g^1(t)] \\ P_g^1(t)，当 f[P_i^1(t+1)] \geqslant f[P_g^1(t)] \end{cases} \tag{5-10}$$

以及

$$P_g^2(t+1)=\begin{cases} P_g^1(t)，当 f[P_i(t+1)] < f[P_g^1(t)] \\ P_i^1(t+1)，当 f[P_g^1(t)] \leqslant f[P_i^1(t+1)] < f[P_g^2(t)] \\ P_g^2(t)，当 f[P_i^1(t+1)] \geqslant f[P_g^2(t)] \end{cases} \tag{5-11}$$

接着，将交叉操作引入算法的迭代过程中，其具体形式如下：

$$\begin{cases} Y_i^1=aY_i+(1-a)Y_j \\ Y_j^1=aY_j+(1-a)Y_i \end{cases} \tag{5-12}$$

其中，a 为（0，1）上的随机数，Y_i 和 Y_j 表示父代粒子，相应的 Y_i^1 和 Y_j^1 表示子代粒子。通过比较它们的适应值，保留结果较好的粒子。NPSO 算法的流程如下所示：

第一步，随机初始化粒子群的位置和速度。

第二步，评价粒子的适应度。

第三步，运用公式（5－8）和公式（5－9）更新每个粒子的最优和次优位置，借助公式（5－10）和公式（5－11）更新种群的全局最优和次优位置。

第四步，通过公式（5－12）对上一步生成的最优和次优位置进行交叉操作，然后保留较好的粒子。

第五步，根据公式（5－2）至公式（5－7）更新粒子的速度和位置。

第六步，当满足迭代停止条件时，停止搜索，输出结果；否则，进入第二步。

算法测试中，设置 $c_1=c_2=2$，w 采用线性递减策略：

$$w(t)=w_{\min}+\frac{T-t}{T-1}(w_{\max}-w_{\min})$$

其中，T 表示最大迭代次数，$w_{\max}$ 和 $w_{\min}$ 分别为最大和最小权重值，这里取

$$w_{\max}=0.9,\ w_{\min}=0.4$$

选取 Rastrigin 函数为基准函数，其表达式为：

$$f(x)=\sum_{i=1}^{n}[x_1^2-10\cos(2\pi x_i)+10],\ x_i\in[-5.12,5.12]$$

Rastrigin 函数图像中存在很多峰值点，是测试优化算法的典型函数。其全局最优值为 0，当 $x_i=0$ 时取得。这里，选择标准 PSO 算法、MPSO 算法（He and Huang，2012）与 NPSO 算法作比较。通过粒子总数 n、搜索空间维数 D 和最大迭代次数 T 的 12 种不同组合进行优化结果对比。测试中，每种算法重复运行 50 次，然后取均值，具体结果如表 5.1 所示。

表 5.1　　三种算法对 Rastrigin 函数的优化结果

组合	n	D	T	PSO	MPSO	NPSO
C_1	20	10	1000	6.6214	3.7810	1.8655
C_2	20	20	1500	60.7795	12.9491	11.3426
C_3	20	30	2000	154.4092	28.1448	31.8390
C_4	40	10	1000	2.7401	2.6880	0.6218

续表

组合	n	D	T	PSO	MPSO	NPSO
C_5	40	20	1500	50. 3731	8. 7733	7. 8975
C_6	40	30	2000	138. 2107	18. 3929	24. 1277
C_7	80	10	1000	2. 3373	1. 7910	0. 0000
C_8	80	20	1500	38. 0286	5. 8734	4. 9748
C_9	80	30	2000	126. 3777	11. 6789	21. 8891
C_{10}	160	10	1000	1. 4410	1. 2939	0. 0000
C_{11}	160	20	1500	35. 8468	4. 0152	3. 9798
C_{12}	160	30	2000	110. 4115	10. 2063	13. 9294

通过表 5. 1 中数据可知，在所有组合中 NPSO 算法明显优于标准 PSO 算法。与 MPSO 算法相比，当空间维数 $D = 10$，20 时，NPSO 算法表现更好，收敛到全局最优值的速度更快；随着维数的增加，MPSO 算法取得较好的优化结果。然后，将 PSO 算法和 NPSO 算法在维数 $D = 10$ 时的迭代过程通过图像进行对比。

在图 5. 1 中，NPSO 算法从迭代初期就展示出更强的搜索能力，随着迭代次数的增加，PSO 算法明显陷入了局部最优的困境，而 NPSO 算法则成功避免了早熟现象，顺利寻找到全局最优值，在大约 700 次迭代时，已经能够获得满意的搜索结果。因此，改进的混合 PSO 算法在原 PSO 算法基础上进行了有效的优化，具备更强的寻优性能。

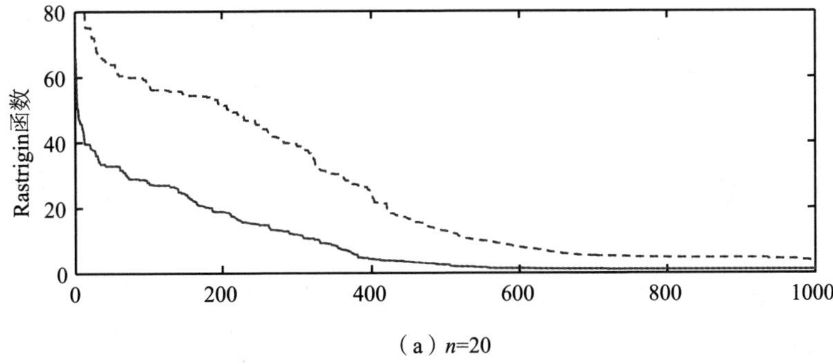

（a）n=20

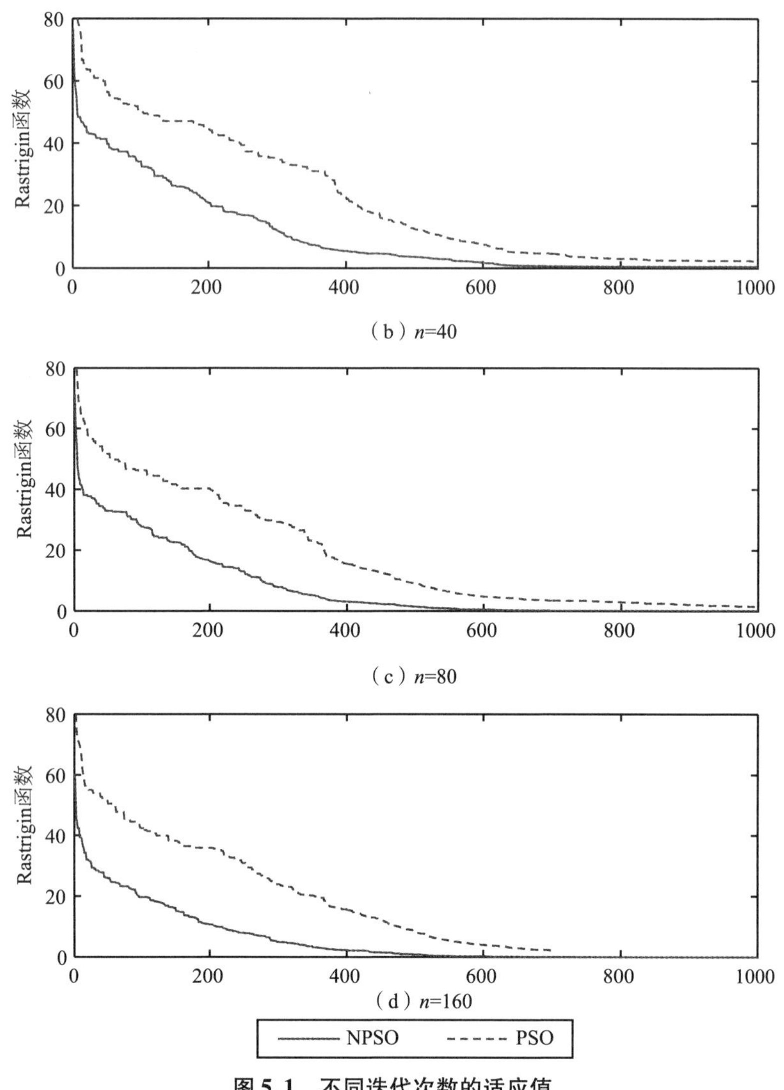

图 5.1　不同迭代次数的适应值

5.1.4　数值结果

数值实验中使用了香港股票市场的真实数据，从中选择了自 2008 年 6 月 18 日到 2010 年 6 月 18 日共 520 个交易日的 10 只蓝筹股作为研究对象。在估算

参数 r_i 和 q_i 时，取投资期间的交易日总数 M 为 60，先于投资日的交易天数 N 为 80。这里，N 值的确定是通过对预期收益率 r_i 和预期风险 q_i 进行灵敏度测试实现的，其中分别选择了 $N=10$，20，…，300，测试结果如图 5.2 所示。

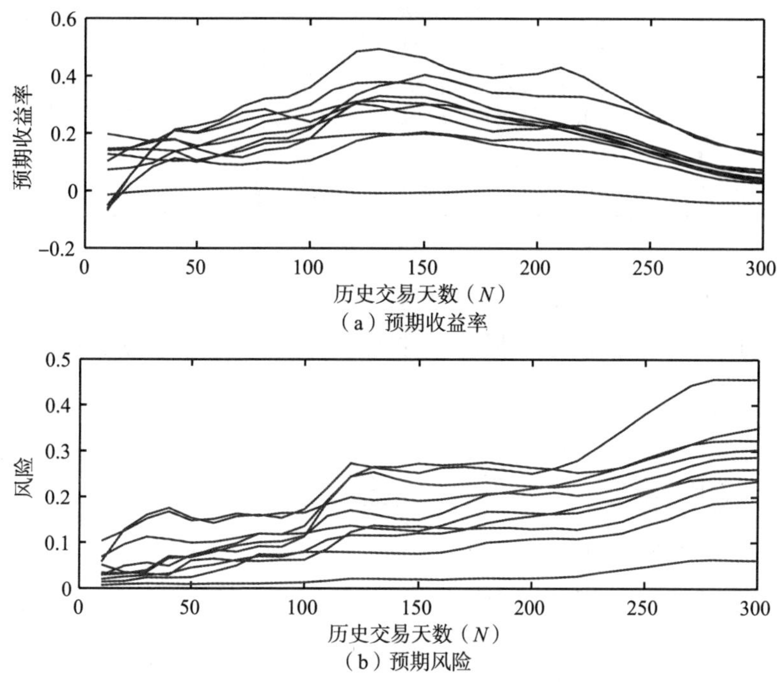

图 5.2　r 和 q 的灵敏度测试

在图 5.2 中，可见 r_i 和 q_i 的估计值随着 N 值的增大不断波动，在 N 接近 80 左右时趋于稳定。而在 $N=100$ 之后，某些股票的参数估计值则发生突变。为了保证参数估计的相对稳定，在实验中选择 $N=80$。

接着，通过 NPSO 算法对方程（5－1）进行求解。投资者的风险厌恶度取 0～1 之间的随机数，总资产额 $K=1$，最大迭代次数为 1000 次，选择四种不同的粒子总数来进行分析。每种组合重复计算 50 次，然后取平均值。计算结果如表 5.2 所示，其中 $S_i(i=1,2,3,4)$ 分别表示 $n=20$，40，80，160 时的组合，最优解和最优值分别表示算法寻找到的最优投资组合结果和目标函数的最优值。

表 5.2　　模型的求解结果

组合	最优解	最优值
S_1	(0.0226, 0.0806, 0.1374, 0.1919, 0.0689, 0.1154, 0.1148, 0.0898, 0.1245, 0.0541)	-0.1321
S_2	(0.1613, 0.1224, 0.0265, 0.1409, 0.1891, 0.1374, 0.0168, 0.0443, 0.1388, 0.0224)	-0.1331
S_3	(0.0768, 0.2071, 0.2084, 0.0470, 0.0250, 0.0181, 0.0877, 0.0918, 0.0937, 0.1443)	-0.1332
S_4	(0.1019, 0.1142, 0.0812, 0.1777, 0.0897, 0.1453, 0.1180, 0.0520, 0.0597, 0.0603)	-0.1467

同时，图 5.3 清楚展示了不同组合下算法的搜索速度和结果。显然，随着 n 值的增大，算法的优化性能变得更好，寻找到全局最优解的速度更快。

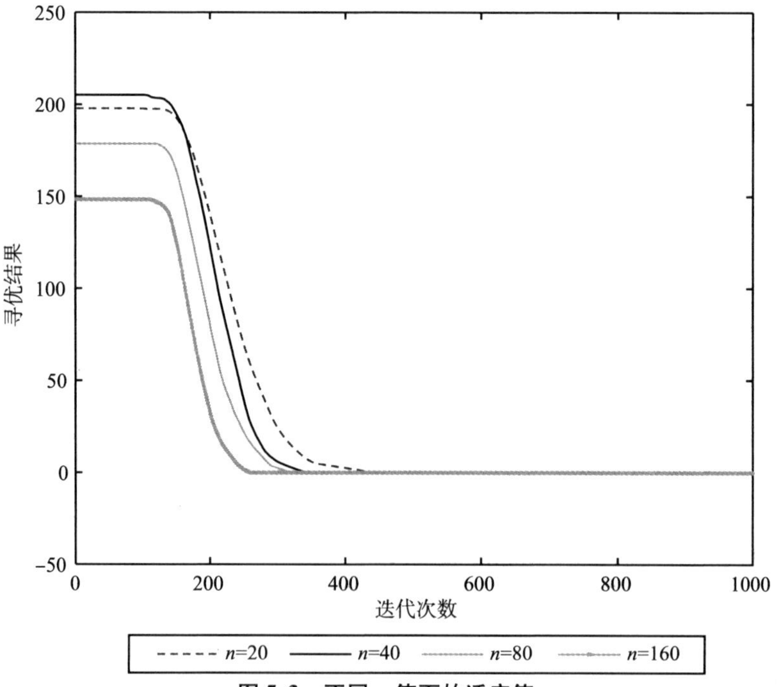

图 5.3　不同 n 值下的适应值

随后，在图 5.4 中展示了四种不同投资组合的实际收益率情况。其中横轴上的点表示投资日，纵轴上的点表示相应投资组合的实际收益率。实际上，收益率可以通过投资组合中各股票在买入和卖出时的实际价格来计算。

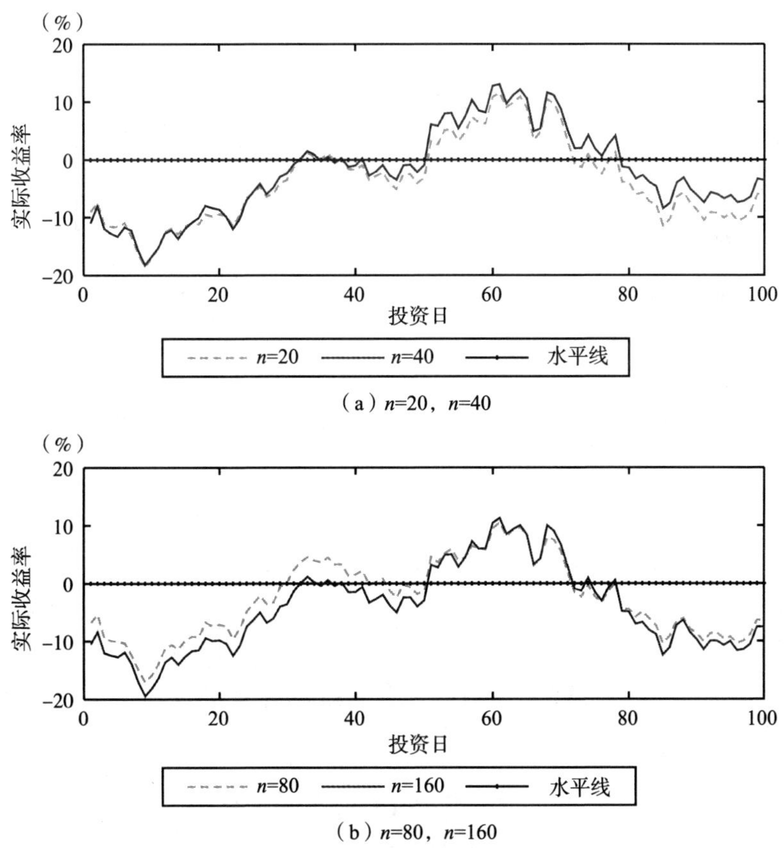

图 5.4　不同 n 值下的实际收益率

在图 5.4 中清楚描绘了自 2009 年 2 月 11 日开始，100 个交易日的实际收益率走势。粒子总数 $n=40$ 时的投资组合收益率比 $n=20$ 的结果更好，$n=80$ 的表现则优于 $n=160$ 的情况。在四种组合中，$n=160$ 的收益率并不是最好的，可见粒子总数的多少与收益率之间没有直接关联。

进而，比较 $n=40$ 和 $n=80$ 两种投资组合下的收益率情况，分别用 S_2 和 S_3 表示这两种组合。在图5.5中，从起始日开始到大约50个投资日的这段时间，S_3 的收益率明显优于 S_2 的结果；然而随着时间的推移，S_2 开始表现更佳，在市场景气时收益更高，市场萧条时则损失更小。于是，从短期投资的角度来看，选择 S_2 代表的组合会带来更好的收益结果。

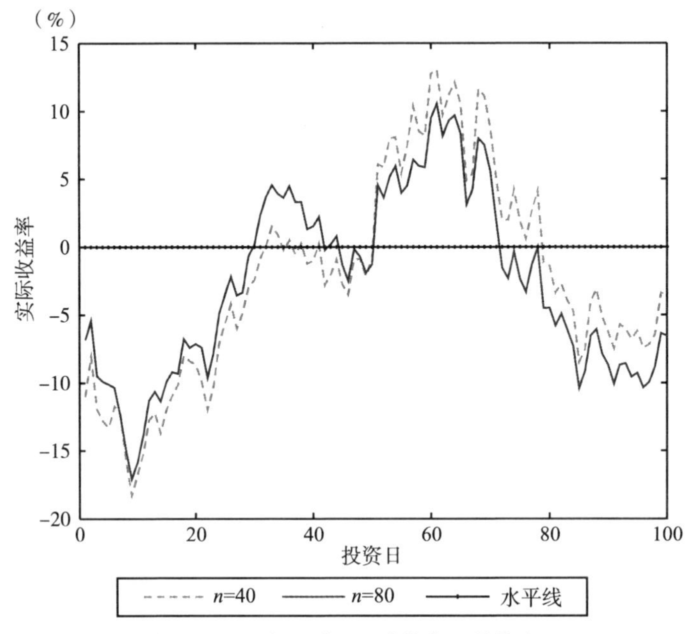

图5.5 n为40和80时的实际收益率

5.2 基于PSO算法的投资组合模型的比较研究

5.2.1 研究背景

马科维茨提出的均值－方差模型自1952年提出以来，深深地影响着现代投资组合选择理论的发展。随后的大量研究进一步研究这个模型的改进、求解和应用等相关问题。在均值－方差模型中用于估计相关参数的方法尽管在理论上很完善，然而一些现实市场中不可或缺的关键因素却没有涉及，例如，交易成本、流动性约束、空头头寸等。为了更好地适应真实的投资市场，许多学者提出了他们的改进模型，例如，低于目标回报率的风险模型（Fishburn，1977）、绝对偏差风险模型（Konno and Yamazaki，1991）、半绝对偏差风险模型（Ogryczak and Ruszczynski，1999）、具有最小最大准则的优化模型（Cai et al.，2000）、最小回报率风险模型（Young，1998）等。同时，在研究中发现投资组合选择模型对问题中的参数选择非常敏感。就均值－方差模型而言，其最优投资组合的结果对资产估计方法中产生的误差很敏感。通过实证研究发现，l_∞ 模型对于输入参数的波动具有很好的抗干扰性（Cai et al.，2004）。为了更好地讨论不同投资组合模型之间的差异，将选择四种经典的投资组合优化模型进行比较分析。

5.2.2　问题阐述

假设投资者现有资产总额为 K，准备投资 m 只股票，已知每只股票的历史收益率为 r_i，投资的期望收益率不低于 ρ，投资于第 i 只股票 A_i 的最大投资额为 μ_i，不允许卖空。那么，投资组合 $x=(x_1, x_2, \cdots, x_m)$ 的可行域记为：

$$F = \left\{x \,\middle|\, \sum_{i=1}^{m} r_i x_i \geqslant \rho K, \sum_{i=1}^{m} x_i = K, 0 \leqslant x_i \leqslant \mu_i, i = 1,2,\cdots,m\right\}$$

接下来，分别对投资组合中的四种经典模型：Markowitz 模型、Konno 模型、Cai 模型和 Teo 模型进行介绍。除了 Markowitz 模型外，其他三种模型的目标函数均为非光滑的。

（1）Markowitz 模型。

$$\begin{aligned} \min \quad & \sum_{i=1}^{m}\sum_{j=1}^{m} \sigma_{ij} x_i x_j \\ \text{s. t.} \quad & x=(x_1, x_2, \cdots, x_m) \in F \end{aligned}$$

其中，σ_{ij}表示协方差系数。该模型的最优解可以通过一个标准二次规划算法求得，然而同其他三种模型相比，Markowitz 模型在实际应用中仍存在不足，在计算过程中需要利用更多的信息来求方差－协方差矩阵。

（2）Konno 模型。

$$\min \quad E\left|\sum_{i=1}^{m} R_i x_i - E\left(\sum_{i=1}^{m} R_i x_i\right)\right|$$

$$\text{s.t.} \quad x = (x_1,\ x_2,\ \cdots,\ x_m) \in F$$

Konno 模型的目标函数为非线性、不可微的，在运用时不需要预估方差－协方差的相关数据。

（3）Cai 模型。

$$\min \quad \max_{1 \leqslant i \leqslant m} E\left|R_i x_i - E(R_i) x_i\right|$$

$$\text{s.t.} \quad x = (x_1,\ x_2,\ \cdots,\ x_m) \in F$$

同样，Cai 模型的目标函数为非线性、不可微的，当随机变量 R_i 的分布给定后函数结构就明确了，而且与 Konno 模型相似，在求解时不需要借助各股票之间的协方差数据。

（4）Teo 模型。

$$\min \quad \frac{1}{T_0}\sum_{t=1}^{T_0} \max_{1 \leqslant i \leqslant m} E\left|R_{it} x_i - E(R_{it}) x_i\right|$$

$$\text{s.t.} \quad x = (x_1,\ x_2,\ \cdots,\ x_m) \in F$$

在 Teo 模型中，运用非光滑优化手段建立起市场投资组合和个体收益率之间的一个资本资产定价关系。当 m 和 T_0 增大时，求解问题的复杂度会明显增加，同时计算速度随之降低。

5.2.3 算法分析及测试

相比经典的遗传算法、禁忌搜索、模拟退火算法等，PSO 算法的设计具有很好的灵活性和均衡性，能够有效地提升和改进全局搜索和局部探索能力。虽然 PSO 算法在迭代初期展示出明显的搜索性能，然后其在迭代的后期容易陷入局部最优。

在标准的 PSO 算法体系中，假设搜索空间为 D 维，粒子总数为 n，第 i 个粒子的位置和速度分别表示为：$X_i=(X_{i1}, X_{i2}, \cdots, X_{iD})$ 和 $V_i=(V_{i1}, V_{i2}, \cdots, V_{iD})$。第 i 个粒子的历史最优位置 pbest 为 $P_i=(P_{i1}, P_{i2}, \cdots, P_{iD})$，全局最优位置 gbest 为 $P_g=(P_{g1}, P_{g2}, \cdots, P_{gD})$，在迭代时，粒子的速度和它的新位置将按照以下公式进行：

$$V_{id}(t+1)=wV_{id}(t)+c_1r_1[P_{id}^1(t)-X_{id}(t)]+c_2r_2[P_{gd}(t)-X_{id}(t)] \tag{5-13}$$

$$X_{id}(t+1)=X_{id}(t)+V_{id}(t+1) \tag{5-14}$$

其中，$i=1, 2, \cdots, n$，$d=1, 2, \cdots, D$，w 为惯性权重，c_1 和 c_2 为加速因子，r_1 和 r_2 表示（0，1）上均匀分布的随机数。于是，全局版的 PSO 算法流程如下：

第一，初始化所有粒子的位置和速度：利用均匀概率分配搜索空间中粒子群的每个个体的随机位置和速度。

第二，计算各个粒子的适应度。

第三，更新粒子的历史最优位置 pbest：当粒子的当前适应值优于历史最优位置的适应值，则将当前位置设定为该粒子的历史最优位置。

第四，更新全局最优位置 gbest：如果粒子当前的适应值优于种群的全局最优值，则将当前位置设定为全局最优位置。

第五，利用公式（5－13）和公式（5－14）分别更新粒子的速度和位置。

第六，当达到迭代要求时，停止迭代，输出结果；否则，进入第二步。

在 PSO 算法中，粒子的速度信息对搜索最优解至关重要，通过调整速度公式中的粒子历史最优和全局最优位置，用以增强算法的性能。具体操作如下：

（1）用 mbest 代替 pbest，其中 mbest 表示每次迭代中所有粒子历史最优位置的平均，公式如下：

$$\text{mbest}=\frac{1}{n}\sum_{i=1}^{n}P_i(t) \tag{5-15}$$

（2）对 gbest 进行变异操作，以增强种群的多样性。

if $r_0 \leqslant P_m$

for $k = 1$ *to* D_m

$$d = \lceil r_{k1} \cdot D \rceil;\ P_{gd} = L + r_{k2} \cdot (U - L) \tag{5-16}$$

end

end

其中，r_0，r_{k1}，r_{k2}均为（0，1）上的随机数，D_m 表示变异维数，P_m 表示变异概率，$\lceil \cdot \rceil$表示向上取整，U 和 L 分别表示 P_{gd}的最大值和最小值。

改进后的混合 PSO 算法记为 MPSO，算法流程如下：

第一步，随机初始化种群中所有粒子的速度和位置。

第二步，评价当前所有粒子的适应度。

第三步，通过比较，将当前各个粒子的最好位置存储在 pbest 中，然后更新全局最优位置 gbest。

第四步，运用公式（5－15）计算 pbest，通过公式（5－16）计算 gbest。

第五步，利用公式（5－13）和公式（5－14）分别更新粒子的速度和位置。

第六步，当搜索停止条件满足时，停止迭代，输出结果；否则，进入第二步。

算法测试中，选择 Rastrigin 函数为基准函数，$c_1 = c_2 = 1.4945$，w 采取线性递减策略，变异维数 $D_m = 5$，变异概率 P_m 如下所示：

$$P_m = P_{\min} + \frac{T - t}{T - 1}(P_{\max} - P_{\min})$$

其中，$P_{\max}$和 $P_{\min}$分别表示 P_m 的最大和最小值。然后，选择标准 PSO 算法、IPSO 算法（Jiang et al.，2007）和 MPSO 算法进行比较。实验中，每种算法重复运行 50 次，结果取均值。表 5.3 列出了在粒子总数 n、搜索空间维数 D 和最大迭代次数 T 的 12 种不同组合下的测试结果。

表 5.3　　三种算法对 Rastrigin 函数的优化结果

组合	n	D	T	PSO	IPSO	MPSO
C_1	20	10	1000	6.6214	3.2928	3.7810
C_2	20	20	1500	60.7795	16.4137	12.9491
C_3	20	30	2000	154.4092	35.0189	28.1448
C_4	40	10	1000	2.7401	2.6162	2.6880
C_5	40	20	1500	50.3731	14.8894	8.7733
C_6	40	30	2000	138.2107	27.7634	18.3929
C_7	80	10	1000	2.3373	1.7054	1.7910
C_8	80	20	1500	38.0286	7.6689	5.8734
C_9	80	30	2000	126.3777	13.8829	11.6789
C_{10}	160	10	1000	1.4410	0.8001	1.2939
C_{11}	160	20	1500	35.8468	4.2799	4.0152
C_{12}	160	30	2000	110.4115	11.9521	10.2063

通过表 5.3 可知，MPSO 算法在所有 12 种组合下的优化值均好于标准 PSO 算法，特别在搜索空间维数较高时表现更为突出。与 IPSO 算法相比，当空间维数较小时，MPSO 算法表现稍差一些；然而随着空间维数的增大，例如，$D=20$ 和 $D=30$ 时，MPSO 算法则表现出更好的搜索性能，获得的最优解明显更好。

同时，通过图 5.6 展示 PSO 和 MPSO 两种算法在搜索空间维数 $D=20$ 时，不同粒子总数的迭代过程。由图中可见，自迭代初期开始 MPSO 算法就比 PSO 算法拥有更强的探索能力。随着粒子总数的增加，PSO 算法结果得到了明显改善，然而不可避免地陷入了早熟；与此同时，MPSO 算法则很快脱离了局部最优的困境，在大约 500 次迭代时，取得了不错的优化结果。由此可知，基于变异操作的混合 PSO 算法能够克服 PSO 算法的不足，进一步提高算法的寻优能力。

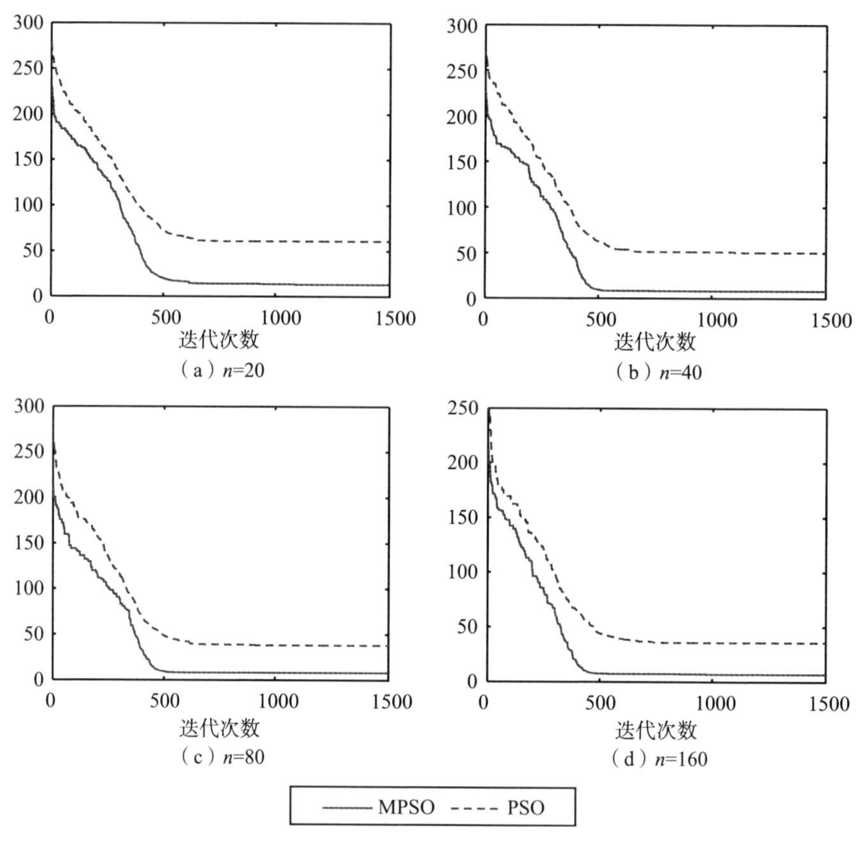

图 5.6　不同迭代次数两种算法的适应值

5.2.4　数值结果

数值实验中，选择了香港股票市场的 20 只蓝筹股，其数据为 2008 ~ 2010 年 520 个交易日的股票收盘价。在估计预期收益率 r_i 和预期风险 q_i 时（$i=1, 2, \cdots, 20$），取短期投资期间内的交易日天数 M 为 60，先于投资日的交易天数 $N=80$。其中 N 的选取是通过分析 r_i 和 q_i 的灵敏度得来的，通过图 5.7 发现，当 N 趋近 80 时，r_i 和 q_i 的结果逐渐变得稳定；而超过 100 以后，一些股票的参数估计再次表现出较大的波动。从而，根据参数估计的稳定性，选择 $N=80$ 是合适的。

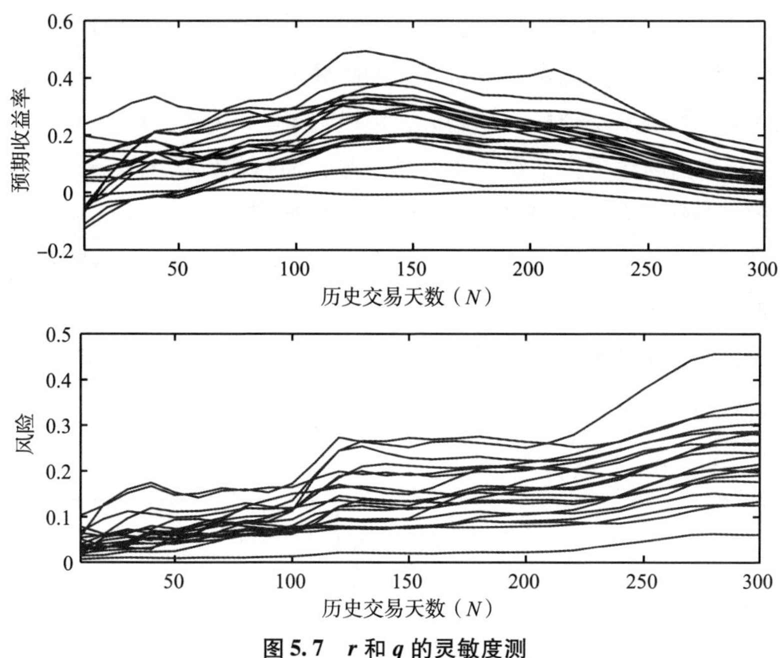

图 5.7 r 和 q 的灵敏度测

接着，运用 MPSO 算法求解四种投资组合模型。假设短期投资的收益率 $\rho=5\%$，资产总额 $K=1$，算法的最大迭代次数为 500 次，考虑了粒子总数 $n=80$ 和 $n=160$ 两种情况下的优化结果，每种情况重复计算 50 次，然后取平均值，结果如表 5.4 所示。

表 5.4　　四种模型的优化结果

组合	n	Markowitz 模型	Konno 模型	Cai 模型	Teo 模型
S_1	80	0.0073	0.0914	0.0143	0.0061
S_2	160	0.0062	0.0901	0.0135	0.0056

在表 5.4 中，S_1 和 S_2 分别表示 $n=80$ 和 $n=160$ 时的投资组合，具体列出了四种模型的最优值结果。当 $n=160$ 时，四种模型的最优值均优于 $n=80$ 时的结果，而 Teo 模型在所有模型中的风险值最小。随后，根据不同粒子总数时的迭代过程，观察四种投资组合模型风险值的变化趋势。

在图5.8中，可见当 $n=160$ 时四种模型的收敛速度从搜索初期就优于 $n=80$ 时的情况；而且，Markowitz 模型的图像走势与 Konno 模型相似，Cai 模型则与 Teo 模型具有类似的变化趋势；不过当 $n=160$ 时，Teo 模型的优化曲线较 Cai 模型的曲线更为平缓光滑。进一步，通过实际收益率来比较四种投资组合模型的优化结果。其中实际收益率按照以下规则来进行定义：第一，在给定的投资日形成一个投资组合，组合中所有股票以当天价格购买；第二，在投资期间持有所有股票，不允许买卖交易；第三，股票只能在投资期间的最后一天以合适的价格卖出。从而，出售组合的所得与购买组合的成本之差就是该投资组合的实际收益。

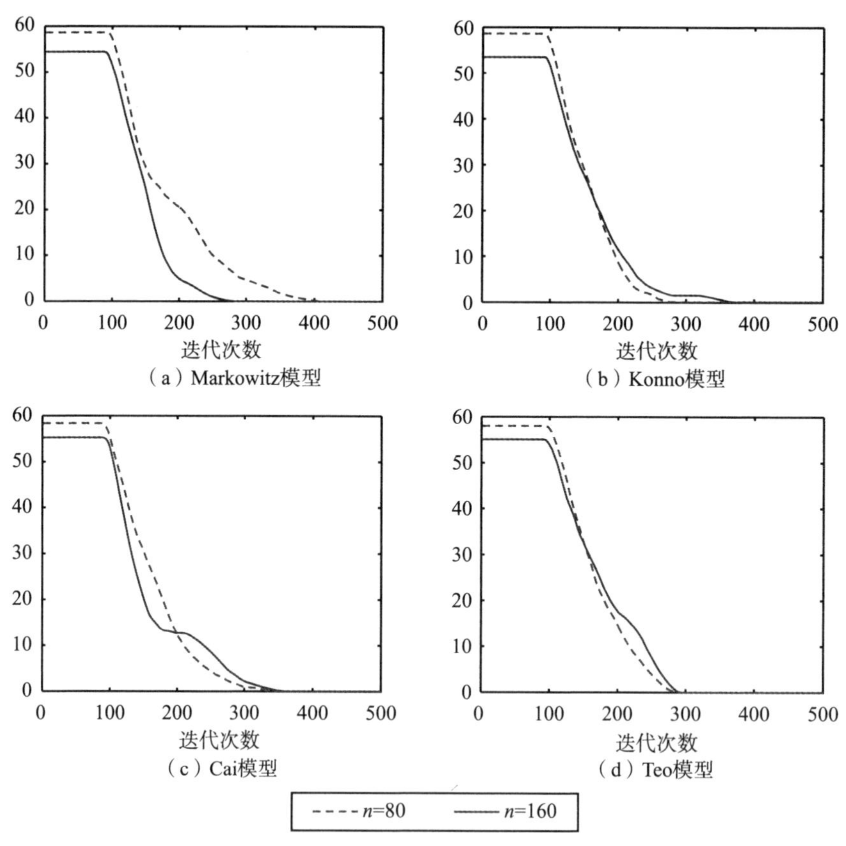

图5.8　n 为80和160时四种模型的优化结果

在图 5.9 中展示了不同模型的实际收益率情况，这里选取了自 2009 年 2 月 11 日开始的 100 个交易日进行观察。通过图形比较可知，Konno 模型的收益率情况比 Markowitz 模型更好，前者在交易中能获得更高的收入或避免更多的损失；而 Cai 模型则比 Teo 模型表现更佳。最后，将 Konno 模型和 Cai 模型的图形放入图 5.10 中，在投资初期 Konno 模型表现稍好，大约第 10 个投资日后，Cai 模型则显示出更强的市场适应能力，有效地避免了投资风险。于是，在短期投资中，Cai 模型相对其余三个模型具有更好的风险规避能力和投资回报率。

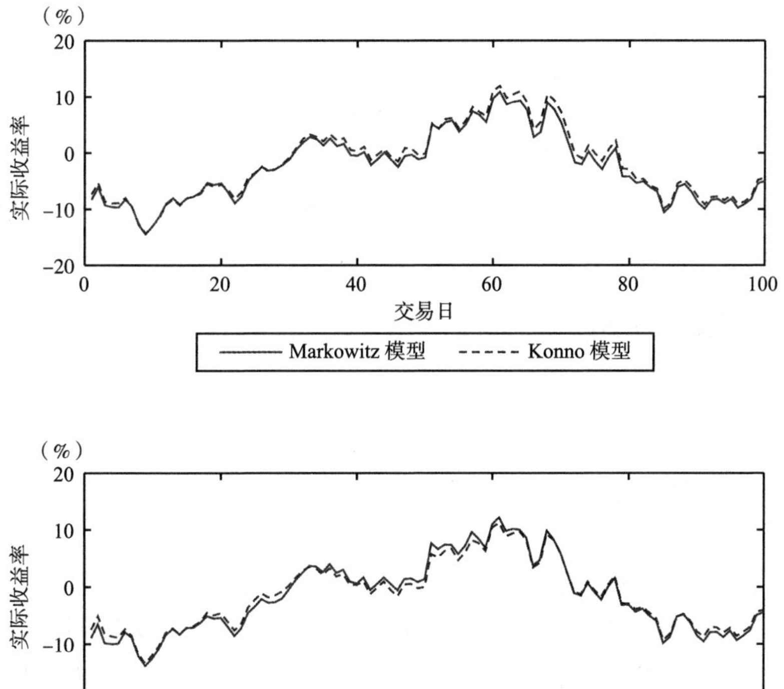

图 5.9　四种模型的实际收益率

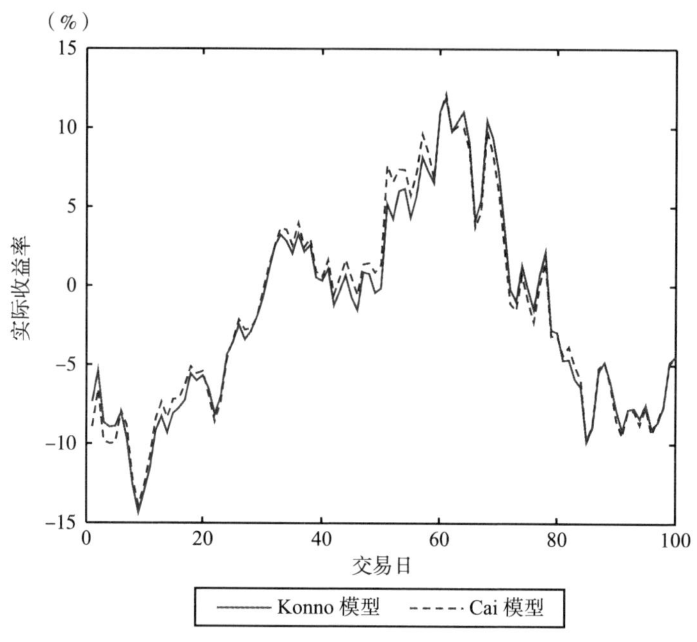

图 5.10　Konno 模型和 Cai 模型的实际收益率

5.3　PSO 算法在多目标投资组合中的应用

5.3.1　研究背景

投资组合理论在实际应用中，往往涉及多方面因素的作用，包括收益率、风险、交易成本、决策者的偏好、资源配置等。事实上，投资决策者在选择投策略时会同时兼顾收益率最大化和潜在风险最小化，因此如何为投资人提供更全面、多层次的选择信息，成为投资组合研究领域的一个重要的话题。多目标投资组合问题吸引了众多学者的关注，而模型的目标函数通常为不连续的，如何设计求解这类问题的优化算法成为研究的一个热点。

随后，将考虑一类分段线性的多目标投资组合选择问题。关于分段线性多目标规划的相关理论和方法出现了一些重要研究成果（Leyffer，2009；

Yang and Yen，2010；Zheng and Yang，2008）。从理论上分析了分段线性多目标规划，然后基于 l_∞ 风险度量和交易成本的非连续双目标投资组合问题，设计了一个新的求解算法（Fang et al.，2012），从计算效率上比已有的方法（Aneja and Nair，1979）表现更好。然而，当投资的股票数量变大时，该算法在计算耗时上不太令人满意，于是考虑用多目标粒子群优化算法去求解这个问题。

根据粒子群优化算法（PSO）的基本原理，科埃罗和莱胡加（Coello and Lehuga，2002）设计了多目标的粒子群优化算法（MOPSO）用以处理多目标优化问题。MOPSO 算法是一种流行的启发式搜索算法，通过不断的比较和选择，在迭代过程中寻找问题的最优解。该算法的优点是在应用中不需要目标函数具有很好的函数性质，如凸性、连续性、可微性等。从 2002 年以来，MOPSO 算法被研究、改良并应用到诸多领域，如工程、通信、管理等。根据动态邻域的定义提出了一类改进的 MOPSO 算法（Hu and Eberhart，2002），运用最大最小适应值函数对 MOPSO 算法进行了优化（Li，2004），分析了 MOPSO 算法中拥挤距离的有效性（Raquel and Naval，2005），考虑运用聚类方法改善 MOPSO 算法的性能（Pulido and Coello，2004），还有其他一些算法的改进结果（Parsopoulos and Vrahatis，2002；Liao et al.，2007；Niu et al.，2007）。

在多目标优化问题中，当目标之间发生冲突时，单个目标的最优解不能完全符合原问题的真正需求，则需要通过优化手段寻找到问题的一个均衡解集。这种满足问题要求的均衡解被称为帕累托最优解。MOPSO 算法之所以被成功地应用到多目标问题中，因为其基于种群的概念非常适合在一轮迭代中估计出解集的帕累托最优前沿，同时还能确保分布在前沿附近的解具有多样性。在估计出解集的帕累托前沿时，整个迭代的过程不需要投资决策者的偏好信息。目前，已有部分学者对 MOPSO 算法在投资组合选择问题中的应用进行了相关的研究工作。通过一类新的 MOPSO 算法求解了具有模糊风险度量的多目标投资组合问题（Wang et al.，2011），应用 MOPSO 算法解决了投资组合优化问题中资产的有效配置（Mishra et al.，2009）。

5.3.2 问题阐述

设投资者拥有一笔总量为 M_0 的资产，将其投资到 n 只股票 S_1，S_2，…，S_n 上，不允许卖空。第 i 只股票的收益率为 R_i，为一随机变量，令 $E(R_i)$ 表示 R_i 的数学期望，并定义：

$$r_i = E(R_i),\ q_i = E(|R_i - E(R_i)|)$$

其中，r_i 和 q_i 分别表示第 i 只股票的预期收益率和预期风险。

为了确定参数 r_i 和 q_i 的值，需通过相关股票的历史数据进行计算。该数据为投资日前 N 个交易日的收益率情况，其中 N 为参数估计量的样本数。令 V_{ij}表示第 i 只股票的第 j 个历史收益率，T_0 表示投资期间的交易日总数，计算公式如下：

$$V_{ij} = \frac{p_{i,j} - p_{i,j+T_0}}{p_{i,j+T_0}},\ j = 1,\ 2,\ \cdots,\ N$$

其中，$p_{i,j}$为第 i 只股票在投资日前第 j 个交易日的收盘价。第 i 只股票的预期收益率和预期风险分别为：

$$r_i = \frac{1}{N}\sum_{j=1}^{N} V_{ij},\ q_i = \frac{1}{N}\sum_{j=1}^{N} |V_{ij} - r_i|$$

同时，每只股票分配的资产分别记为 x_1，x_2，…，x_n，第 i 只股票的交易成本为：

$$c_i^0(x_i) = \begin{cases} c_i x_i + d_i,\ x_i > 0 \\ 0,\ x_i = 0 \end{cases}$$

其中，$c_i > 0$ 表示交易成本率，$d_i > 0$ 为初始支付，满足：

$$\sum_{i=1}^{n} d_i \ll M_0$$

投资组合 $x = (x_1,\ x_2,\ \cdots,\ x_n)$ 的总预期收益表示为：

$$R^0(x) = \sum_{i=1}^{n} [r_i x_i - c_i^0(x_i)]$$

其中，l_∞ 风险度量定义如下：

$$Q(X) = \max_{l \leqslant i \leqslant n} q_i x_i$$

在研究中基于 l_∞ 风险度量和交易成本考虑了一类非连续的多目标投资组合优化模型，分析了帕累托解集的存在性，然后借助数值实验对投资组合的优化结果进行了比较和讨论（Fang et al. , 2012）。相应的双目标投资组合模型如下所示：

$$\begin{aligned} \min \quad & (Q(x),\ -R^0(x)) \\ \text{s.t.} \quad & \sum_{i=1}^{n}[x_i + c_i^0(x_i)] = M_0 \\ & x_i \geqslant 0,\ i=1,\ 2,\ \cdots,\ n \end{aligned} \tag{5-17}$$

5.3.3 算法分析及测试

PSO 算法体系中，设搜索空间为 D 维，粒子总数为 n，第 i 个粒子的位置和速度分别表示为：$X_i=(X_{i1},\ X_{i2},\ \cdots,\ X_{iD})$ 和 $V_i=(V_{i1},\ V_{i2},\ \cdots,\ V_{iD})$。第 i 个粒子的历史最优位置 pbest 为 $P_i=(P_{i1},\ P_{i2},\ \cdots,\ P_{iD})$，全局最优位置 gbest 为 $P_g=(P_{g1},\ P_{g2},\ \cdots,\ P_{gD})$，在迭代时，粒子的速度和它的新位置将按照以下公式进行：

$$V_{id}(t+1)=wV_{id}(t)+c_1r_1[P_{id}^1(t)-X_{id}(t)]+c_2r_2[P_{gd}(t)-X_{id}(t)] \tag{5-18}$$

$$X_{id}(t+1)=X_{id}(t)+V_{id}(t+1) \tag{5-19}$$

其中，$i=1,\ 2,\ \cdots,\ n$，$d=1,\ 2,\ \cdots,\ D$，w 为惯性权重，c_1 和 c_2 为加速因子，r_1 和 r_2 表示（0，1）上均匀分布的随机数。

将 PSO 算法扩展到 MOPSO 算法，需要在帕累托前沿上为每个粒子选择一个学习样本 gbest，并引导整个种群收敛到一个非支配解集上；同时，为保持帕累托非劣解集的多样性，算法则要考虑如何分配合适的 gbest 给每个粒子，进而推动种群向当前非支配前沿的稀疏区域分布。为此，算法中运用了精英档案策略，根据动态拥挤距离概率来选择 gbest，其中拥挤距离能够更准确地估计围绕在给定解周围的其他解的聚集程度。

通过拥挤距离，更新外部档案库的过程如下：当库中非劣解的总数小于最大容量时，将新的非支配解直接加入；当库中成员规模达到容量上限时，过滤掉被新解支配的成员，并将新解加入，否则删掉具有最小拥挤距离的解，直到满足容量标准为止。根据以上操作，可以去掉一些聚集程度较高的解，从而整个解集比较均匀地分布在解空间中。

接着，按以下方式为粒子选择合适的 gbest。首先，对外部档案中每个粒子赋予适应值，该值等于粒子的拥挤距离，第 j 个粒子被选中的概率为：

$$p_j = \frac{f_j}{\sum_{i=1}^{N} f_i}$$

其中，f_i 为档案中第 i 个成员的适应值，N 为当前档案的成员数。然后，通过遗传算法中的适应度比例方法，选择具有较高概率的精英成员为 gbest。由于那些处在稀疏区域中的成员适应值更小，从而被选中的可能性更大。这种精英档案策略帮助粒子分配到合适的 gbest，确保解集的多样性。至于个体极值的更新，借助帕累托最优的定义，如果粒子历史最优位置对应的解不被当前位置的解所支配，则以一定概率保留粒子的历史最好位置。

基于以上操作的改进 MOPSO 算法，记为 IMOPSO 算法，其流程如下：

第一步，初始化所有粒子的位置和速度。

第二步，评价粒子的适应度。

第三步，通过帕累托最优的定义更新每个粒子的 pbest。

第四步，选择当前种群中的非支配解，加入外部档案中，同时利用拥挤距离更新档案成员。

第五步，借助适应度比例方法更新 gbest。

第六步，利用公式（5－18）和公式（5－19）更新粒子的速度和位置。

第七步，当满足停止条件时，搜索终止，输出档案库中的非支配解；否则，进入第二步。

随后，对算法性能的评价指标进行说明。不同于单目标问题的求解算法，多目标优化问题的算法评价更为复杂。算法的目的是在帕累托前沿附近寻找一个具有代表性的样本点集，其中需要综合考虑各个目标函数的优化情况，进而确定一个能体现各目标之间最佳平衡的解集。优化结果的质量通常从以下两个方面考虑：一是解集到帕累托前沿的逼近程度；二是解集中的解在解空间中的分散程度。这里，通过下面的三种评价指标来评价 IMOPSO 算法获得的解集。

第一个指标为迭代距离（generation distance，GD），用于刻画算法的非劣解集和帕累托最优解集之间的接近程度，公式如下：

$$\mathrm{GD} = \frac{1}{n}\sqrt{\sum_{i=1}^{n} d_i^2}$$

其中，n 表示非劣解的个数，d_i 表示非劣解集中第 i 个解到帕累托最优解集的最小距离。该指标越小，表示越逼近帕累托最优前沿。第二个指标为多样性指数（diversity index，DI），反映非劣解在解空间中均匀分布的情况，表达式为：

$$\mathrm{DI} = \frac{h_f + h_l + \sum_{i=1}^{n-1} |h_i - \bar{h}|}{h_f + h_l + (n-1)\bar{h}}$$

将非劣解集按照某个目标函数值的大小排序，h_i 为相邻两个解之间的距离，$\bar{h}$ 表示所有 h_i 的平均值，h_f 和 h_l 分别为算法的边界解到相应极端解之间的距离。该指标值越接近 0，表明解的分布越均匀。

第三个指标为误差率（error ration，ER），反映非劣解集与帕累托最优解集的相同程度，表示为：

$$\mathrm{ER} = \frac{1}{n}\sum_{i=1}^{n} e_i$$

其中，n 为非劣解的个数，如果第 i 个非劣解属于帕累托最优解集，则 $e_i = 0$；否则，$e_i = 1$。该指标值越小，表明非劣解在帕累托解集中所占比例越高。

算法测试中，选择以下多目标测试函数（Srinivas and Deb，1994）进行操作。

函数 1：

$$\begin{aligned}
\min \quad & f_1(x) = (x_1 - 2)^2 + (x_2 - 1)^2 + 2 \\
\min \quad & f_2(x) = 9x_1 - (x_2 - 1)^2 \\
\text{s. t.} \quad & x_1^2 + x_2^2 \leqslant 225 \\
& x_1 - 3x_2 + 10 \leqslant 0 \\
& -20 \leqslant x_1 \leqslant 20, \quad -20 \leqslant x_2 \leqslant 20
\end{aligned}$$

函数 2：

$$\begin{aligned}
\min\quad & f_1(x)=x_1 \\
\min\quad & f_2(x)=x_2 \\
\text{s. t.}\quad & (x_1-0.5)^2+(x_2-0.5)^2\leqslant 0.5 \\
& 0.1\cos[16\arctan(x_1/x_2)]-x_1^2-x_2^2+1\leqslant 0 \\
& 0\leqslant x_1\leqslant \pi,\ 0\leqslant x_2\leqslant \pi
\end{aligned}$$

函数 3：

$$\begin{aligned}
\min\quad & f_1(x)=1+(A_1-B_1)^2+(A_2-B_2)^2 \\
\min\quad & f_2(x)=(x_1+3)^2+(x_2+1)^2 \\
& A_1=0.5\sin 1-2\cos 1+\sin 2-1.5\cos 2 \\
& A_2=1.5\sin 1-\cos 1+2\sin 2-0.5\cos 2 \\
& B_1=0.5\sin x_1-2\cos x_1+\sin x_2-1.5\cos x_2 \\
& B_2=1.5\sin x_1-\cos x_1+2\sin x_2-0.5\cos x_2 \\
\text{s. t.}\quad & -\pi\leqslant x_1\leqslant \pi,\ -\pi\leqslant x_2\leqslant \pi
\end{aligned}$$

将 IMOPSO 算法与基于非支配排序的遗传（NSGA）算法（Srinivas and Deb，1994）、强化帕累托进化（SPEA）算法（Zitzler，1999）以及经典的 MOPSO 算法比较，设定种群大小为 100，最大迭代次数为 100 次，交叉概率和变异概率分别为 0.8 和 0.01，加速因子 $c_1=c_2=2$，惯性权重 w 采用线性递减策略，所有算法重复运行 30 次，相关结果如表 5.5 所示。

表 5.5　　四种算法的评价指标运行结果

项目	算法	函数 1	函数 2	函数 3
迭代距离（GD）	SPEA	0.0257	0.0522	0.0069
	NSGA	0.1958	0.2777	0.1440
	MOPSO	0.0257	0.0522	0.0069
	IMOPSO	0.0996	0.0052	0.0142

续表

项目	算法	函数 1	函数 2	函数 3
多样性指标（DI）	SPEA	0.3353	0.4127	0.4328
	NSGA	0.3321	0.3459	0.4101
	MOPSO	0.3302	0.3281	0.3367
	IMOPSO	0.3078	0.4728	0.3097
误差率（ER）	SPEA	1	1	1
	NSGA	1	1	1
	MOPSO	0.9673	1	0.5438
	IMOPSO	0.0760	0.5455	0.1200

表 5.5 中记录了四种算法的迭代距离指标显示，在所有测试函数中，IMOPSO 算法取得的结果均好于 NSGA 的值，表明前者逼近帕累托最优前沿的效果更好。同时，IMOPSO 算法在第二个测试函数上比 SPEA 算法和 MOPSO 算法表现更好，而在其余两个函数的测试结果上三种算法的差距不大。

在表 5.5 中多样性指标的数据反映了各种算法的 DI 指标，IMOPSO 算法在所有函数的测试结果中均优于 SPEA 和 NSGA。同时，相比 MOPSO 算法，除了第二个函数表现稍差，IMOPSO 算法在另外两个函数测试中都体现出更好的性能，其非劣解集的多样性保持更佳。

通过表 5.5 中不同算法的误差率指标可知，IMOPSO 算法在三个测试函数中的错误率均小于其他三种算法的结果，表明改进算法有效地将非劣解集比较充分、均匀地逼近到帕累托前沿上，在求解多目标问题时能获得更好的解集。

5.3.4 数值结果

在数值实验中，采用了香港股票市场上 43 只蓝筹股自 2008 ~ 2010 年 520 个交易日的历史数据。估计预期收益率 r_i 和预期风险 q_i 时，选择投资期间的交易日天数 T_0 为 90，先于投资日的交易日天数为 200。然后，用 IMOPSO 算法求解多目标投资组合模型（5－17）。采用 MATLAB 7.0.1 进行编程求解。假设资产总额 M_0 为 1000000 港元，第 i 只股票的交易成本 c_i 为［0.01，0.04］上的随机数，初始支付 d_i 为［100，300］上的随机数。取最大迭代次数为 100 次，算法 A、算法 B 和算法 C 分别表示粒子总数为 20、40 和 80 的情况。

然后，比较算法 I（Fang et al.，2012）和 IMOPSO 算法，从 43 只股票中随机选择 n 只进行求解，并记录所有算法的运行时间，其中运行时间为随机选择的 10 组股票的计算时间的平均值。运行结果如表 5.6 所示。

表 5.6　　不同算法的运算时间比较

n	算法 I	算法 A	算法 B	算法 C
6	0.3438	0.6367	1.3679	3.1094
7	0.9766	0.6461	1.4407	3.1656
8	3.0250	0.6977	1.4852	3.3305
9	10.4000	0.6992	1.5422	3.4430
10	50.3703	0.7070	1.5630	3.7195
11	328.7781	1.1187	2.4625	5.0297

从表 5.6 中可知，随着 n 值的增加，算法 A、算法 B 和算法 C 均逐渐表现比算法 I 更高的时间效率；而在同一 n 值下，IMOPSO 算法的计算时间则随着粒子总数的变大逐步增加。与算法 I 比较，算法 A 除了 $n=6$，在其余情况下表现更好；算法 B 除了 $n=6$，7 之外，同样花费更少的时间完成模型的求解。为了使得非劣解集更好地逼近帕累托最优前沿，选择了较大的粒子总数。当选取的股票总数较小时，如 $n=6$，7，8，算法 I 比算法 C 运行时间更少；当 n 变得更大时，算法 C 在求解多目标问题中明显取得了时间上的优势。因此，改进的 IMOPSO 算法在保证解集质量的同时，展现出其更快的求解速度。

本章参考文献

[1] Markowitz H. Portfolio selection [J]. Journal of Finance, 1952, 7 (1): 77 -91.

[2] Konno H. Piecewise linear risk function and portfolio optimization [J]. Journal of the Operations Research Society of Japan, 1990, 33 (2): 139 -156.

[3] Cai X, Teo K L, Yang X Q, et al. Portfolio optimization under a minimax rule [J]. Management Science, 2000, 46 (7): 957 -972.

[4] Young M R. A minimax portfolio selection rule with linear programming solution [J]. Management Science, 1998, 44 (5): 673 -683.

[5] Konno H, Shirakawa H, Yamazaki H. A mean-absolute deviation-skewness portfolio optimization model [J]. Annals of Operations Research, 1993, 45 (1): 205 -220.

[6] Teo K L, Yang X Q. Portfolio selection problem with minimax type risk function [J]. Annals of Operations Research, 2001, 101 (1 -4): 333 -349.

[7] Jackson M, Staunton M D. Quadratic programming applications in finance using excel [J]. Journal of the Operational Research Society, 1991, 50 (12): 1256 -1266.

[8] Cai X, Teo K L, Yang X Q, et al. Minimax portfolio optimization: empirical numerical study [J]. Journal of the Operational Research Society, 2004, 55 (1): 65 -72.

[9] 潘大志. 粒子群优化算法及其在石油开发规划中的应用研究 [D]. 成都: 西南石油大学, 2011.

[10] Shi Y, Eberhart R C. Parameter selection in particle swarm optimization [C]. International Conference on Evolutionary Programming, 1998: 591 -600.

[11] Silva A, Neves A, Costa E. SAPPO: a simple, adaptable, predator prey optimiser [C]. Portuguese Conference on Artificial Intelligence, 2003: 59 -73.

[12] He S, Wu Q H, Wen J Y, et al. A particle swarm optimizer with passive congregation [J]. Biosystems, 2004, 78 (1-3): 135-147.

[13] Hendtlass T. Preserving diversity in particle swarm optimisation [C]. International Conference on Industrial, Engineering and Other Applications of Applied Intelligent Systems, 2003: 31-40.

[14] Jiang W G, Zhang Y B, Xie J W. A particle swarm optimization algorithm based on diffusion-repulsion and application to portfolio selection [C]. International Symposium on Information Science and Engineering, 2008: 498-501.

[15] Chang J F, Chen J F, Lin S H. Applying investment satisfied capability index and particle swarm optimization to construct the stocks portfolio [C]. International Conference on Innovative Computing, Information and Control, 2008: 595.

[16] Tian J Y, Ma J H. Study of security investment optimizing combination based on PSACO [C]. International Symposiums on Information Procession, 2008: 710-714.

[17] He G, Huang N J. A modified particle swarm optimization algorithm with applications [J]. Applied Mathematics and Computation, 2012, 219 (3): 1053-1060.

[18] Xu F S, Chen W. A portfolio model with quadratic subsection concave transaction costs based on PSO [C]. Chinese Control and Decision Conference, 2009: 1895-1898.

[19] Zhang X L, Zhang K C. Application of adaptive particle swarm optimization in portfolio selection [C]. International Conference on Information Science and Engineering, 2009: 3977-3980.

[20] Chang J F, Hsu S W. The construction of stocks portfolios by using particle swarm optimization [C]. International Conference on Innovative Computing, Information and Control, 2007: 390.

[21] 蒋金山，廖文志．基于二次粒子群算法的投资组合优化 [J]. 计算机应用与软件，2009，26（6）：161-163.

[22] 陈炜，张润彤，杨玲．基于改进粒子群算法的投资组合选择模型[J]. 计算机科学，2009，36（1）：146－147.

[23] Liu X, Chen T, Zhang L. Study on the portfolio problem based on particle swarm optimization [J]. Journal of Systems & Management, 2008, 17 (2): 221－224.

[24] Fishburn P C. Mean-risk analysis with risk associated with below-target returns [J]. The American Economic Review, 1977, 67 (2): 116－126.

[25] Konno H, Yamazaki H. Mean-absolute deviation portfolio optimization model and its applications to Tokyo stock market [J]. Management Science, 1991, 37 (5): 519－531.

[26] Ogryczak O, Ruszczynski A. From stochastic dominance mean-risk model: semi-deviation as risk measure [J]. European Journal of Operational Research, 1999, 116: 33－50.

[27] Jiang Y, Hu T, Huang C C, et al. An improved particle swarm optimization algorithm [J]. Applied Mathematics and Computation, 2007, 193 (1): 231－239.

[28] Leyffer S. A complementarity constraint formulation of convex multiobjective optimization problems [J]. Informs Journal on Computing, 2009, 21 (2): 257－267.

[29] Yang X Q, Yen N D. Structure and weak sharp minimum of the Pareto solution set for piecewise linear multiobjective optimization [J]. Journal of Optimization Theory and Applications, 2010, 147 (1): 113－124.

[30] Zheng X Y, Yang X Q. The structure of weak Pareto solution sets in piecewise linear multiobjective optimization in normed spaces [J]. Science in China Series A: Mathematics, 2008, 51 (7): 1243－1256.

[31] Fang Y P, Meng K, Yang X Q. Piecewise linear multicriteria programs: the continuous case and its discontinuous generalization [J]. Operations Research, 2012, 60 (2): 398－409.

[32] Aneja Y P, Nair K P K. Bicriteria transportation problem [J]. Man-

agement Science, 1979, 25 (1): 73 -78.

[33] Coello C A C, Lechuga M S. MOPSO: a proposal for multiple objective particle swarm optimization [C]. Congress on Evolutionary Computation, 2002: 1051 -1056.

[34] Hu X, Eberhart R. Multiobjective optimization using dynamic neighborhood particle swarm optimization [C]. Congress on Evolutionary Computation, 2002: 1677 -1681.

[35] Li X. Better spread and convergence: particle swarm multiobjective optimization using the maximin fitness function [C]. Conference on Genetic and Evolutionary Computation, 2004: 117 -128.

[36] Raquel C R, Naval P C. An effective use of crowding distance in multiobjective particle swarm optimization [C]. Conference on Genetic and Evolutionary Computation, 2005: 257 -264.

[37] Pulido G T, Coello C A C. Using clustering techniques to improve the performance of a multi-objective particle swarm optimizer [C]. Conference on Genetic and Evolutionary Computation, 2004: 225 -237.

[38] Parsopoulos K E, Vrahatis M N. Particle swarm optimization method in multiobjective problems [C]. Symposium on Applied Computing, 2002: 603 - 607.

[39] Liao C J, Tseng C T, Luarn P. A discrete version of particle swarm optimization for flowshop scheduling problems [J]. Computers & Operations Research, 2007, 34 (10): 3099 -3111.

[40] Niu B, Zhu Y, He X, et al. MCPSO: a multi-swarm cooperative particle swarm optimizer [J]. Applied Mathematics and Computation, 2007, 185 (2): 1050 -1062.

[41] Wang B, Li Y, Watada J. A new MOPSO to solve a multi-objective portfolio selection model with fuzzy value-at-risk [C]. Conference on Knowledge-Based and Intelligent Information and Engineering Systems, 2011: 217 -226.

[42] Mishra S K, Panda G, Meher S. Multi-objective particle swarm optimi-

zation approach to portfolio optimization [C]. Congress on Nature & Biologically Inspired Computing, 2009: 1612 -1615.

[43] Srinivas N, Deb K. Muiltiobjective optimization using nondominated sorting in genetic algorithms [J]. Evolutionary Computation, 1994, 2 (3): 221 - 248.

[44] Zitzler E. Evolutionary Algorithms for Multiobjective Optimization: Methods and Applications [M]. New York: Ithaca Press, 1999.

| 第 6 章 |

QPSO 算法在投资组合优化中的应用

6.1 QPSO 算法在一类带约束投资组合模型中的应用

6.1.1 研究背景

克莱尔（Clerc，1999）在分析粒子群优化算法（particle swarm optimization，PSO）时提出了粒子运动场中存在着吸引点，而粒子在迭代过程中会聚集到该点。随后在克莱尔的研究基础上，从量子力学的角度提出了量子粒子群优化（QPSO）算法（Sun et al.，2004）。由于粒子在量子空间中没有特定的轨道，具有更高的随机性，因而其智能性相比标准的 PSO 算法要高，收敛性能更好。尽管 QPSO 算法在一定程度上提升了算法的性能，但是在实际计算时，粒子的搜索只是在可行解的空间进行，使得在算法迭代的后期依旧会出现群体的多样性缺失等现象，因此算法仍有很大的改进空间。

针对 QPSO 算法的不足，先后有学者提出了各种搜索策略和改进方法，以增加粒子的探索能力，避免算法陷入局部最优的困境。莫哈德塞等（Mohadeseh et al.，2012）提出了基于广义局部搜索的 QPSO 算法，以增强粒子脱离局部最优的能力。赵吉和程成（2017）在演化搜索的基础上改善了 QPSO 算法，提升了算法的收敛速度。章国勇等（2013）在算法中考虑了精英学习策略，增强了粒子的全局搜索能力。周頔等（2011）提出了协同 QPSO 算法，避免了算法的早熟。分别融合了差分进化和黑洞搜索的优点，提出了改进的 QPSO 算法，拓展了粒子的空间探索范围（张兰和聂玉峰，2016；张兰，2019）。在算法的参数修正和丰富种群多样性方面，也有一些学者提出了不错的改良性结果（Tian et al.，2011；Sun et al.，2005；Coelho，2007；Coelho et al.，2008；Sun et al.，2005；方伟等，2010）。

为了提高 QPSO 算法的粒子探索能力和算法的计算精度，在原始的 QPSO 算法的基础上，对粒子的位置公式进行了改良处理。在改进算法中，一方面，考虑了粒子的历史最优和次优位置的共同影响，用以拓展粒子的搜索范围；另一方面，采用了遗传算法中的交叉操作，用以增加粒子的多样性。随后，将改进后的算法应用于寻找马科维茨均值－方差模型的资产最优组合。

6.1.2 算法分析与测试

标准的 QPSO 算法是在 PSO 算法的基础上进化而来，借助了 PSO 算法的粒子速度公式：

$$v_i(t+1) = wv_i(t) + c_1r_1[p_i(t) - x_i(t)] + c_2r_2[p_g(t) - x_i(t)] \tag{6-1}$$

其中，$x_i(t)$ 和 $v_i(t)$ 分别表示第 i 个粒子的位置以及速度，第 i 个粒子的个体极值以及全局极值分别为 $p_i(t)$ 和 $p_g(t)$。w 表示惯性权重，c_1 和 c_2 表示加速因子，r_1 和 r_2 表示 0～1 之间均匀分布的随机数。在 QPSO 算法的更新公式中，没有粒子的速度公式，而采用蒙特卡罗法模拟粒子的运动状态，进行迭代。在迭代过程中，每个粒子会聚集到一个局部吸引点 $P_i(t)$，从而公式（6－1）将转化为吸引点的位置公式：

$$P_i(t+1)=\varphi p_i(t)+(1-\varphi)p_g(t) \tag{6-2}$$

其中，$\varphi=c_1r_1/(c_1r_1+c_2r_2)$。粒子的位置更新公式如下：

$$x_i(t+1)=P_i(t)\pm\beta\left|m_i(t)-x_i(t)\right|\ln[u_i(t)]^{-1} \tag{6-3}$$

其中，β 称为收缩－扩张系数，用来调节粒子的速度。$m_i(t)$ 表示粒子历史最优位置的平均值，称为平均最好位置。$u_i(t)$ 表示 0～1 之间均匀分布的随机数，当 $u_i(t)$ 大于 0.5 时，公式（6－3）中取"＋"，否则取"－"。

在更新粒子个体最优位置时，除了考虑它的历史最好位置外，还将粒子的历史次优位置也包括进去，这样能够增强粒子的搜索范围，避免陷入局部最优。另外，借鉴遗传算法的交叉操作，对粒子的历史最优和次优位置进行交叉处理，用新的位置作为粒子当前的最优位置，用于迭代后期增强种群的多样性，提高算法的收敛精度。

由于算法中选用了交叉操作，将改进的算法记为 CR-QPSO。CR-QPSO 算法中，粒子的历史最优位置和次优位置分别为 $p_{1i}(t)$ 和 $p_{2i}(t)$，经过交叉操作后得到的新位置仍记为 $p_i(t)$。收缩－扩张系数选择线性递减方法（Sun et al.，2005），公式如下：

$$\beta=(\beta_1-\beta_2)\frac{T-t}{T}+\beta_2$$

其中，β_1，β_2 为 β 的最小值和最大值，T 为最大迭代次数。

CR-QPSO 算法的流程如下：

第一步，设定搜索维数 D、种群规模 N 和最大迭代次数 T，初始化种群中粒子的位置。

第二步，计算每个粒子的适应度，以适应度最优的粒子位置作为全局最优位置 $p_g(t)$。

第三步，根据公式（6－2）计算局部吸引点 $P_i(t)$。

第四步，根据公式（6－3）更新当前粒子的位置。

第五步，通过粒子适应度的比较，确定当前粒子的历史最优位置 $p_{1i}(t)$ 和次优位置 $p_{2i}(t)$，运用交叉操作，得到粒子的个体最优位置 $p_i(t)$。

第六步，当粒子适应度优于种群最优点的适应度时，则用当前粒子的位置更新 $p_g(t)$。

第七步，$t = t + 1$，若满足迭代终止条件，输出最优解；否则，转入第二步。

在性能测试中，将 CR-QPSO 算法与标准的 QPOS 算法、DE-QPSO 算法（张兰和聂玉峰，2016）和 BH-QPSO 算法（张兰，2019）进行比较。基准测试函数的计算结果（张兰，2019），其中 f_1 为高维单模函数，f_2 ~f_5 为高维多模函数，f_6 为低维多模函数。在所有的 QPSO 算法中，加速因子分别取 1.5 和 2，粒子总数为 10 个，搜索空间为 20 维，最大迭代次数为 1000 次。在 DE-QPSO 算法中变异概率为 0.5，交叉参数为 0.9。在 BH-QPSO 算法中，黑洞理论阈值为 0.8，黑洞半径为 0.8。每个实例取 50 次结果的平均值和标准差。

在表 6.1 中，展示了四种算法在不同测试函数下的计算结果。在 Sphere 函数和 Griewank 函数的测试中，BH-QPSO 算法和 DE-QPSO 算法取得了较好的寻优结果，相比而言 CR-QPSO 算法在最优解均值和解的稳定性方面则具有更好的表现，能够有效地跳出局部最优，探索到函数的全局最优点。对于 Rosenbrock 函数而言，BH-QPSO 算法在函数均值方面取得了最佳的表现，然而稳定性不够理想；QPSO 算法和 DE-QPSO 算法在求解过程中明显偏离了有效的寻优路径，寻优结果较差；CR-QPSO 算法的综合效果较好，最优解的均值不如 BH-QPSO 算法，但是解的稳定性方面有更好的表现。就 Rastrigin 函数而言，四种算法都无一例外地陷入了局部最优的困境。其中 BH-QPSO 算法和 DE-QPSO 算法的改进效果不如原始的 QPSO 算法，寻优能力较弱；相比之下 CR-QPSO 算法具有较好的探索能力，经过交叉操作之后的粒子能够比较有效地接近函数的全局最优点。在其余两个函数的测试中，CR-QPSO 算法相比其他三种算法表现更突出，无论在函数的最优值还是鲁棒性上都取得了最理想的结果。

表 6.1　　四种算法的测试结果

测试函数	算法	均值	方差
f_1 Sphere	QPSO	0. 2345	3. 2450e −03
	BH-QPSO	0. 0030	4. 0395e −04
	DE-QPSO	0. 2486	1. 2676e −21
	CR-QPSO	1. 7569e −20	6. 0011e −40
f_2 Rosenbrock	QPSO	80. 6146	15. 8876
	BH-QPSO	0. 1113	2. 0254e +02
	DE-QPSO	7. 9839e +03	274. 2261
	CR-QPSO	5. 0882	1. 2995
f_3 Rastrigin	QPSO	13. 4108	65. 1540
	BH-QPSO	23. 5276	26. 2999
	DE-QPSO	1. 3142e +02	2. 7422e +02
	CR-QPSO	2. 9849	1. 4519
f_4 Griewank	QPSO	1. 0562	0. 0154
	BH-QPSO	0. 3344	0. 0753
	DE-QPSO	0. 5466	7. 4127e −04
	CR-QPSO	3. 9215e −05	2. 4605e −08
f_5 Ackley	QPSO	0. 5743	0. 8745
	BH-QPSO	0. 7682	1. 1180
	DE-QPSO	0. 0054	0
	CR-QPSO	1. 6565e −11	9. 5349e −22
f_6 Schaffer	QPSO	0. 1124	5. 1242e −05
	BH-QPSO	0. 0262	4. 0395e −04
	DE-QPSO	0. 0372	1. 5408e −33
	CR-QPSO	0	0

总之，通过测试函数的检验结果，CR-QPSO 算法在其中五个函数的测试中均表现出最佳的寻优能力，取得的最优解拥有更好的鲁棒性。

6.1.3 数值结果

经典的马科维茨均值－方差模型为一类多目标优化问题，其有效前沿即多目标优化问题的帕累托最优解。这里我们将多目标优化问题转换为单目标优化问题，并用改进的量子粒子群算法进行求解。在证券交易中，投资者和管理机构往往基于各种考虑会对证券的交易数量作出限制，于是这里讨论一类投资占比有上限的投资组合问题。具体模型如下：

$$\begin{aligned} \min \quad & \sigma_p^2 = X^T \Sigma X \\ \text{s.t.} \quad & X^T R = e_i \\ & \sum_{i=1}^{n} x_i = 1, \ 0 \leqslant x_i \leqslant 0.5 \end{aligned} \tag{6-4}$$

其中，R 为资产的收益矩阵，X 表示投资组合的权重向量，Σ 表示各种资产间的协方差矩阵，e_i 表示资产的预期收益率，设定所有股票的投资比不能超过总资金的50%。

数值实验中，从深圳证券交易所选取了 A 股市场中的 20 只股票，收集了这些股票从 2017 年 9 月 18 日到 2018 年 9 月 20 日共计 250 个交易日的收盘价格。每只股票以日收益率的历史平均值作为其预期收益率。在改进的量子粒子群优化算法 CR-QPSO 中，加速因子分别取 1.5 和 2，粒子总数为 40 个，搜索空间为 20 维，最大迭代次数为 1500 次，求解结果取 50 次实验的平均值。

表 6.2 给出了在不同预期收益率下的模型（6－4）的最优解，通过给定的 e_i（在最小与最大预期收益率之间均匀选取，由小到大逐渐增加）可以计算出相应风险最小的组合。从表 6.2 中数据可知，随着预期收益率的增大，投资组合的风险也在逐步变大。当收益率从 0.0812 增加到 0.1939 时，第 1、第 11、第 17 和第 19 这四只股票的投资占比逐渐减小；同时第 4 和第 9 这两只股票的比例分别从 2.01% 和 5.66% 增加到 3.98% 和 19.87%。

表 6.2　　不同预期收益率下的最优投资组合　　单位：%

股票	收益率			
	$e_i=0.0812$	$e_i=0.1188$	$e_i=0.1563$	$e_i=0.1939$
x_1	7.01	5.05	4.28	3.74
x_2	5.15	3.78	2.05	2.49
x_3	4.07	3.02	4.13	1.53
x_4	2.01	2.86	3.50	3.98
x_5	3.01	2.75	2.83	3.67
x_6	7.34	5.38	5.78	6.58
x_7	3.55	4.50	3.36	3.56
x_8	3.91	1.80	2.45	1.83
x_9	5.66	12.36	15.02	19.87
x_{10}	4.89	2.90	2.79	2.86
x_{11}	7.01	5.68	5.17	3.88
x_{12}	2.42	4.78	3.55	3.58
x_{13}	3.41	4.01	4.04	3.91
x_{14}	4.05	3.88	3.47	4.02
x_{15}	4.71	6.79	8.04	6.20
x_{16}	4.22	6.93	4.83	3.85
x_{17}	7.63	7.26	6.51	5.94
x_{18}	7.31	5.08	7.57	6.78
x_{19}	7.23	6.31	5.59	5.13
x_{20}	5.41	4.88	5.04	6.60
risk	0.0198	0.0245	0.0286	0.0323

进一步，为了说明改进算法求解模型（6-4）的有效性，接下来将CR-QPSO与PSO、QPSO和GA等算法从最差值、最好值、均值和方差等四个方面进行比较。在对比实验中，选取预期收益率为0.1939，具体结果见表6.3。

表 6.3　　不同算法的优化结果比较

项目	GA	PSO	QPSO	CR-QPSO
最差值	0.0915	0.1045	0.0946	0.0907
最好值	0.0025	0.0197	0.0098	0.0198
均值	0.0421	0.0388	0.0330	0.0323
方差	2.1131e−04	9.6101e−04	1.9263e−04	1.2955e−04

根据表 6.3 中的数据可知，改进算法在四个指标下均取得了比其余三种算法更好的结果，表明 CR-QPSO 算法具有更强的寻优能力，获得的最优解更精确、更稳定。

6.2　QPSO 算法在自融资投资组合模型中的应用

6.2.1　研究背景

在粒子群优化算法（PSO）中，粒子的飞行速度受到取值边界的限制，导致了粒子的搜索不能遍历整个解空间，从而无法实现算法的全局收敛性。研究发现，在量子空间中粒子的行为和人类的学习行为类似，具有很高的不确定性（Sun et al.，2004），于是从量子力学的角度提出了一种改进的 PSO 算法——量子行为粒子群优化算法（QPSO）。QPSO 算法的粒子更新只有位置方程，形式更简单，控制参数更少，收敛速度和全局收敛性能更优，是 PSO 算法中的一个较成功的改进，具有很强的理论意义和实际应用价值。然而在实际计算时，粒子的搜索只是在可行解的空间进行搜索，导致粒子在迭代后期仍然会出现早熟和陷入局部最优点，因此 QPSO 算法仍具有很大的改进空间。

为了增强算法中粒子的全局搜索能力和算法收敛速度，进一步提高优化问题解的精度，先后有学者提出了各种搜索策略和改进方法，以提升粒子的探索能力，避免算法陷入局部最优的困境。在 QPSO 算法收敛性的分析中，研究讨论了粒子迭代公式的参数选择，提升了算法的全局搜索能力（Sun et al.，2005；方伟等，2010）。将非支配排序策略应用到算法的改进中，并将改进算法有效地应用到大规模的复杂网络聚类中（Li et al.，2017）。提出了一种基于电子鼻技术的 QPSO-RBM 算法，在拓展粒子搜索空间的同时，有效改善了算法的收敛精度（Luo et al.，2018）。另外，部分学者在 QPSO 算法的性能改进和应用方面，也取得了一些较好的研究结果（Li et al.，2017；Yang and Wu，2020；Zhang，2020）。

在已有研究的基础上，准备从两个方面对 QPSO 算法进行改进。第一，在粒子的历史位置更新公式中，考虑列维（Levy）搜索策略，以增强粒子的收敛速度，提高粒子的全局搜索能力和算法精度；第二，考虑混合概率分布的操作，帮助粒子在迭代后期脱离局部极值的束缚，增强种群的多样性，避免算法陷入早熟。随后，将改进的 QPSO 算法应用到一类自融资投资组合问题中。

6.2.2 问题阐述

经典的马科维茨均值 - 方差模型为一类多目标优化问题，要求投资者在证券投资过程中选择风险最小和收益最大的组合。自融资投资组合指除了初始的投资外，在投资过程中不追加任何投资，也不从中转移资本，仅仅根据资产组合本身的收益变化情况进行组合的结构调整。自融资投资组合在套利、资产交换、市场中性投资、市场定时等方面有着广泛的应用。

考虑如下的自融资投资组合模型。

$$\min \quad \sigma^2 = x^T \Sigma x$$
$$\max \quad E(R) = x^T R$$
$$\text{s.t.} \quad \sum_{i=1}^{n} x_i = 0$$
$$L_i \leqslant x_i \leqslant U_i, \ i = 1, 2, \cdots, n$$

其中，$R=(R_1, R_2, \cdots, R_n)^T$ 为组合的收益率向量，$x=(x_1, x_2, \cdots, x_n)^T$

为组合的权重向量，Σ 表示各种资产间的协方差矩阵，$E(R)$ 和 σ^2 分别表示投资组合的预期收益率和风险，L_i 和 U_i 分别表示各种资产投资比例的下界与上界。

我们将以上优化模型转化为无约束的优化模型，形式如下：

$$\begin{aligned} \min \quad & x^T \Sigma x + \lambda\left(\left|x^T R - R_p\right| + \left|\sum_{i=1}^{n} x_i\right|\right) \\ \text{s.t.} \quad & L_i \leqslant x_i \leqslant U_i,\ i=1,\ 2,\ \cdots,\ n \end{aligned} \tag{6-5}$$

其中，R_p 表示组合的预期收益率，其中 λ 为惩罚因子，在实验中取值为 10。

6.2.3 算法分析

在原始 PSO 算法中，令 $x_{ij}(t)$ 和 $v_{ij}(t)$ 分别表示第 i 个粒子位置和速度的第 j 维，第 i 个粒子的历史最优位置 pbest 的第 j 维和全局最优位置 gbest 的第 j 维分别记为 $p_{ij}(t)$ 和 $p_{gj}(t)$。粒子的速度按照以下公式进行更新：

$$v_{ij}(t+1) = wv_{ij}(t) + c_1 r_1 [p_{ij}(t) - x_{ij}(t)] + c_2 r_2 [p_{gj}(t) - x_{ij}(t)] \tag{6-6}$$

其中，w 表示惯性权重，c_1 和 c_2 表示加速因子，r_1 和 r_2 表示 0 ~ 1 之间均匀分布的随机数。

然而，QPSO 算法的更新公式中，不涉及粒子的速度公式，而采用蒙特卡罗法模拟粒子的运动状态，更新不同时点的粒子位置。在粒子的迭代过程中，每个粒子会聚集到一个局部吸引点 $P_{ij}(t)$，速度更新公式将变成吸引点的位置公式：

$$P_{ij}(t+1) = \varphi p_{ij}(t) + (1-\varphi) p_{gj}(t) \tag{6-7}$$

其中，$\varphi = c_1 r_1 / (c_1 r_1 + c_2 r_2)$。采用以下方法得到粒子的位置更新公式（孙俊，2009）：

$$x_{ij}(t+1) = P_{ij}(t) \pm \beta \left| m_j(t) - x_{ij}(t) \right| \ln[u]^{-1} \tag{6-8}$$

其中，$m_j(t)$ 表示粒子历史最优位置的平均值的第 j 维，称为平均最好位置。u 表示 0 ~ 1 之间均匀分布的随机数，当 u 大于 0.5 时，公式（6 - 8）中取“ + ”，否则取“ - ”。β 称为收缩 - 扩张系数，用来调节粒子的速度，采用线性递减公式，具体如下：

$$\beta=(\beta_1-\beta_2)\frac{T-t}{T}+\beta_2 \tag{6-9}$$

其中，β_1，β_2 为 β 的最小值和最大值，T 为最大迭代次数。

作为一种随机游走过程，列维飞行策略有一个带有宽尾的概率分布，这使得它的搜索方式具有很好的扰动能力，能够大大提高算法的全局搜索性能和收敛精度。在搜索空间中，可以充分发挥列维飞行的特点对粒子的运动方式进行改善。一方面，利用其深入的短距离搜索有效提高算法的收敛精度；另一方面，结合偶尔的长距离搜寻扩大粒子的探索空间，进而增强算法的全局搜索能力。

运用列维飞行策略对粒子的位置更新公式（6－8）作如下改进：

$$x_{ij}(t+1)=L[x_{ij}(t)-P_{ij}(t)]+\beta|m_j(t)-x_{ij}(t)|\ln[u]^{-1} \tag{6-10}$$

当 $u>0.5$ 时，采用公式（6－10）进行粒子位置的更新。其中，L 表示列维随机步长。其中随机步长采用如下公式（Mantegna，1994）：

$$L=\frac{\mu}{|\nu|^{1/r}} \tag{6-11}$$

其中，$\mu\sim N(0,\ \sigma_\mu^2)$，$\nu\sim N(0,\ \sigma_\nu^2)$，为服从正态分布的随机数，引入伽马函数 $\Gamma(\cdot)$ 可得标准差满足以下公式：

$$\begin{cases}\sigma_\mu=\left\{\dfrac{\Gamma(1+r)\sin(0.5\pi r)}{\Gamma[0.5(1+r)]2^{0.5(r-1)}r}\right\}^{1/r}\\ \sigma_\nu=1\end{cases} \tag{6-12}$$

随着迭代进入后期，QPSO 算法中一些相似粒子会出现局部聚集的情况，从而大大减少算法的搜索范围，导致算法早熟，这种情况与算法中吸引势阱模型的分布选择有着极大的关联。通过实验显示，QPSO 中势阱模型对应的指数分布在测试中有很好的实用性（Sun et al.，2004）。然而一些仿真结果表明具有正态分布的 QPSO 算法在处理早熟问题上有着更好的表现。于是，可以考虑将两种分布结合起来，用于改善算法在迭代后期容易陷入局部最优的困境。

考虑将正态分布和指数分布结合运用到粒子的位置更新中，形式如下：

$$x_{ij}(t+1)=P_{ij}(t)+a(t)+b(t) \tag{6-13}$$

其中，$a(t)$ 和 $b(t)$ 分别为服从正态分布和指数分布的两个随机序列，具体的公式为：

$$\begin{cases} a(t) = \alpha_1 \left| x_{ij}(t) - P_{ij}(t) \right| \ln[u]^{-1} \\ b(t) = \alpha_2 \left| m_j(t) - x_{ij}(t) \right| h \end{cases}$$

这里，h 为服从标准正态分布的随机数，α_1 和 α_2 均为收缩扩张系数。

在 QPSO 算法的改良中，融合了列维飞行和混合概率分布这两种手段，于是将该算法简记为 HQPSO。算法的流程如下：

```
Algorithm HQPSO
Initialize each particle' position, pbest, gbest
while t < max iteration
    Compute contraction-expansion coefficient using eq. (6-9)
  for each particle
    Calculate local attractor P_ij(t) using eq. (6-7)
    if u > 0.5
      Compute Levy step size using eq. (6-11) and eq. (6-12)
      Update x_ij(t) using eq. (6-10)
    else Update x_ij(t) using eq. (6-13)
    end if
    Update pbest and gbest using comparison criteria
  end for
end while
return results
```

6.2.4 算法测试

在性能测试中，将 HQPSO 算法与标准的 QPSO 算法以及两种优化效果较好的算法 MDE 算法（Li and Yin，2016）和 distABC 算法（Babaoglu，2015）进行比较。基准测试函数来自 CEC2005。其中，$f_1 \sim f_6$ 为高维单模函数，$f_{13} \sim f_{14}$ 为低维单模函数，主要用于测试算法的收敛精度；$f_7 \sim f_{12}$ 为高维多模函数，

f_{15} ~f_{16}为低维多模函数，用于检验算法的全局寻优能力和局部搜索性能。其中f_{14}的最优值为 -1，其他测试函数从最优值均为0。

在对比实验中，各算法的参数设置均来自相关文献。QPSO 算法中，β_1，β_2 分别取 0.4 和 0.9；MDE 算法中，CR 取 0.4，F 为随机数；distABC 算法中，limit =（种群数 × 维度）/2；BMQPSO 算法中，β_1，β_2 分别取 0.4 和 0.9，随机步长的参数 r 取 1.5，多样性指标的临界值 λ 为 0.5。在对比测试中，高维函数中除了f_4 取 32 维外，其余均为 30 维，低维函数都为 2 维。各算法种群为 50，最大函数评价次数为 80000 次，各算法对每个函数分别独立运行 30 次，取结果的最好值、均值和方差，具体数据见表 6.4。

表 6.4　　f_1 ~f_{16}测试结果

函数	算法	最好值	均值	方差
f_1 Sphere	QPSO	3.8598e-35	2.3512e-29	1.5951e-56
	MDE	2.1695e-13	1.8134e-12	4.4107e-24
	distABC	1.4864e-12	2.3970e-11	1.8716e-21
	HQPSO	0	6.4217e-46	1.0275e-89
f_2 Schwefel 1.2	QPSO	8.9922e-02	4.3553e-01	3.8543e-01
	MDE	6.8651e+03	1.3902e+04	1.4328e+07
	distABC	4.9214e+03	1.7987e+03	4.2718e+07
	HQPSO	0	2.2824e-42	7.2571e-83
f_3 Schwefel 2.22	QPSO	1.5864e-20	7.4468e-18	4.3143e-34
	MDE	7.4743e-07	5.4778e-06	2.0213e-11
	distABC	7.6136e-10	2.4966e-09	4.6712e-18
	HQPSO	0	1.1946e-23	1.5125e-45
f_4 Powell	QPSO	3.1244e-03	9.9924e-03	1.4360e-05
	MDE	3.8895e-02	1.2320e-01	2.6478e-03
	distABC	1.0344e-02	1.7351e+01	5.7411e+03
	HQPSO	0	1.9389e-43	3.5330e-85

续表

函数	算法	最好值	均值	方差
f_5 Zakharov	QPSO	4.7042e-03	9.5366e-02	6.3481e-03
	MDE	3.5527e+02	9.8839e+02	2.5574e+05
	distABC	4.9931e+02	1.4292e+03	3.0428e+05
	HQPSO	0	9.1931e-40	2.4881e-77
f_6 Elliptic	QPSO	1.6550e-32	4.6887e-26	5.3678e-50
	MDE	6.7571e+04	1.1291e+05	1.6222e+09
	distABC	8.2189e+04	1.9245e+05	7.0885e+09
	HQPSO	0	1.5711e-43	5.5638e-85
f_7 Rastrigin	QPSO	1.1939e+01	2.1471e+01	2.2898e+01
	MDE	3.0444e+01	4.7238e+01	6.8400e+01
	distABC	8.9208e+01	1.2093e+02	2.2467e+02
	HQPSO	0	0	0
f_8 Griewank	QPSO	0	1.6284e-02	5.2452e-04
	MDE	3.4417e-15	2.9322e-13	3.2413e-25
	distABC	1.9106e-11	2.6338e-07	1.4617e-12
	HQPSO	0	0	0
f_9 Ackley	QPSO	2.2204e-14	5.7731e-14	1.5555e-27
	MDE	2.0455e+01	2.0576e+01	2.4875e-03
	distABC	1.4085e-07	9.6402e-07	9.3340e-14
	HQPSO	8.8818e-16	8.8818e-16	0
f_{10} Alpine	QPSO	6.1618e-16	3.0539e-03	1.2515e-04
	MDE	1.3062e-03	6.9617e-03	8.5610e-06
	distABC	1.3053e-06	2.2338e-04	8.4582e-08
	HQPSO	0	4.7988e-24	5.1053e-46
f_{11} Salomom	QPSO	1.9987e-01	2.3987e-01	2.4827e-03
	MDE	2.0036e-01	2.8208e-01	1.2091e-03
	distABC	1.9988e-01	2.0408e-01	2.6866e-04
	HQPSO	0	8.4933e-02	1.3342e-03

续表

函数	算法	最好值	均值	方差
f_{12} Weierstra	QPSO	0	1.0249e-04	6.5654e-08
	MDE	1.3176e+01	1.4510e+01	3.9403e-01
	distABC	1.8366e+01	1.9966e+01	2.4298e-01
	HQPSO	0	0	0
f_{13} Matyas	QPSO	6.8519e-280	6.2082e-227	0
	MDE	1.5629e-123	1.2105e-115	3.9053e-229
	distABC	2.3808e-283	1.7933e-246	0
	HQPSO	0	0	0
f_{14} Easom	QPSO	-1	-1	0
	MDE	-1	-1	0
	distABC	-0.9999	-0.9970	5.8711e-06
	HQPSO	-1.0000	-1.0000	3.6006e-18
f_{15} Schaffer	QPSO	0	1.2960e-03	1.1282e-05
	MDE	0	6.4773e-04	5.8737e-06
	distABC	0	2.1223e-04	4.8199e-08
	HQPSO	0	0	0
f_{16} Boachevsky3	QPSO	0	0	0
	MDE	0	0	0
	distABC	0	0	0
	HQPSO	0	0	0

由表6.4可见，HQPSO在f_1 ~f_6以及f_{13} ~f_{14}等单模函数上的精度几乎都达到了10^{-10}以上的数量级，在f_{13}上取得了理论最优值。由于改进算法在粒子的迭代位置中引入了列维飞行策略，使得粒子在搜索空间中更有效移动，提高了算法的收敛速度，在局部寻优能力上有明显的增强。HQPSO在f_7 ~f_{12}以及f_{15} ~f_{16}等多模函数上同样表现出色，在f_7 ~f_8、f_{12}和f_{15} ~f_{16}上取得了理论最优值。因为在算法中考虑了混合概率分布的特点，让粒子以一定概率发

生突变，在确保其全局搜索能力时，增强了种群的多样性，从而使得算法可以及时跳出局部最优，避免早熟。于是，HQPSO 算法在单模和多模函数上，其收敛精度和稳定性均有优异的表现。

随后，对比四种算法在高维和低维测试函数上的优化结果。HQPSO 在所有高维函数中的表现均优于其余三种算法。QPSO、MDE 和 distABC 算法在 12 个高维函数中都不能取到理论最优值，在 f_8 ~f_{12} 等 5 个函数上三种算法都出现了早熟现象，优化结果不理想。相比之下，HQPSO 在 f_7 ~f_8 和 f_{12} 上 30 次测试均能取得理论最优值，而在其余的高维函数上也有一定的概率搜索到理论最优值。在高维函数测试中，除了获得更好的均值外，HQPSO 算法取得的方差也更小，表明该算法的稳定性更高。在低维函数测试中，除了 f_{14} 外，HQPSO 算法均取得了理论最优值。MDE 算法在 f_{14} 和 f_{16} 上取得了理论最优值，然而在 f_{13} 和 f_{15} 上未能取得理想的收敛结果。distABC 算法仅在 f_{16} 上取得了理论最优值，在其余的低维函数中表现欠佳，对 f_{14} 的测试中则陷入了局部最优。因此，在低维函数测试上，HQPSO 算法的综合表现更好。

进一步，比较四种算法的鲁棒性。分别记录各算法在测试函数 f_1 ~f_{15} 上收敛到 10^{-10}，以及在 f_{16} 上收敛到 $10^{-10}-1$ 的成功率，结果见表 6. 5。

表 6. 5　　鲁棒性结果　　单位：%

函数	QPSO	MDE	distABC	HQPSO
f_1 Sphere	100	100	93. 3	100
f_2 Schwefel 1. 2	0	0	0	100
f_3 Schwefel 2. 22	100	0	10	100
f_4 Powell	0	0	0	100
f_5 Zakharov	0	0	0	100
f_6 Elliptic	100	0	0	100
f_7 Rastrigin	0	0	0	100
f_8 Griewank	46. 7	100	10	100
f_9 Ackley	100	0	0	100
f_{10} Alpine	80	0	0	100

续表

函数	QPSO	MDE	distABC	HQPSO
f_{11} Salomom	0	0	0	20
f_{12} Weierstra	30	0	0	100
f_{13} Matyas	100	100	100	100
f_{14} Easom	100	100	0	50
f_{15} Schaffer	26.6	93.3	6.7	100
f_{16} Boachevsky3	100	100	100	100

由表6.5可见，在16个测试函数中，除了f_{11}和f_{14}，HQPSO算法在30次运行中的成功率均到达了100%，表明该算法具有较好的鲁棒性。相比而言，QPSO、MDE和distABC三种算法在低维测试函数上有较好的鲁棒性，而MDE和distABC算法在大多数高维测试函数上成功率低，甚至为0。综合来看，HQPSO算法的鲁棒性整体表现更出色。

随后，为了验证HQPSO算法的有效性，将HQPSO算法与其他三种算法两两进行Wilcoxon符号秩检验，计算出配对算法的概率p值。另外，根据各种算法的Friedman秩均值在不同测试函数中的排名，得到四种算法的平均名次。具体的检验结果见表6.6。

表6.6　非参数检验结果

检验方法	QPSO	MDE	distABC	HQPSO
Wilcoxon	0.000	0.000	0.000	
Friedman	2.3125	3.0625	3.000	1.0625

由表6.6可知，在Wilcoxon检验中，HQPSO与三种算法配对比较的概率值均小于0.01，意味着改进算法和其他算法有显著差异。从Friedman检验的平均排名结果可见，QPSO算法在高维函数中的整体表现仅次于HQPSO，而在低维函数的测试中QPSO、MDE和distABC三者表现较接近。从总体上看，

HQPSO 在所有测试函数中的综合排名最高，性能更均衡。

6.2.5 数值结果

在数值实验中，HQPSO 算法的参数设定与性能测试中相同，粒子总数为 30 个，最大迭代次数为 1000 次，求解结果取 30 次实验的平均值。在实验数据的选择上，抽取了 A 股市场中的 15 只股票，以历史收益率的平均值作为其预期收益率。预期收益率具体数据为（4.36%，3.58%，4.55%，8.91%，5.78%，8.79%，8.05%，3.54%，4.11%，3.87%，15.29%，3.65%，3.73%，12.61%，5.06%）。

初期的投资占比为（10%，10%，10%，0，10%，0，0，10%，10%，10%，0，10%，10%，0，10%），各股票之间的方差 - 协方差矩阵见表 6.7。投资者希望原有投资额不变，考虑将其他 10 只股票的投资合理分配到第 4、第 6、第 7、第 11 和第 14 这 5 只股票上，在不允许卖空情况下寻求该自融资模型的解。

表 6.8 展示了在给定预期收益率时，自融资投资组合模型（6 - 5）的最优解。通过给定的 R_p（在最小与最大预期收益率之间均匀选取），分别计算出对应的最优组合和风险结果。根据表 6.8 可知，随着投资组合预期收益的增加，初期持有的 10 只股票卖掉的比例基本上呈上升趋势，主要用于购买收益更高的其余 5 只股票。当达到最大的预期收益率 11.37% 时，初始的 10 只股票全部卖掉，用于购买收益率更高的第 11 和第 14 只股票；当继续提高组合的预期收益率时，这两只股票仍然占据了全部的投资比重。

最后将改进算法与差分进化算法（DE）、PSO 和 QPSO 进行对比。比较实验中，种群数均选择 30，迭代次数为 1000 次，每种算法运行 30 次，计算不同预期收益率下的风险的平均值和标准差，结果见表 6.9。

由表 6.9 可知，在给定预期收益率情况下，HQPSO 相比其余三种进化算法，都取得了更小的均值，同时其稳定性也更好。结果表明在给定收益的情况下，运用 HQPSO 算法获得的自融资投资组合承受较小的风险。

表 6.7　方差－协方差矩阵

变量	x_1	x_2	x_3	x_4	x_5	x_6	x_7	x_8	x_9	x_{10}	x_{11}	x_{12}	x_{13}	x_{14}	x_{15}
x_1	0.0903	0.0722	0.0569	0.0680	0.0694	0.0615	0.0733	0.0372	0.0663	0.0754	0.0622	0.0414	0.0787	0.0569	0.0665
x_2	0.0722	0.1264	0.0574	0.0753	0.0837	0.0700	0.0857	0.0369	0.0790	0.0736	0.0661	0.0445	0.0896	0.0681	0.0774
x_3	0.0569	0.0574	0.0975	0.0563	0.0475	0.0413	0.0673	0.0382	0.0552	0.0541	0.0577	0.0377	0.0602	0.0516	0.0580
x_4	0.0680	0.0753	0.0563	0.0841	0.0724	0.0652	0.0766	0.0380	0.0671	0.0703	0.0615	0.0425	0.0890	0.0564	0.0676
x_5	0.0694	0.0837	0.0475	0.0724	0.1328	0.1130	0.0713	0.0278	0.0768	0.0692	0.0582	0.0372	0.0937	0.0626	0.0689
x_6	0.0615	0.0700	0.0413	0.0652	0.1130	0.1488	0.0622	0.0202	0.0702	0.0601	0.0473	0.0325	0.0834	0.0519	0.0638
x_7	0.0733	0.0857	0.0673	0.0766	0.0713	0.0622	0.1275	0.0459	0.0754	0.0699	0.0659	0.0494	0.0873	0.0704	0.0749
x_8	0.0372	0.0369	0.0382	0.0380	0.0278	0.0202	0.0459	0.0549	0.0413	0.0342	0.0436	0.0349	0.0398	0.0357	0.0444
x_9	0.0663	0.0790	0.0552	0.0671	0.0768	0.0702	0.0754	0.0413	0.1153	0.0653	0.0670	0.0417	0.0803	0.0592	0.0787
x_{10}	0.0754	0.0736	0.0541	0.0703	0.0692	0.0601	0.0699	0.0342	0.0653	0.0861	0.0576	0.0379	0.0807	0.0558	0.0648
x_{11}	0.0622	0.0661	0.0577	0.0615	0.0582	0.0473	0.0659	0.0436	0.0670	0.0576	0.1519	0.0453	0.0658	0.0495	0.0682
x_{12}	0.0414	0.0445	0.0377	0.0425	0.0372	0.0325	0.0494	0.0349	0.0417	0.0379	0.0453	0.0484	0.0454	0.0359	0.0455
x_{13}	0.0787	0.0896	0.0602	0.0890	0.0937	0.0834	0.0873	0.0398	0.0803	0.0807	0.0658	0.0454	0.1353	0.0638	0.0827
x_{14}	0.0569	0.0681	0.0516	0.0564	0.0626	0.0519	0.0704	0.0357	0.0592	0.0558	0.0495	0.0359	0.0638	0.1089	0.0594
x_{15}	0.0665	0.0774	0.0580	0.0676	0.0689	0.0638	0.0749	0.0444	0.0787	0.0648	0.0682	0.0455	0.0827	0.0594	0.1231

表 6.8　投资组合模型的最优解　单位：%

变量	R_p			
	6.15	8.76	11.37	13.98
x_1	-7.92	-9.84	-10	-10
x_2	-9.02	-9.88	-10	-10
x_3	-8.51	-9.88	-10	-10
x_4	18.75	5.51	0	0
x_5	-7.71	-9.34	-10	-10
x_6	9.10	9.70	0	0
x_7	6.33	1.55	0	0
x_8	-8.60	-9.96	-10	-10
x_9	-9.19	-9.74	-10	-10
x_{10}	-8.53	-9.81	-10	-10
x_{11}	24.26	44.91	64.86	62.08
x_{12}	-8.78	-9.91	-10	-10
x_{13}	-7.09	-9.62	-10	-10
x_{14}	22.58	36.03	35.14	37.92
x_{15}	-5.68	-9.72	-10	-10
risk	0.0110	0.0275	0.0853	0.1627

表 6.9　不同智能算法的对比

R_p	指标	DE	PSO	QPSO	HQPSO
6.15%	均值	0.0134	0.0487	0.0132	0.0120
	方差	4.6874e-06	1.3662e-04	3.9970e-06	1.9512e-06
8.76%	均值	0.0327	0.0876	0.0313	0.0295
	方差	3.0516e-05	2.1034e-03	3.9271e-06	4.5071e-07
11.37%	均值	0.1031	0.1690	0.0863	0.0851
	方差	2.5870e-05	3.7678e-03	1.3750e-06	3.5411e-07

续表

R_p	指标	DE	PSO	QPSO	HQPSO
13.98%	均值	0.1812	0.2496	0.1645	0.1634
	方差	3.8071e-05	4.3321e-03	1.5884e-06	1.3385e-07

6.3 QPSO算法在模糊投资组合模型中的应用

6.3.1 研究背景

在过去的三十多年，随着计算能力的提升和各种自然启发算法模型的出现，随机搜索算法先后被应用于各类工程优化问题中。启发式算法能够通过模仿社会群体之间的信息交换来构造算法思想，求解问题时不需要涉及目标函数的连续性、可微性等，并且在面对一些病态结构的全局优化问题时表现出很好的鲁棒性。大量研究结果显示这些启发式算法，例如粒子群优化算法、蝙蝠算法（Yang，2010）、布谷鸟搜索（Yang and Deb，2009）、果蝇优化算法（Pan，2012）以及其他随机优化方法（Mirjalili et al.，2014；Meng et al.，2016）能够有效地处理一些确定性算法难以解决的复杂工程问题。

作为一种经典的群智能优化算法，PSO算法由于在计算假设、算法实现和参数设定等方面的优势，受到了不同领域研究者的关注。然而，PSO算法同样存在明显的缺陷。第一，通过全局收敛性标准来看，PSO算法不是一种全局收敛算法；第二，速度和位置的迭代公式是根据鸟群行为进行的模拟，从而整个种群在智能化和协作能力方面有所欠缺；第三，PSO算法的全局搜索能力依赖粒子速度的取值范围，导致算法的鲁棒性有所降低。针对这些问题，提出了基于PSO算法的一个量子势阱模型，该模型被称为量子行为的粒子群优化（QPSO）算法（Sun et al.，2004）。相比原来的PSO算法，QPSO算法在处理复杂优化问题时，具有更快的收敛速度和更强的全局搜索性能，被广泛应用于处理非线性、不可微、非凸的优化问题中（Li et al.，2017；

Luo et al. , 2018；Li et al. , 2017）。不过，在解决实际问题时，粒子仍然只在可行空间中搜索，这可能导致算法的早熟。于是，许多研究者针对 QPSO 算法在迭代后期陷入局部最优的情况，提出了相应的改进手段。在分析 QPSO 算法收敛性时，讨论了迭代公式中参数的选择，他们的工作提升了算法的全局搜索能力（Sun et al. , 2012）。在研究中融合了混沌映射、高斯分布的变异算子以及动态惯性权重调整等技巧，有效地改善了算法的多样性，使得 QPSO 算法具有更强的搜索性能（Zhang，2020）。为了提升算法的计算效率，提供了一种精细解搜索方法用于克服原始 QPSO 算法在搜索过程中出现的缺陷（Yang and Wu，2020）。

通过已有的数值实验显示这些改进的 QPSO 算法在面对低维测试函数时，表现出较好的收敛性和精确性。然而，对于一些高维、多模函数，这些算法往往在迭代后期会出现收敛速度慢、精度低等问题，容易陷入局部最优的困境。为了更有效处理这些问题，将设计一种改进的 QPSO 算法，并将其应用于一类模糊投资组合问题中。

6.3.2 理论知识

令 X 为一非空集，X 上的模糊集 $\widetilde{F}$ 由它的隶属函数 $F(x)$ 来刻画：

$$F(x): X \to [0,\ 1]$$

如果存在 $x \in X$ 使得 $F(x)=1$，则称 X 的模糊子集 A 为正规的。

定义 6.1 模糊集 A 的 γ - 水平集定义为：

$$[\widetilde{A}]^{\gamma} = \begin{cases} \{x \in \mathbb{R} \mid A(x) \geqslant \gamma\}, & \gamma > 0 \\ \mathrm{cl}(\mathrm{supp}\,\widetilde{A}), & \gamma = 0 \end{cases}$$

其中，$\mathrm{cl}(\mathrm{supp}\,\widetilde{A})$ 表示 $\widetilde{A}$ 支集的闭包。令 $a_1(\gamma)$ 和 $a_2(\gamma)$ 分别表示 γ - 水平集的左侧和右侧，则 $[\widetilde{A}]^{\gamma} = [a_1(\gamma),\ a_2(\gamma)]$。如果对任一 $\gamma \in [0,\ 1]$，$[\widetilde{A}]^{\gamma}$ 是 X 的凸子集，则称模糊集 A 为凸的。

模糊数 $\widetilde{A}$ 是一个定义在直线 $\mathbb{R}$ 上的模糊集，具有正规的、凸的、连续的隶属函数以及有界的支集。将模糊数族记为 E。

定义 6.2 模糊数 $\widetilde{A} \in E$ 被称为梯形模糊数，其隶属函数定义如下：

$$A(x)=\begin{cases}1-\dfrac{1}{\alpha}(a-x), & a-\alpha\leqslant x\leqslant a\\ 1, & a\leqslant x\leqslant b\\ 1-\dfrac{1}{\beta}(x-b), & b\leqslant x\leqslant b+\beta\\ 0, & 其他\end{cases}$$

其中，$[a, b]$ 为容许区间，α 和 β 分别表示左宽度和右宽度。记 $\tilde{A}=(a, b, \alpha, \beta)$，易知：

$$[\tilde{A}]^{\gamma}=[a-(1-\gamma)\alpha, b+(1-\gamma)\beta], \forall\gamma\in[0, 1]$$

定义 6.3 模糊数 $\tilde{A}\in E$ 被称为三角模糊数，其隶属函数定义如下：

$$A(x)=\begin{cases}1-\dfrac{1}{\alpha}(c-x), & c-\alpha\leqslant x\leqslant c\\ 1-\dfrac{1}{\beta}(x-c), & c\leqslant x\leqslant c+\beta\\ 0, & 其他\end{cases}$$

其中，c 为三角模糊数的中心，左宽度 $\alpha>0$，右宽度 $\beta>0$。记 $\tilde{A}=(c, \alpha, \beta)$，则有

$$[\tilde{A}]^{\gamma}=[c-(1-\gamma)\alpha, c+(1-\gamma)\beta], \forall\gamma\in[0, 1]$$

当 $\alpha=\beta$ 时，称 $\tilde{A}=(c, \alpha)$ 为对称三角模糊数。

定义 6.4 设模糊数 $\tilde{A}\in E$ 具有 γ－水平集 $[\tilde{A}]^{\gamma}=[a_1(\gamma), a_2(\gamma)]$，$\forall\gamma\in[0, 1]$。$\tilde{A}$ 的可能性均值（Carlsson and Fullér，2001）表示为：

$$M(\tilde{A})=\int_0^1\gamma[a_1(\gamma)+a_2(\gamma)]\mathrm{d}\gamma$$

6.3.3 问题阐述

设投资者选择 n 只股票进行投资组合，第 i 只股票的投资占比为 x_i，第 i 只股票的收益率为 R_i，为一随机变量，令 $E(R_i)$ 表示 R_i 的数学期望，并定义：

$$r_i=E(R_i), \quad q_i=E(|R_i-E(R_i)|)$$

其中，r_i 和 q_i 分别表示第 i 只股票的预期收益率和预期风险。

令 V_{ij} 表示第 i 只股票的第 j 个历史收益率，T_0 表示投资期间的交易日总数，公式如下：

$$V_{ij}=\frac{p_{i,j}-p_{i,j+T_0}}{p_{i,j+T_0}},\ j=1,\ 2,\ \cdots,\ N$$

其中，$p_{i,j}$ 为第 i 只股票在投资日前第 j 个交易日的收盘价，N 为用于参数估计的样本数量。第 i 只股票的预期收益率和预期风险分别为：

$$r_i=\frac{1}{N}\sum_{j=1}^{N}V_{ij},q_i=\frac{1}{N}\sum_{j=1}^{N}|V_{ij}-r_i|$$

马科维茨（Markowitz，1952）运用经典的概率论分析了不确定性环境下的投资行为，并建立了著名的投资组合选择模型。然而，一个不可避免的问题是随着风险资产数量的增加，方差 - 协方差矩阵的计算量也会随之增大，使得模型的求解变得越发困难。为了有效地处理这个问题，将考虑一类对于输入参数具有低敏感性的风险度量模型（Cai et al.，2004）。在这个模型中，一旦随机变量 R_i 的分布给定，投资组合的风险将被确定，同时在计算过程中不涉及各股票之间的关联数据。该风险度量如下所示：

$$\max_{1\leqslant i\leqslant n}E|R_ix_i-r_ix_i|$$

就投资组合选择问题中的约束而言，马科维茨模型并没有将真实金融市场中的一些投资约束考虑进去，例如，不允许卖空、交易成本、资产数量等。忽略交易成本将导致无效的投资组合结果（Hamza and Janssen，1998）。在随后的模型中，假设交易成本包含公司所得税 t_g，税率为 t_c 的佣金税 $c_1(x)$ 以及税率为 t_s 的印花税 $c_2(x)$，其中 $c_1(x)$ 和 $c_2(x)$ 如下所示：

$$c_1(x_i)=t_c|x_i-x_i^0|,\ c_2(x_i)=t_s|x_i-x_i^0| \tag{6-14}$$

其中，x_i^0 表示第 i 只股票的初始占比。投资组合 $x=(x_1,\ x_2,\ \cdots,\ x_n)$ 在 t 时刻的总体收益为：

$$(1-t_g)\sum_{i=1}^{n}[r_{it}x_i-c_1(x_i)-c_2(x_i)] \tag{6-15}$$

其中，r_{it} 表示第 i 只股票在 t 时刻的历史收益率。由公式（6 - 14）和公式（6 - 15）可得，投资组合的预期收益率定义如下：

$$E(x) = (1-t_g)\sum_{i=1}^{n} r_i x_i - [(1-t_g)t_s + t_c]\sum_{i=1}^{n} |x_i - x_i^0|$$

然而，由于各种经济和社会因素的影响，获取与风险资产收益率相关的精确、可靠的历史数据并不是总能实现。为了更好地处理在金融市场中的这些不确定因素，模糊集理论逐渐被用于描述风险资产的收益情况（Zhang et al.，2007；Zhang et al.，2010）。相应地，令第 i 只股票的收益率为一个梯形模糊数 $\tilde{r}_i=(a_i, b_i, \alpha_i, \beta_i)$，其水平集为 $[\tilde{r}_i]^\gamma=[a_1(\gamma), a_2(\gamma)]$。根据定义 6.2 和定义 6.4，得 $\tilde{r}_i$ 的可能性均值为：

$$M(\tilde{r}_i) = \int_0^1 \gamma[a_1(\gamma) + a_2(\gamma)]d\gamma = \frac{1}{2}(a_i + b_i) - \frac{1}{6}(\alpha_i - \beta_i) \tag{6-16}$$

仿真实验中，梯形模糊数 $\tilde{r}_i=(a_i, b_i, \alpha_i, \beta_i)$，$i=1, 2, \cdots, n$ 由以下方法进行估计。首先，基于第 i 只股票的收益率，计算出每个分段区间 $[r_{i0}, r_{i1}]$，$[r_{i1}, r_{i2}]$，…，$[r_{i,k-1}, r_{ik}]$ 上的统计频率。在这些具有最高和次高频率的区间上，记较大的收益率均值为 b_i，较小的收益率均值为 a_i。随后，在区间 $[r_{i0}, r_{i1}]$ 上取收益率的中位数为最小可能值 $r_{i,\min}$，在区间 $[r_{i,k-1}, r_{ik}]$ 上取收益率的中位数为最大可能值 $r_{i,\max}$。然后，令 $\alpha_i=|a_i - r_{i,\min}|$，$\beta_i=|r_{i,\max}-b_i|$。利用公式（6-16），投资组合的期望收益率为：

$$E(x) = (1-t_g)\sum_{i=1}^{n} M(\tilde{r}_i)x_i - [(1-t_g)t_s + t_c]\sum_{i=1}^{n} |x_i - x_i^0| \tag{6-17}$$

除此之外，实证研究显示资产配置和风险管理会受到背景风险的影响，例如，收入风险、房地产风险、健康情况等。沙纳卡斯（Tsanakas，2008）和巴普蒂斯塔（Baptista，2008）先后分析了背景风险在投资者最优投资组中的重要性。于是，在实际交易过程中有必要将背景风险加入约束条件中。这里，假设背景风险为一个对称三角模糊数 $\tilde{r}_b=(c, \alpha)$，其水平集为 $[\tilde{r}_b]^\gamma=[b_1(\gamma), b_2(\gamma)]$，根据定义 6.3 和定义 6.4 可知，$\tilde{r}_b$ 的可能性均值为：

$$M(\tilde{r}_b) = \int_0^1 \gamma[b_1(\gamma) + b_2(\gamma)]d\gamma \tag{6-18}$$

因此，具有模糊收益率和背景风险的投资组合模型如下所示：

$$
\begin{aligned}
\min \quad & (1-t_g)^2 \max_{1\leqslant i\leqslant n} E\left|R_i x_i - r_i x_i\right| \\
\text{s. t.} \quad & (1-t_g)\sum_{i=1}^{n} M(\tilde{r}_i)x_i - [(1-t_g)t_s + t_c]\sum_{i=1}^{n}\left|x_i - x_i^0\right| + M(\tilde{r}_b) \geqslant r_0 \\
& \sum_{i=1}^{n} x_i = 1 \\
& l_i \leqslant x_i \leqslant u_i,\ i=1,\ 2,\ \cdots,\ n
\end{aligned}
\tag{6-19}
$$

其中，r_0 为反映股票最大收益率和最小收益率水平的期望收益率，l_i 和 u_i 分别表示第 i 只股票的最低和最高投资限制。

6.3.4 算法分析

在 QPSO 系统中，令 $x_{ij}(t)$ 表示第 i 个粒子位置的第 j 维，第 i 个粒子的历史最优位置 pbest 的第 j 维和全局最优位置 gbest 的第 j 维分别记为 $p_{ij}(t)$ 和 $p_{gj}(t)$。在 QPSO 算法中，进化公式仅涉及粒子位置的更新，在迭代过程中每个粒子会聚集到一个局部吸引点 $P_{ij}(t)$，其位置公式为：

$$P_{ij}(t+1) = \varphi p_{ij}(t) + (1-\varphi)p_{gj}(t) \tag{6-20}$$

其中，$\varphi = c_1 r_1/(c_1 r_1 + c_2 r_2)$。相应地，粒子的位置更新公式如下：

$$x_{ij}(t+1) = P_{ij}(t) \pm \beta\left|m_j(t) - x_{ij}(t)\right|\ln(u)^{-1} \tag{6-21}$$

其中，$m_j(t)$ 表示粒子历史最优位置的平均值的第 j 维，称为平均最好位置。u 表示 0 ~ 1 之间均匀分布的随机数，当 u 大于 0.5 时，公式（6 – 8）中取“+”，否则取“–”。

为了提升 QPSO 算法的精确性和鲁棒性，同时有效地阻止算法陷入局部最优，现考虑在原始 QPSO 算法的基础上作出一些改良。

实验结果显示 QPSO 中势阱模型对应的指数分布在测试中有很好的实用性（Sun et al.，2004）。同时，一些仿真结果表明具有正态分布的 QPSO 算法在处理早熟问题上有着更佳表现。于是，将正态分布和指数分布结合运用到粒子的位置更新中，形式如下：

$$x_{ij}(t+1)=P_{ij}(t)+a(t)+b(t) \tag{6-22}$$

其中，$a(t)$ 和 $b(t)$ 分别为服从正态分布和指数分布的两个随机序列，具体的公式为：

$$\begin{cases} a(t)=\alpha_1 \left| x_{ij}(t)-P_{ij}(t) \right| \ln(u)^{-1} \\ b(t)=\alpha_2 \left| m_j(t)-x_{ij}(t) \right| h \end{cases}$$

这里，h 为服从标准正态分布的随机数，α_1 和 α_2 均为收缩扩张系数。

相关研究人员通过数值实验分析了 QPSO 算法的收敛性与收缩扩张因子 β 之间的关系，当 $\beta<1.78$ 时算法能够收敛到局部吸引点。收缩扩张因子用于调节粒子的搜索范围，现对 β 进行如下非线性的变换：

$$\beta=(\beta_1-\beta_2)\left(\frac{t}{T_{\max}}\right)^2+(\beta_2-\beta_1)\left(\frac{2t}{T_{\max}}\right)+\beta_1 \tag{6-23}$$

这里 $\beta_1=1$，$\beta_2=0.5$，$T_{\max}$ 表示最大迭代次数。在迭代初期 β 有较大的取值，粒子在整个目标空间中进行搜索。当 β 取得最小值时，粒子的局部探索能力逐渐增强，从而提升了算法的精确度。在迭代后期，β 从最小值变化到 β_2，粒子聚集到局部吸引点附近，在全局最优解周围进行探索，从而确保了种群的多样性。

多样性是评价 QPSO 算法性能的一个重要指标，多样性缺乏将导致算法出现早熟，因此为了增强算法在进化过程中的性能需要维持种群的多样性。于是，为了检测种群的多样性，引入多样性函数，其形式如下：

$$Diversity = \sum_{i=1}^{N} \frac{f_i-\bar{f}}{f} \tag{6-24}$$

其中，f_i 为第 i 个粒子的适应度，$\bar{f}$ 为种群适应度的均值，f 为标准化因子。当 $\max|f_i-\bar{f}|>1$ 时，f 取值为 $\max|f_i-\bar{f}|$，否则 $f=1$。给定一个阀值 μ，当 $Diversity<\mu$ 时，对少许适应度差的粒子进行初始化，用于增强种群的多样性，帮助算法逃离局部最优。虽然当前种群面临早熟，但是粒子仍会以较大概率聚集在较好的位置。如果太多粒子被初始化，种群很可能进化到比当前位置适应度更差的位置，从而降低了算法的效率。因此，选择一个合适的初始化率 ρ，在维持种群多样性的同时，也能够确保算法的计算效率。

改进后的算法记为 IQPSO，其伪代码如下所示。

```
Algorithm IQPSO
Initializepopulation size, each particle' position, pbest, gbest
while t < max iteration
      Compute contraction-expansion coefficient using eq. (6-23)
  for each particle
      Calculate local attractor using eq. (6-20)
    if u > 0.5
      Update particle's postion using eq. (6-22)
    else Update particle's postion using eq. (6-21)
    end if
    Renew pbest and gbest using comparison criteria
  end for
  Calculate population diversity using eq. (6-24)
  if Diversity < μ
    Sort all particles by fitness values and set initialization ratio ρ
    Replace these individuals with worse fitness values
  end if
end while
return results
```

6.3.5 算法测试

为了测试改进算法的性能，通过 16 个基准函数（王艳娇和史新梦，2019）将 IQPSO 算法与标准的 QPSO 算法、带惯性权重的粒子群优化（PSO-w）算法（Shi and Eberhart，1998）和具有混合概率分布的量子粒子群优化（RQPSO）算法（Sun et al.，2006）进行比较。在测试函数中，其中 $f_1 \sim f_6$ 为高维单模函数，$f_7 \sim f_{12}$ 为高维多模函数，f_{14} 和 f_{16} 为低维单模函数，f_{13} 和 f_{15} 为低维多模函数，除了函数 f_{16} 的最优值为 -1，其他测试函数的最优值均为 0。测试中，各算法的种群数均为 50。为了测试算法的可扩展性，搜索空间维数分别选取 10 维、20 维和 30 维，相应的最大迭代次数分别为 1000 次、1500 次和 2000 次。对于函数 f_4，搜索空间维数分别选择 16 维、24 维和 32 维。在 PSO-w 算法中，学习因子 c_1 和 c_2 均为 2，惯性权重采用线性递减策略，从 0.9 变化到 0.4。对于 QPSO 算法，收缩扩张因子在迭代过程中由 0.9 线性变化到 0.4。在 RQPSO 算法中，参数 $\alpha=0.6$，β 同样由 0.9 线性变化到 0.4。对于 IQPSO 算法，参数 $\alpha_1=0.6$，α_2 由 1 非线性变化到 0.5，多样性阀值 $\mu=0.001$，初始化率 $\rho=0.1$。对于每种情况，所有算法均运行 30 次，结果的均值和标准差展示在表 6.10 中，各算法的成功率以及平均迭代次数记录在表 6.11 中，非参数检验结果记录在表 6.12 和表 6.13 中。

表 6.10　　f_1 ~ f_{16} 测试结果

函数	D	T	指标	PSO-w	QPSO	RQPSO	IQPSO
f_1 Sphere	10	1000	均值	8.6624E-04	2.2934E-41	1.2656E-57	2.2870E-48
			方差	0.0017	1.4934E-40	8.5945E-57	1.1692E-47
	20	1500	均值	0.1176	1.6856E-20	1.6243E-28	9.9253E-25
			方差	0.0779	7.9944E-20	1.1032E-27	2.1005E-24
	30	2000	均值	0.4341	1.3434E-13	2.8556E-18	4.5850E-16
			方差	0.3063	3.3278E-13	1.4966E-17	8.1802E-16
f_2 Schwefel 1.2	10	1000	均值	0.0203	6.2847E-07	4.2041E-08	1.9822E-19
			方差	0.0298	9.0933E-07	2.0217E-07	6.0801E-19
	20	1500	均值	0.9848	0.1885	0.0370	4.5826E-06
			方差	0.4440	0.2029	0.0379	4.5826E-05
	30	2000	均值	2.9792	8.1970	3.6596	0.3058
			方差	1.6082	4.1021	2.3029	0.9618
f_3 Schwefel 2.22	10	1000	均值	0.1518	1.3063E-25	4.0087E-28	7.7123E-26
			方差	0.1263	6.1247E-25	2.1755E-27	2.3994E-25
	20	1500	均值	1.3418	2.5745E-14	5.1019E-16	9.2814E-22
			方差	0.4091	1.0047E-13	1.8272E-15	4.3096E-21
	30	2000	均值	2.4899	6.5356E-10	9.4265E-10	1.0999E-20
			方差	0.8620	2.1319E-09	4.7887E-09	3.0876E-20

续表

函数	D	T	指标	PSO-w	QPSO	RQPSO	IQPSO
f_4 Powell	16	1000	均值	0.6452	0.0034	0.0018	4.7892E-06
			方差	0.6015	0.0017	0.0010	1.3232E-05
	24	1500	均值	3.1689	0.0147	0.0106	9.7091E-07
			方差	3.1351	0.0089	0.0111	3.1907E-06
	32	2000	均值	7.0883	0.0641	0.0347	5.9407E-06
			方差	4.2104	0.0534	0.0230	1.8004E-05
f_5 Zakharov	10	1000	均值	0.0232	2.3218E-12	3.0595E-15	1.2843E-20
			方差	0.0570	8.7123E-12	1.6385E-14	3.2714E-20
	20	1500	均值	1.6701	0.0042	5.6905E-04	0.0032
			方差	0.8278	0.0057	9.7600E-04	0.0102
	30	2000	均值	7.4985	1.9333	0.7331	2.0440
			方差	1.0806E+01	1.8353	0.7157	1.5142
f_6 Elliptic	10	1000	均值	2.8010E+01	9.3220E-39	4.7514E-57	1.0228E-40
			方差	8.7699E+02	8.9819E-23	5.5644E-27	2.7604E-29
	20	1500	均值	3.0398E+03	4.6000E-15	1.9827E-18	4.8069E-25
			方差	2.8010E+01	9.3220E-39	4.7514E-57	1.0228E-40
	30	2000	均值	8.7699E+02	8.9819E-23	5.5644E-27	2.7604E-29
			方差	3.0398E+03	4.6000E-15	1.9827E-18	4.8069E-25
f_7 Rastrigin	10	1000	均值	5.5382	5.2543	5.2436	0
			方差	3.0477	2.8952	2.6304	0
	20	1500	均值	2.3154E+01	1.6267E+01	1.5488E+01	0.1936
			方差	1.0473E+01	5.9771	5.9381	0.7836
	30	2000	均值	4.7416E+01	3.1457E+01	2.7184E+01	1.8157
			方差	1.7159E+01	7.6882	8.0140	5.7954
f_8 Griewank	10	1000	均值	0.0087	0.0833	0.0748	0
			方差	0.0012	0.0681	0.0859	0
	20	1500	均值	0.0103	0.0203	0.0166	0
			方差	0.0016	0.0226	0.0255	0
	30	2000	均值	0.0105	0.0112	0.0088	0
			方差	0.0023	0.0146	0.0132	0

续表

函数	D	T	指标	PSO-w	QPSO	RQPSO	IQPSO
f_9 Ackley	10	1000	均值	0. 7486	3. 0909E – 15	3. 8014E – 15	2. 9310E – 15
			方差	0. 9423	1. 7420E – 15	1. 3788E – 15	1. 1786E – 15
	20	1500	均值	1. 6017	5. 5067E – 15	5. 5778E – 15	5. 4179E – 15
			方差	0. 4923	1. 6446E – 15	1. 6741E – 15	1. 6065E – 15
	30	2000	均值	1. 5839	7. 7094E – 15	7. 9226E – 15	7. 3719E – 15
			方差	0. 4817	9. 7361E – 16	5. 0243E – 16	1. 3671E – 15
f_{10} Alpine	10	1000	均值	0. 0101	1. 4833E – 04	8. 9361E – 11	3. 1843E – 04
			方差	0. 0193	8. 0838E – 04	4. 8945E – 10	8. 8651E – 04
	20	1500	均值	0. 0797	1. 5134E – 05	5. 8284E – 04	0. 0018
			方差	0. 0833	5. 2112E – 05	0. 0031	0. 0038
	30	2000	均值	0. 1869	4. 8942E – 04	0. 0022	0. 0072
			方差	0. 1282	0. 0025	0. 0078	0. 0090
f_{11} Salomon	10	1000	均值	0. 1332	0. 1099	0. 1099	0. 0999
			方差	0. 0479	0. 0305	0. 0305	3. 9082E – 07
	20	1500	均值	0. 1999	0. 2034	0. 2065	0. 0999
			方差	0. 0455	0. 0314	0. 0450	9. 3654E – 07
	30	2000	均值	0. 2332	0. 3032	0. 2878	0. 1065
			方差	0. 0547	0. 0556	0. 0556	0. 0254
f_{12} Weierstrass	10	1000	均值	1. 4924E + 01	0	0	0
			方差	1. 3418	0	0	0
	20	1500	均值	3. 3559E + 01	7. 5068E – 05	4. 0351E – 04	0
			方差	1. 8017	1. 6809E – 04	0. 0010	0
	30	2000	均值	5. 1586E + 01	0. 0065	0. 0095	0
			方差	2. 2131	0. 0136	0. 0248	0
f_{13} Schaffer	2	1000	均值	2. 7821E – 04	0. 0014	5. 9212E – 04	1. 4072E – 07
			方差	0. 0013	0. 0034	0. 0023	4. 3900E – 07
f_{14} Matyas	2	1000	均值	1. 5471E – 83	5. 5978E – 89	3. 1026E – 105	4. 0949E – 62
			方差	7. 5923E – 83	3. 0661E – 88	1. 1788E – 104	2. 2275E – 61

续表

函数	D	T	指标	PSO-w	QPSO	RQPSO	IQPSO
f_{15} Bohachevsky3	2	1000	均值	0	0	0	0
			方差	0	0	0	0
f_{16} Easom	2	1000	均值	-1	-1	-1	-0.9994
			方差	0	0	0	6.6048E-04

根据表 6.10 可知，对于大多数高维测试函数，如f_2 ~f_9，f_{11}，f_{12}，以及低维函数f_{13}和f_{15}，IQPSO 算法的计算结果要优于 PSO-w、QPSO 以及 RQPSO 三种算法，展示出更好的精确性和更小的标准差。当搜索空间维数 $D=10$ 时，相比其他三种算法，IQPSO 算法在测试函数f_2，f_4，f_5，f_7 ~f_9，f_{11}，f_{12}上均取得了最好的优化结果；而 $D=20$ 和 $D=30$ 时，IQPSO 算法在函数f_2 ~f_4，f_6 ~f_9，f_{11}，f_{12}上取得了更好的均值以及标准差。

对于高维单模函数f_2 ~f_6，IQPSO 算法在大多数情况下比其他三种算法表现更好。由于在粒子的位置迭代公式中引入了混合概率分布，增强了粒子的搜索能力，从而提高了算法的精度。对于函数f_2 和f_4，IQPSO 算法在取不同维数时，其优化结果均比 PSO-w、QPSO 和 RQPSO 要好。对于高维情况下的函数f_3 和f_6 以及低维情况下的函数f_5，IQPSO 算法则表现出更好的计算精度和鲁棒性。除了 Alpine 函数外，改进算法在高维多模函数上获得的优化结果均比其他三种算法更好。多样性函数的引入提升了粒子的探索能力，使得 IQPSO 算法能够更有效地避免早熟。对于函数f_8 和f_{12}，IQPSO 算法在各种维数下均取得了理论最优值。至于函数f_7，f_9，f_{11}，IQPSO 算法获得了比 PSO-w、QPSO 和 RQPSO 更小的均值，同时在大多数情形下具有更好的标准差。在 4 个低维函数上的测试情况，各算法之间的差异不明显，均能在全局最优点附近获得较理想的结果。对于函数f_{13}，IQPSO 算法在所有算法中取得了最好的均值和标准差；而在f_{14}和f_{16}中，RQPSO 算法表现优于 IQPSO；对于函数f_{15}，所有算法均能达到理论最优值。

表 6.11　　成功率和平均迭代次数对比

函数	指标	PSO-w	QPSO	RQPSO	IQPSO
f_1（%）Sphere	成功率	0	100	100	100
	平均迭代次数	—	224.0	210.1	60.5
f_2（%）Schwefel 1.2	成功率	0	100	100	100
	平均迭代次数	—	523.4	574.3	119.6
f_3（%）Schwefel 2.22	成功率	0	100	100	100
	平均迭代次数	—	301.5	276.5	96.7
f_4（%）Powell	成功率	0	0	0	100
	平均迭代次数	—	—	—	164.9
f_5（%）Zakharov	成功率	0	100	100	100
	平均迭代次数	—	449.7	465.6	150.3
f_6（%）Elliptic	成功率	0	100	100	100
	平均迭代次数	—	268.9	255.2	88.8
f_7（%）Rastrigin	成功率	0	0	0	100
	平均迭代次数	—	—	—	185.1
f_8（%）Griewank	成功率	20	0	0	100
	平均迭代次数	562.0	—	—	93.7
f_9（%）Ackley	成功率	0	100	100	100
	平均迭代次数	—	318.9	304.7	106.0
f_{10}（%）Alpine	成功率	0	93.3	100	66.7
	平均迭代次数	—	543.1	552.7	339.1
f_{11}（%）Salomon	成功率	0	0	0	0
	平均迭代次数	—	—	—	—
f_{12}（%）Weierstrass	成功率	0	100	100	100
	平均迭代次数	—	442.7	418.5	176.4
f_{13}（%）Schaffer	成功率	90	53.3	63.3	100
	平均迭代次数	275.4	656.2	488.4	253.1
f_{14}（%）Matyas	成功率	100	100	100	100
	平均迭代次数	302.6	97.3	102.1	59.6

续表

函数	指标	PSO-w	QPSO	RQPSO	IQPSO
f_{15}（%）Bohachevsky3	成功率	100	100	100	100
	平均迭代次数	384.4	111.6	123.8	56.9
f_{16}（%）Easom	成功率	100	100	100	0
	平均迭代次数	328.8	81.9	80.7	—

表 6.12　　　Wilcoxon 检验结果

函数	PSO-w	QPSO	RQPSO
f_1 Sphere	3.0119E-11	4.8011E-07	3.0119E-11
f_2 Schwefel 1.2	3.0119E-11	3.0119E-11	3.0119E-11
f_3 Schwefel 2.22	3.0119E-11	0.0251	5.0723E-1
f_4 Powell	3.0119E-11	3.0119E-11	3.3384E-11
f_5 Zakharov	3.0119E-11	3.0119E-11	7.7387E-06
f_6 Elliptic	3.0119E-11	7.1186E-09	3.0119E-11
f_7 Rastrigin	1.2118E-12	1.2118E-12	1.2118E-12
f_8 Griewank	1.2118E-12	1.2118E-12	1.2118E-12
f_9 Ackley	1.3369E-11	4.7482E-07	2.6311E-06
f_{10} Alpine	5.4941E-11	0.3711	0.2415
f_{11} Salomon	0.0160	0.0026	0.0242
f_{12} Weierstrass	1.2118E-12	—	—
f_{13} Schaffer	0.0399	4.5323E-08	1.0000E-07
f_{14} Matyas	3.0119E-11	3.0119E-11	3.0119E-11
f_{15} Bohachevsky3	—	—	—
f_{16} Easom	1.2118E-12	1.2118E-12	1.2118E-12

表 6.13　　　Friedman 检验结果

项目	PSO-w	QPSO	RQPSO	IQPSO
平均排名	3.38	2.56	1.81	1.69

在算法的鲁棒性测试中，各函数的搜索空间为 30 维，其中函数 f_4 取 32 维，最大迭代次数为 2000 次，函数 $f_1 \sim f_{13}$ 的收敛精度为 10^{-6}，函数 $f_{14} \sim f_{16}$ 的收敛精度为 10^{-10}。每种情形计算 30 次后取均值，相应的成功率和平均迭代次数见表 6.11。PSO-w 算法在 5 个测试函数中收敛到指定精度，同时 QPSO 算法和 RQPSO 算法在 12 个函数中达到了精度要求。相比这三种算法，IQPSO 算法在 14 个函数上满足了精度要求，同时在其中 13 个函数上成功率均为 100%。对于低维函数 $f_{13} \sim f_{15}$，IQPSO 算法取得了更好的成功率以及更小的平均迭代次数。在高维函数中，如 $f_1 \sim f_9$，f_{12}，IQPSO 算法除了实现 100% 的成功率外，其平均迭代次数也更少。而对于测试函数 f_4，f_7，f_8，PSO-w 算法、QPSO 算法和 RQPSO 算法都无法达到理想的精度，相比之下，IQPSO 算法则成功地达到了精度要求并具有更强的稳定性。

为了检测 IQPSO 算法的有效性，采用 Friedman 秩均值检验和 Wilcoxon 秩和检验进一步分析各算法的性能。在非参数检验中，搜索空间为 30 维，最大迭代次数取 2000 次。在 Wilcoxon 秩和检验时，将 IQPSO 算法分别同其他三种算法进行配对比较，通过 MATLAB 软件可以计算出相应的匹配概率。Friedman 秩均值检验则利用 SPSS 软件完成，各个算法性能的平均排名结果见表 6.13。根据表 6.12 可见，在大多数测算函数上，如 $f_1 \sim f_9$，f_{11}，f_{13}，f_{14}，f_{16}，这些配对比较的概率值均小于 0.05，这意味着 IQPSO 算法与其他算法之间存在明显的差异。对于函数 f_{15}，由于每种算法均获得了理论最优值，显然在它们之间不存在明显差异。至于函数 f_{12}，三种 QPSO 类算法都取得了全局最优值，但是 IQPSO 算法还是与 PSO-w 算法有明显差别。通过表 6.13 可知，各个算法在 Friedman 检验下的排序依次为：IQPSO、RQPSO、QPSO、PSO-w，显然改进后的算法具有明显优势。

6.3.6 数值结果

数值实验中，改进算法将被用于求解模糊投资组合模型（6－19），为了更方便地求解这个复杂的优化问题，采用罚函数方法（Parsopoulos and Vrahatis，2002）将原来的约束优化问题转化为一个无约束优化问题。这里，选取了香港股市中 20 只股票的历史数据，包括从 2018 年 6 月到 2019 年 7 月时间段内每只股票的收盘价。在模型（6-19）中，先于投资日的交易日 $N=80$，公司所得税 t_g 为 0.28，佣金税的税率 $t_c=0.025$，印花税的税率 $t_s=0.001$，每只股票的投资占比上限和下限分别为 0.5 和 0，对称三角模糊数 $\tilde{r}_b=(0.04, 0.01)$。在 IQPSO 算法中，粒子总数为 50 个，最大迭代次数为 1500 次，其他参数设定与第 6.3.5 节中的一样。运行算法 30 次，记录下在不同预期收益率时的平均最优解，如表 6.14 所示。

表 6.14　不同收益率下的优化结果

股票	收益率			
	$R=0.0634$	$R=0.0972$	$R=0.1326$	$R=0.1676$
x_1	0.0047	0.0070	0.0028	0.0020
x_2	0.0209	0.0166	0.0155	0.0013
x_3	0.0206	0.0155	0.0143	0.0108
x_4	0.0400	0.0354	0.0260	0.0128
x_5	0.0806	0.0945	0.0741	0.3475
x_6	0.0569	0.0382	0.0437	0.0256
x_7	0.0111	0.0075	0.0058	0.0018
x_8	0.0349	0.0123	0.0096	0.0024
x_9	0.0395	0.0285	0.0213	0.0025
x_{10}	0.0287	0.0187	0.0165	0.0023
x_{11}	0.0192	0.0165	0.0154	0.0028
x_{12}	0.0566	0.0397	0.0293	0.0375
x_{13}	0.0174	0.0152	0.0105	0.0029
x_{14}	0.1132	0.1234	0.0982	0.0090
x_{15}	0.0140	0.0136	0.0123	0.0037
x_{16}	0.0240	0.0205	0.0102	0.0033
x_{17}	0.0765	0.2434	0.4274	0.4870
x_{18}	0.1806	0.1563	0.1027	0.0105
x_{19}	0.0398	0.0173	0.0117	0.0061
x_{20}	0.1208	0.0799	0.0527	0.0282

表6.14展示了模型（6-19）在不同收益率下的最优解，其中收益率用 R 表示。当预期收益率较低时，各只股票在投资组合中的占比差异不显著，此时通过分散化投资，投资者能够以最低的风险获得预期的收益。随着收益率的增加，第5只股票的占比从8.06%上升到34.75%，第17只股票的占比从7.65%增加为48.70%。同时随着收益率的增大，其余股票的占比逐渐下降到一个很小的份额。当 $R=0.1676$ 时，投资占比主要集中在第5只和第17只股票上，这两只股票在投资组合中起着决定性作用。

进一步，展示改进算法IQPSO在实际应用中的有效性，同六种启发式算法进行比较，具体包括遗传算法（GA）、微分进化（DE）、蝙蝠算法（BA）、布谷鸟搜索（CS）、PSO和QPSO。这些算法的参数设置具体如下。各个算法的最大迭代次数均为1500次，种群规模为50。对于GA，选择MATLAB软件中遗传算法工具箱的默认设置；对于DE，变异概率和交叉概率分别设为0.5和0.9；至于BA和CS，分别采用已有文献中的设置（Yang，2010；Yang and Deb，2009）；在PSO算法中，学习因子 c_1 和 c_2 取为2，权重系数随着迭代次数的增加由0.9线性递减到0.4；在QPSO算法中，收缩扩张因子同样从0.9线性变化到0.4。关于IQPSO算法，$\alpha_1=0.6$，α_2 由1非线性变化到0.5，多样性阀值 $\mu=0.001$，初始化率 $\rho=0.1$。每种算法运行30次，记录下最好值、最差值、均值和标准差。通过表6.15可见，IQPSO算法在搜索投资组合问题的全局最优值时优于其他六种算法。IQPSO算法比其他算法取得了更小的风险值0.0325，除了获得最好的均值外，在标准差方面也有不错的表现，这表明IQPSO算法拥有更好的鲁棒性和有效性。

表6.15　　不同算法的结果对比

指标	GA	PSO	DE	QPSO	BA	CS	IQPSO
最好值	0.0261	0.0259	0.0267	0.0241	0.0276	0.0254	0.0239
最差值	0.0488	0.0512	0.0493	0.0426	0.0419	0.0438	0.0406
均值	0.0396	0.0413	0.0387	0.0352	0.0347	0.0342	0.0325
标准差	0.0057	0.0068	0.0043	0.0037	0.0039	0.0029	0.0026

本章参考文献

[1] Clerc M. The swarm and queen: towards a deterministic and adaptive particle swarm optimization [C]. Conference on Evolutionary Computation, 1999: 1951 -1957.

[2] Sun J, Feng B, Xu W B. Particle swarm optimization with particles having quantum behavior [C]. Congress on Evolutionary Computation, 2004: 325 - 331.

[3] Mohadeseh S, Hossein N, Malihe M. A quantum behaved gravitational search algorithm [J]. Intelligent Information Management, 2012 (4): 390 -395.

[4] 赵吉，程成．基于演化搜索信息的量子行为粒子群优化算法 [J]. 计算机工程与应用，2017，53 (9): 41 -46，126.

[5] 章国勇，伍永刚，顾巍．基于精英学习的量子行为粒子群算法 [J]. 控制与决策，2013，28 (9): 1341 -1348.

[6] 周頔，孙俊，须文波．具有量子行为的协同粒子群优化算法 [J]. 控制与决策，2011，26 (4): 582 -586.

[7] 张兰，聂玉峰．一种融合差分进化的量子粒子群优化算法 [J]. 计算机仿真，2016，33 (2): 313 -316.

[8] 张兰．单目标和多目标量子粒子群优化算法的研究及应用 [D]. 西安：西北工业大学，2019.

[9] Tian N, Lai C H, Pericleous K, et al. Contraction-expansion coefficient learning in quantum-behaved particle swarm optimization [C]. International Symposium on Distributed Computing and Applications to Business, Engineering and Science, 2011: 303 -308.

[10] Sun J, Xu W, Feng B. Adaptive parameter control for quantum-behaved particle swarm optimization on individual level [C]. Conference on Systems, Man and Cybernetics, 2005, 4: 3049 -3054.

[11] Coelho L S. Novel Gaussian quantum behaved particle swarm optimizer applied to electromagnetic design [J]. Science Measurement & Technology, 2007, 11 (5): 290 - 294.

[12] Coelho L S, Nedjah N, Mourelle L M. Gaussian Quantum-Behaved Particle Swarm Optimization Applied to Fuzzy PID Controller Design [M]. Quantum Inspired Intelligent Systems, Berlin: Springer Press, 2008: 1 - 15.

[13] Sun J, Xu W, Liu J. Parameter selection of quantum-behaved particle swarm optimization [C]. Conference on Natural Computation, 2005: 543 - 552.

[14] 方伟, 孙俊, 谢振平, 等. 量子粒子群优化算法的收敛性分析及控制参数研究 [J]. 物理学报, 2010, 59 (6): 3686 - 3694.

[15] Li L, Jiao L, Zhao J, et al. Quantum-behaved discrete multi-objective particle swarm optimization for complex network clustering [J]. Pattern Recognition, 2017, 63: 1 - 14.

[16] Luo H, Jia P, Qiao S, et al. Enhancing electronic nose performance based on a novel QPSO-RBM technique [J]. Sensors and Actuators B: Chemical, 2018, 259: 241 - 249.

[17] Li Y Y, Bai X Y, Jiao L C, et al. Partitioned-cooperative quantum-behaved particle swarm optimization based on multilevel thresholding applied to medical image segmentation [J]. Applied Soft Computing, 2017, 56: 345 - 356.

[18] Yang Z L, Wu A. A non-revisiting quantum-behaved particle swarm optimization based multilevel thresholding for image segmentation [J]. Neural Computing and Applications, 2020, 32: 12011 - 12031.

[19] Zhang F. Intelligent task allocation method based on improved QPSO in multi-agent system [J]. Ambient Intelligence and Humanized Computing, 2020, 11: 655 - 662.

[20] 孙俊. 量子行为粒子群优化算法研究 [D]. 无锡: 江南大学, 2009.

[21] Mantegna R N. Fast accurate algorithm for numerical simulation of Levy stable stochastic processes [J]. Physical Review E, 1994, 49 (5): 4677 -

4683.

[22] Sun J, Xu W, Feng B. A global search strategy of quantum-behaved particle swarm optimization [C]. Conference on Cybernetics and Intelligent Systems, 2004, 1: 111 -116.

[23] Li X, Yin M. Modified differential evolution with self-adaptive parameters method [J]. Journal of Combinatorial Optimization, 2016, 31 (2): 546 -576.

[24] Babaoglu I. Artificial bee colony algorithm with distribution-based update rule [J]. Applied Soft Computing, 2015, 34: 851 -861.

[25] Yang X S. A New Metaheuristic Bat-inspired Algorithm [M]. Nature Inspired Cooperative Strategies for Optimization, 2010: 65 -74.

[26] Yang X S, Deb S. Cuckoo search via Lévy flights [C]. Congress on Nature & Biologically Inspired Computing, 2009: 210 -214.

[27] Pan W T. A new fruit fly optimization algorithm: taking the financial distress model as an example [J]. Knowledge-Based Systems, 2012, 26: 69 -74.

[28] Mirjalili S, Mirjalili S M, Lewis A. Grey wolf optimizer [J]. Advances in Engineering Software, 2014, 69: 46 -61.

[29] Meng X B, Gao X Z, Lu L, et al. A new bio-inspired optimisation algorithm: bird swarm algorithm [J]. Journal of Experimental & Theoretical Artificial Intelligence, 2016, 28 (4): 673 -687.

[30] Sun J, Fang W, Wu X, et al. Quantum-behaved particle swarm optimization: analysis of individual particle behavior and parameter selection [J]. Evolutionary Computation, 2012, 20 (3): 349 -393.

[31] Carlsson C, Fullér R. On possibilistic mean value and variance of fuzzy numbers [J]. Fuzzy Sets and Systems, 2001, 122 (2): 315 -326.

[32] Markowitz H. Portfolio selection [J]. Journal of Finance, 1952, 7 (1): 77 -91.

[33] Cai X, Teo K L, Yang X Q, et al. Minimax portfolio optimization: empirical numerical study [J]. Journal of the Operational Research Society, 2004,

55 (1): 65 -72.

[34] Hamza F, Janssen J. The mean-semivariances approach to realistic portfolio optimization subject to transaction costs [J]. Applied Stochastic Models and Data Analysis, 1998, 14 (4): 275 -283.

[35] Zhang W G, Wang Y L, Chen Z P, et al. Possibilistic mean-variance models and efficient frontiers for portfolio selection problem [J]. Information Sciences, 2007, 177 (13): 2787 -2801.

[36] Zhang W G, Xiao W L, Xu W J. A possibilistic portfolio adjusting model with new added assets [J]. Economic Modelling, 2010, 27 (1): 208 - 213.

[37] Tsanakas A. Risk measurement in the presence of background risk [J]. Insurance: Mathematics and Economics, 2008, 42 (2): 520 -528.

[38] Baptista A M. Optimal delegated portfolio management with background risk [J]. Journal of Banking & Finance, 2008, 32 (6): 977 -985.

[39] 王艳娇，史新梦. 跳跃海豚群算法 [J]. 控制理论与应用，2019, 10: 1755 -1767.

[40] Shi Y, Eberhart R. A modified particle swarm optimizer [C]. Conference on Evolutionary Computation, 1998: 69 -73.

[41] Sun J, Xu W, Fang W. Quantum-behaved particle swarm optimization with a hybrid probability distribution [C]. Pacific Rim International Conference on Artificial Intelligence, 2006: 737 -746.

[42] Parsopoulos K E, Vrahatis M N. Particle swarm optimization method for constrained optimization problems [J]. Intelligent Technologies-Theory and Application: New Trends in Intelligent Technologies, 2002, 76 (1): 214 -220.

| 第 7 章 |

期权定价理论及相关模型

期权是国际金融创新中发展起来的一种新的颇具特色的衍生金融工具，自产生以来发展非常迅速，应用非常广泛。作为变化最复杂的金融工具之一，期权具有的灵活性创造无限的机会，与各种金融工具相配置，组合出具有各种特性的金融交易工具。

期权是 20 世纪 70 年代后才出现的一种金融创新工具，但具有期权性质的交易可以追溯到很久以前。早在公元前 3500 年，古罗马人和腓尼基人在货物交易的合同中就已经使用了与期权类似的条款。在 17 世纪荷兰郁金香热中，郁金香的交易商与种植者之间进行合同交易的做法十分流行，而这种合同实质上是在未来某一时刻以特定的价格买入或卖出某一种郁金香的买权和卖权合同。1973 年 4 月 26 日，芝加哥期权交易所的宣告成立，标志着期权市场的发展进入了一个新的历史时期。此后，金融期权市场的发展非常迅速，进入21世纪后，随着信息网络技术的应用，期权交易得到更大发展。

7.1 期权的概念与期权市场的构成

7.1.1 期权的含义及分类

期权也称为选择权，是一种衍生性契权。其持有人有权利在未来一段时间内（或未来某一特定日期），以一定的价格向对方购买（或出售）一定数量的标的物，但是没有必须履行的义务。期权的卖方授予期权买方这项权利，期权的买方为取得这种权利必须向期权的卖方支付一定的费用，这笔费用称为期权费，又称为期权的权利金。期权合约中规定的那种特定商品称为“标的资产”。在期权合约中，约定标的资产买卖的价格称为“敲定价格”，也称为“履约价格”或“执行价格”。期权的买方拥有的买卖标的资产的权利是有一定的时间限制的，其中期权到期的日子称为到期日。

按照持有人拥有的是购买标的资产的权利还是出售标的资产的权利，期权可分为看涨期权和看跌期权。前者赋予持有人在一个特定时期以某一固定价格买入标的资产的权利，后者则赋予持有人在一个特定时期以某一固定价格出售标的资产的权利。当期权执行时标的资产的市场价格高于执行价格，看涨期权的持有人就可以赚取市场价格与执行价格之间的差价；此时，期权的卖方有履行在合约规定时间出售资产的义务。当标的资产的价格低于执行价格时，看跌期权的持有人可以赚取执行价格与市场价格之间的差价；此时，期权的卖方则有履行买进资产的义务。

按照执行的时间限制，期权可分为欧式期权和美式期权。欧式期权只能在到期日执行，而美式期权可以在到期日或到期日前的任何时间执行。

7.1.2 期权市场的主要要素

期权市场由买者、卖者、经纪公司、期权交易所以及期权清算所构成。

买者为购买期权的一方，卖者则是出售期权的一方。20 世纪五六十年代，期权交易在店头市场进行，其流动性差、风险大、成本高等缺陷妨碍了期权交易的发展。芝加哥交易所成立后，做出了一些开拓性工作：第一，对上市交易的期权合同进行标准化，规定了各种期权的到期月份以及最后到期日，还有合同执行价格的设置方法等。第二，成立了期权清算公司这样的中介组织，集中处理期权交易的清算和交割。期权清算所独立或附属于期权交易所，通常由一些经纪商出资组成。在交易达成时，清算所充当买方和卖方的对立面。当买方要求履约时，清算所按照一套规则，随机选择一名或多名未平仓的卖方接受履约；若被选中的卖方违约，清算所将无条件地履行卖方义务。

在期权市场中，标准化合约和保证金制度的出现极大地推动了期权交易的顺利开展。在标准化合约中，交易单位、最小变动价位、每日价格波动限制、执行价格、合约月份、交易时间、最后交易日、履约日等都由交易所统一规定。这里就几条规定进行简述。

（1）期权的交易单位是由各交易所分别加以规定的，即使是标的资产相同的期权合约，在不同的交易所上市其交易单位也不一定相同。例如，美国股票期权的交易单位是 100 股，而澳大利亚则是 1000 股。

（2）执行价格是指期权合约被执行时，交易双方实际买卖标的资产的价格。当交易所准备上市某种期权合约时，首先根据该合约标的资产最近收盘价，按照某一特定的形式确定一个中心执行价格，然后再根据既定的幅度设定该中心执行价格的上、下行若干个级距的执行价格。在合约规格中，交易所通常只规定执行价格的级距。例如，美国的股票期权，当新股票期权上市时，交易所会按照股票最近的收盘价为中心点，找出最接近 5 美元的倍数，再以 5 美元为一个级距，往上或往下各定出 1 ~ 2 个可用的执行价格。当股票的市价超过近 100 美元时，执行价格改为每 10 美元一个级距。而当股票市价低于 30 美元时，执行价格改为每 2.5 美元一个级距。

（3）权利期间是指自期权合约签订生效至期权合约到期的这段时间。期权交易所期权合约的权利期间是标准化的，分三个周期，每个周期的起止月份均固定，形成一个循环。在芝加哥期权交易所，三个周期的起止月份为：周期一（1 月、4 月、7 月、10 月），周期二（2 月、5 月、8 月、11 月），周期三（3 月、6 月、9 月、12 月）。当一份合约的期满月到来时，周期中的另一个月便替补进来。采用三个周期的目的在于将到期日分布分开，避免所有的期权在同一天或同一月到期。

期权的保证金制度与期货中的保证金制度有相似的性质和功能。然而，在具体执行时，两者又有着很大的区别。对于期货交易者来说，无论是买方还是卖方，都必须缴纳保证金，确保交易双方履行合约；在期权交易中，只有期权出售者才需缴纳保证金，而期权购买者无须缴纳保证金。因为保证金的作用在于确保履约，期权购买者为得到期权合约赋予的权利已经付出了期权费，而且没有必须履约的义务。对于期权的出售者来说，在出售期权时必须在保证金账户中保持一定数额的资金，这是由于经纪人和交易所需要确保当期权行使时该期权出售者不会违约，保证金的大小取决于当时的市场环境。

7.1.3 期权的交易与结算

场内期权交易都是在交易所大厅内由经纪人进行的。投资者本人不能直接进入交易所大厅，而是委托场内经纪人代为进行交易。投资者决定交易后，便将委托指令下达给经纪商，包括买进或卖出合约种类、履约价、限价、期权类型等。经纪商收到委托指令后，便以快捷的方式把委托指令传递到交易所内，再由跑递人交给场内经纪人。场内经纪人必须是交易所会员，交易对手可能是另一位场内经纪人，或是造市商，或是委托单处理员。造市商只能自营，而委托单处理员只可以从事代理业务。这些人在进行交易的期权柜台边，通过公开喊价的方式达成交易。交易一经谈妥，双方立即记录在案，交易所对双方记录核查无误后，即为成交，有关记录报告清算所。第二天，期权的购买方将其期权费通过清算所会员交至清算所，清算所发出期权。卖方则通过清算所会员将保证金交到清算所，其中保证金的金额取决于卖方标的资产的市场价格和执行价格。

期权的结算过程中，清算所充当买卖双方的对立面，即买卖双方不再发生直接的权利和义务关系。清算所收到期权购买者的期权执行通知后，根据一套公正平等的准则选择清算所会员实施结算；清算所会员再按照同样的准则，选择期权卖出者履行合约。在清算过程中，清算所主要职责有：第一，确保保证金充足。这一点直接关系到期权市场的安全性。清算所不仅要求期权卖出者在成交时缴付足额的保证金，而且在每月结算出现亏损时，都要及时补足保证金。第二，盈亏的计算。对于期权买方，其盈亏的计算既要考虑执行价格，也要考虑期权费；对于清算所而言，成交时支付的期权费是不加入最后结算的，只在成交当日一次性结清，最后结算盈亏只考虑执行价格与到期行使期权的标的资产价格。第三，实施会员制和两级结算制度。清算所处理一级结算时，对会员经济公司持有的到期期权必须计算盈亏，对有盈利者，必须主动为其办理行使期权的手续，并向相应的购买者和卖出者发出履约通知，即到价期权自动结算。会员经纪公司为客户进行二级结算，也必须遵守到价期权自动结算原则，为有盈利的购买者主动行使期权。

期权合约的解除方式有两种：对冲平仓和履行合约（周复之，2008）。第一，对冲平仓。对于看涨期权购买者来说，必须卖出一张同样内容的看涨期权合约才能对冲其在手的交易部位；而对于看跌期权购买者来说，必须卖出一张同样内容的看跌期权合约才能对冲平仓。对于期权的出售者来说，看涨期权的出售者必须买入一张相同内容的看涨期权合约才能对冲，而看跌期权的出售者则必须买入一张相同内容的看跌期权才能平仓。第二，履行合约。在期权合约到期日以前的任何一天，期权购买者都可以要求期权出售者履行合约。不同的期权会有不同的履约方式：各种股票指数期权按执行价格和市场价格之差进行现金结算；除股票指数期权以外，各种现货期权按执行价格作实物交割；期货期权按执行价格将期权部位转化为相应的期货部位。

7.2　期权的价值与价格

7.2.1　内在价值与时间价值

一份期权合约的价值由两个部分构成：内在价值和时间价值。而期权的权利金，即期权的价格则由这两者共同决定。

7.2.1.1　期权的内在价值

期权的内在价值（insruinsic value），又称为内涵价值，是指在履行期权合约时可获得的总利润。当总利润小于零时，内在价值为零。内在价值反映了期权合约中预先约定的执行价格 X 与标的资产市场价格 S 之间的关系。对于看涨期权而言，内在价值为：$\max\{S-X, 0\}$；对于看跌期权而言，内在价值为：$\max\{X-S, 0\}$。

根据有无内在价值，期权可表现为三种状态：实值状态（in the money）、虚值状态（out of the money）和平价状态（at the money）。对于看涨期权，当 $S>X$ 时为实值期权，当 $S<X$ 时为虚值期权，当 $S=X$ 时为平价期权。对于看跌期权，当 $S<X$ 时为实值期权，当 $S>X$ 时为虚值期权，当 $S=X$ 时为平价期权。实值期权的内在价值大于零，虚值期权和平价期权的内在价值都等于零。

7.2.1.2　期权的时间价值

对于到期前的实值期权来说，其当前价值通常仍要高出它的内在价值，因为只要尚未执行，它还存在获取未来更高收益的机会。对于虚值期权来说，虽然此时马上执行期权会给持有人带来损失，但这并不意味着该期权已经完全没有任何价值，因为在到期前的时间里，标的资产的价格很有可能会重新提升，从而使得未来执行该期权仍有获得收益的可能性，虚值期权仍然具有波动性价值。反正，即使是最坏的结果，只不过是最终至到期日以零值放弃期权，故而此时期权的总价值仍应为正值。通常，将期权买方随着期权时间的延续和标的资产价格的变动可能使期权增值时，愿意为购买这一期权所付出的权利金额称为期权的时间价值（time value）。

期权的时间价值本质上属于“波动性”价值，不管是实值期权、平价期权还是虚值期权，只要持有人尚未执行期权，其收益就不会小于零。虽然看涨期权有时会处于贬值或等值状态，但仍会具有正的价格。由于标的资产的价格一直存在未来上升的可能性，即一直存在潜在的获利机会；当标的资产价格继续下跌时，却不会带来更多的损失。波动性价值依赖于期权内涵的对自己不利时可以不执行的权利，期权具有在标的资产价格发生不利变化时为持有人提供保险的功能。从动态上看，期权的时间价值伴随期权合约剩余有效期的缩短而衰减。因为对于期权买方，有效期越长，市场状况发生有利于他的变化的可能性就越大，获利的机会也越多，他愿意付出的时间价值就越高；与此同时，期权卖方出现亏损的风险就越大。随着合约剩余有效期的缩短，买方获利的机会在减少，卖方承担的风险也在减小，此时时间价值将逐步减小。例如，某一美式看涨期权，随着时间迁移，标的资产价格不断上升，那么该期权越来越有可能在到期日前被执行，当趋于肯定要执行时，期权的时间价值趋向最小值。除了剩余有效期的影响之外，期权的时间价值还取决于标的资产价格与执行价格差的绝对值。当差额为零时，期权的时间价值最大；当差额的绝对值增大时，期权的时间价值是递减的。

7.2.1.3 期权价格与内在价值、时间价值的关系

在图 7.1 中反映了看涨期权的价格和内在价值、时间价值之间的关系。从静态的角度来看，期权价格在任一时点都是由内在价值和时间价值两部分组成：当期权为虚值期权时，即标的资产价格小于执行价格的那部分，期权的总价值完全由时间价值构成；当期权为平价期权时，即标的资产价格等于执行价格时，总价值同样只由时间价值构成；当期权为实值期权时，即标的资产价格大于执行价格的部分，期权总价值由内在价值和时间价值共同组成，其中内在价值同标的资产价格等比例变化。从动态的角度来看，当标的资产价格很低时，期权价值趋于零，此时基本不存在执行的可能性。随着标的资产价格的不断升高，看涨期权的价值不断增加，当价格上涨到很高时，期权增值程度迅速加大，曲线斜率达到可能的最大值。期权总价值曲线和内在价值曲线相差最大的区间处于执行价格附近，表明在此范围内期权具有很高的时间价值。

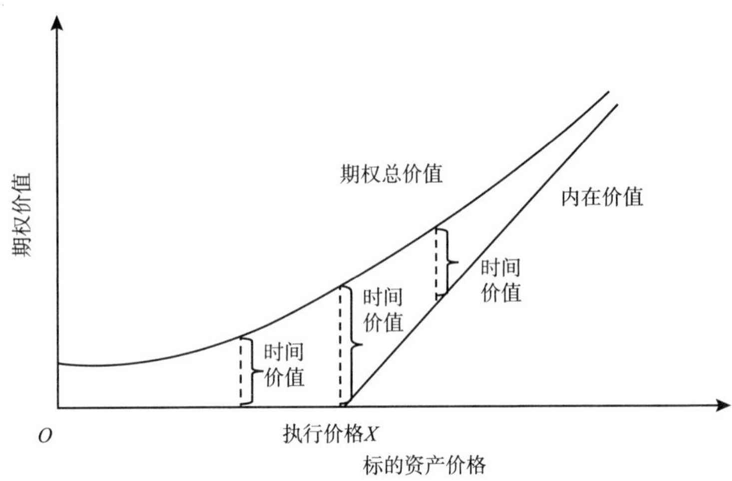

图 7.1 看涨期权内在价值、时间价值和总价值的关系

7.2.2 期权价格的影响因素

影响期权价格的主要因素有六个：标的资产的市场价格、期权的执行价格、期权的有效期、标的资产价格的波动率、无风险利率和标的资产的收益（张元萍和周远，2016）。

7.2.2.1 标的资产的市场价格

期权合约的标的资产主要包括股票、股票指数、利率、汇率、期货合约等基础性金融资产，还有一些以商品为标的资产的商品期权合约。标的资产的市场价格（S）是指期权的标的资产随市场行情波动而产生的价格，在其他因素不变的情况下，标的资产的价格对看涨期权有着正向影响，对看跌期权有着负向影响。

7.2.2.2 期权的执行价格

期权的执行价格（X）是指在期权合约中记载的期权买方有权交易标的资产的价格。在其他因素不变的情况下，当执行时，看涨期权的价格随着执行价格的增加而减小，而看跌期权的价格则随着执行价格的上升而变大。

7.2.2.3 期权的有效期

期权的有效期（$T-t$）对于欧式期权而言，因为它只能在到期日执行，有效期长的期权不一定包含有效期短的期权的所有执行机会。例如，同一股票的两份欧式看涨期权，一个有效期为 1 个月，另一个有效期为 2 个月，假设在 5 周后该股票将有大额红利支付，将会导致股价下降，此时有效期短的期权价格甚至会高于有效期长的期权价格。当然，除了标的资产支付大量收益这种情况之外，通常有效期越长，标的资产的风险越大，空头亏损的风险也越大，意味着此时的欧式期权价格也越高。

对于美式期权，由于它可以在有效期内的任何时间执行，有效期越长，多头获利的机会就越大，而且有效期长的期权包含了有效期短的期权的所有执行机会，故而此时的美式期权价格越高。

当然，随着时间的延长，期权时间价值的增幅是递减的。对于到期日确定的期权，在其他条件不变的情况下，随着时间的流逝，期权时间价值的减小是递增的。这意味着，当流逝相同的时间，期限长的期权时间价值的减小幅度将小于期限短的期权时间价值的减小幅度。

7.2.2.4 标的资产价格的波动率

所谓波动率是指标的资产收益率的标准差，它反映了标的资产价格的波动状况。标的资产价格的波动率（σ）越高，期权的时间价值就越大。原因在于多头的最大亏损仅限于期权费，上涨获利与下跌亏损不对称，所以波动的价值为正。波动率越大，时间价值越大。

7.2.2.5 无风险利率

如果无风险利率（r）变大，则标的资产的预期收益率也应增大，这意味着对应于标的资产现在的市场价格，未来预期价格会更高。同时，由于贴现率增加，未来具有同样预期盈利的标的资产的现值就会降低。这两种效应都会降低看跌期权的价值；而对于看涨期权来说，前者会使得期权价格上升，后者则会导致期权价格下降，由于前者的效应强于后者，总体而言，无风险利率更大时，看涨期权价格会越高。

7.2.2.6 标的资产的收益

按照美国市场惯例，标的资产分红或者是获得相应现金收益的时候，期权的协议价格合约并不进行相应的调整。这样，标的资产进行分红付息，将减少标的资产的价格，这些收益将归标的资产的持有者所有，同时协议价格并未进行相应调整。因此在期权有效期内标的资产所产生的现金收益将使看涨期权价格下降，而使看跌期权价格上升。

7.2.3 期权价格的上限与下限

7.2.3.1 期权价格的上限

先讨论看涨期权的上限。在任何情况下，期权的价值 V 不会超过标的资产的价格 S。例如，在期初 $V>S$，可以卖空一份期权，买入一个单位标的资产，获得正的收益 $V-S$，在执行日时，可以用手里的一个单位标的资产平仓。于是，不管美式看涨期权（用 C 表示）还是欧式看涨期权（用 c 表示），标的资产的价格都是看涨期权的上限：

$$C_t \leqslant S_t, \quad c_t \leqslant S_t$$

其中，下标 t 表示当前时刻。

再来说看跌期权的上限。对于美式看跌期权的多头，执行期权时最高价值为执行价格 X，于是美式看跌期权（用 P 表示）的上限为：$P_t \leqslant X$。而对于欧式看跌期权（用 p 表示）只能在到期日（T 时刻）执行，在 T 时刻的最高价值为 X，那么欧式看跌期权的价格不能超过 X 的现值：$p_t \leqslant Xe^{-r(T-t)}$。

7.2.3.2 欧式期权价格的下限

（1）先来看欧式看涨期权价格的下限，根据标的资产是否有收益分别讨论。

第一，无收益情况下欧式看涨期权价格的下限。在当前时刻 t，构造以下两个组合：

组合Ⅰ：一份欧式看涨期权 c_t 和现金 $Xe^{-r(T-t)}$。

组合Ⅱ：一单位标的资产 S_t。

现考虑在到期日 T 时刻，两个组合的各自的价值。组合Ⅱ的价值为 $V_T(\text{Ⅱ})=S_T$。当 $S_T>X$ 时，执行期权，组合Ⅰ的价值为 $V_T(\text{Ⅰ})=S_T-X+X=S_T$；当 $S_T\leqslant X$ 时，不执行期权，组合Ⅰ价值为 $V_T(\text{Ⅰ})=X$。故而，始终有 $V_T(\text{Ⅰ})\geqslant V_T(\text{Ⅱ})$，根据无套利原理，则在当前时刻 t，有 $V_t(\text{Ⅰ})\geqslant V_t(\text{Ⅱ})$，即：

$$c_t+Xe^{-r(T-t)}\geqslant S_t$$

因为期权的价值不能为负，于是无收益情况下欧式看涨期权价格的下限为：

$$c_t\geqslant\max\{S_t-Xe^{-r(T-t)},\ 0\}$$

第二，有收益情况下欧式看涨期权价格的下限，设期权有效期内标的资产收益的现值为 D。在当前时刻 t，构造以下两个组合：

组合Ⅰ：一份欧式看涨期权 c_t 和现金 $[Xe^{-r(T-t)}+D]$。

组合Ⅱ：一单位标的资产 S_t。

考虑在 T 时刻两组合的各自的价值。组合Ⅱ的价值为：$V_T(\text{Ⅱ})=S_T+De^{r(T-t)}$。当 $S_T>X$ 时，组合Ⅰ的价值为 $V_T(\text{Ⅰ})=S_T-X+X+De^{r(T-t)}=S_T+De^{r(T-t)}$；当 $S_T\leqslant X$ 时，不执行期权，组合Ⅰ的价值为 $V_T(\text{Ⅰ})=X+De^{r(T-t)}$。故而，始终有 $V_T(\text{Ⅰ})\geqslant V_T(\text{Ⅱ})$，根据无套利原理，则在当前时刻 t，有 $V_t(\text{Ⅰ})\geqslant V_t(\text{Ⅱ})$，即：

$$c_t+Xe^{-r(T-t)}+D\geqslant S_t$$

于是有收益情况下欧式看涨期权价格的下限为：

$$c_t\geqslant\max\{S_t-D-Xe^{-r(T-t)},\ 0\}$$

（2）再来分析欧式看跌期权价格的下限，同样根据是否有收益分别讨论。

第一，无收益情况下欧式看跌期权价格的下限。在当前时刻 t，构造以下两个组合：

组合 A：一份欧式看跌期权 p_t 和一单位标的资产 S_t。

组合 B：现金 $Xe^{-r(T-t)}$。

现考虑在到期日 T 时刻，两个组合的各自的价值。组合 B 的价值为 $V_T(B)=X$。当 $X>S_T$ 时，执行期权，组合 A 的价值为 $V_T(A)=X-S_T+S_T=X$；当 $X\leqslant S_T$ 时，不执行期权，组合 A 的价值为 $V_T(A)=S_T$。故而，始终有 $V_T(A)\geqslant V_T(B)$，根据无套利原理，则在当前时刻 t，有 $V_t(A)\geqslant V_t(B)$，即：

$$p_t+S_t\geqslant Xe^{-r(T-t)}$$

因为期权的价值不能为负，于是无收益情况下欧式看跌期权价格的下限为：

$$p_t\geqslant \max\{Xe^{-r(T-t)}-S_t,\ 0\}$$

第二，有收益情况下欧式看跌期权价格的下限，设期权有效期内标的资产收益的现值为 D。在当前时刻 t，构造以下两个组合：

组合 A：一份欧式看跌期权 p_t 和一单位标的资产 S_t。

组合 B：现金 $[Xe^{-r(T-t)}+D]$。

考虑在到期日 T 时刻，两个组合的各自的价值。组合 B 的价值为 $V_T(B)=X+De^{r(T-t)}$。当 $X>S_T$ 时，执行期权，组合 A 的价值为 $V_T(A)=X-S_T+S_T+De^{r(T-t)}=X+De^{r(T-t)}$；当 $X\leqslant S_T$ 时，不执行期权，组合 A 的价值为 $V_T(A)=S_T+De^{r(T-t)}$。故而，始终有 $V_T(A)\geqslant V_T(B)$，根据无套利原理，则在当前时刻 t，有 $V_t(A)\geqslant V_t(B)$，即：

$$p_t+S_t\geqslant Xe^{-r(T-t)}+D$$

因为期权的价值不能为负，于是有收益情况下欧式看跌期权价格的下限为：

$$p_t\geqslant \max\{Xe^{-r(T-t)}+D-S_t,\ 0\}$$

7.2.3.3 美式期权价格的下限

（1）先来看美式看涨期权价格的下限，同样考虑无收益和有收益两种情况。

第一，无收益情况下美式看涨期权价格的下限。假设现在持有一份美式看涨期权，在时刻 $\tau<T$ 比较这两种操作（不考虑现金的利息）：提前执行，获得收益 $S_\tau-X$；或者卖空标的资产，收入 S_τ，在到期日 T 时刻平仓，需支

付 $\min\{X, S_T\}$，总收益为 $S_\tau - \min\{X, S_T\}$。显然，有 $S_\tau - \min\{X, S_T\} \geqslant S_\tau - X$，这意味着提前执行美式看涨期权并不明智。于是，无收益时美式看涨期权的价格下限和欧式一样，为：

$$C_t \geqslant \max\{S_t - Xe^{-r(T-t)}, 0\} \text{ 或 } C_t \geqslant \max\{S_t - X, 0\} \tag{7-1}$$

第二，有收益情况下美式看涨期权价格的下限，设期权有效期内标的资产收益的现值为 D。只有在除权前的瞬时时刻提前执行美式看涨期权，若此时的标的资产收益大于提前执行时需支付的成本，才有可能是最优的。因为存在提前执行更有利的可能性，有收益时美式看涨期权的价格应不小于欧式看涨期权价格，其下限为：

$$C_t \geqslant c_t \geqslant \max\{S_t - D - Xe^{-r(T-t)}, 0\}$$

（2）再看美式看跌期权价格的下限。

第一，无收益情况下美式看跌期权价格的下限。通常只有当标的资产价格相对执行价格 X 较低，或无风险利率较高时，提前执行才可能是有利的。如在时刻 $\tau < T$，标的资产的价格 $S_\tau < X[1 - e^{-r(T-\tau)}]$，则提前执行获利 $X - S_\tau > Xe^{-r(T-\tau)}$，将这笔现金持有至到期日 T 时刻，会超过执行价格 X。因为美式期权可以提前执行，其下限为：$P_t \geqslant X - S_t$。因为如果 $P_t < X - S_t$，在 t 时刻买入看跌期权，立即执行，净收入为 $X - S_t - P_t > 0$，这就出现了套利的情况，显然是不允许的。

第二，有收益情况下美式看跌期权价格的下限，设期权有效期内标的资产收益的现值为 D。因为提前执行有收益的美式期权意味着放弃收益权，所以收益使得美式看跌期权提前执行的可能性变小。但不能排除提前执行的可能性，于是其下限为：

$$P_t \geqslant \max\{D + X - S_t, 0\}$$

7.2.3.4 欧式看涨与看跌期权的平价公式

现在考虑具有相同执行价格和到期日的欧式看涨期权价格与看跌期权价格之间的关系，分为有收益和无收益进行讨论。

第一，无收益情况下的平价公式。在当前时刻 t，构造以下两个组合：

组合 C：一份欧式看涨期权 c_t 和现金 $Xe^{-r(T-t)}$。

组合 D：一份欧式看跌期权 p_t 和一单位标的资产 S_t。

考虑在到期日 T 时刻，两个组合的各自的价值。当 $X>S_T$ 时，执行看跌期权，不执行看涨期权，此时组合 C 的价值为 $V_T(C)=X$，组合 D 的价值为 $V_T(D)=X-S_T+S_T=X$；当 $X\leqslant S_T$ 时，不执行看跌期权，执行看涨期权，此时组合 C 的价值为 $V_T(C)=S_T$，组合 D 的价值为 $V_T(D)=S_T$。故而，始终有 $V_T(C)=V_T(D)$，根据无套利原理，则在当前时刻 t，有 $V_t(C)=V_t(D)$，即：

$$c_t+Xe^{-r(T-t)}=p_t+S_t \tag{7-2}$$

公式（7－2）表明，当执行价格相同、到期日相同时，欧式看涨期权价格和欧式看跌期权价格之间可以相互推导。

第二，有收益情况下的平价公式，设期权有效期内标的资产收益的现值为 D。在当前时刻 t，构造以下两个组合：

组合 C：一份欧式看涨期权 c_t 和现金 $[Xe^{-r(T-t)}+D]$。

组合 D：一份欧式看跌期权 p_t 和一单位标的资产 S_t。

考虑在到期日 T 时刻，两个组合的各自的价值。当 $X>S_T$ 时，执行看跌期权，不执行看涨期权，此时组合 C 的价值为 $V_T(C)=X+De^{r(T-t)}$，组合 D 的价值为：$V_T(D)=X-S_T+S_T+De^{r(T-t)}=X+De^{r(T-t)}$；当 $X\leqslant S_T$ 时，不执行看跌期权，执行看涨期权，此时组合 C 的价值为 $V_T(C)=S_T-X+X+De^{r(T-t)}=S_T+De^{r(T-t)}$，组合 D 的价值为 $V_T(D)=S_T+De^{r(T-t)}$。故而，始终有 $V_T(C)=V_T(D)$，根据无套利原理，则在当前时刻 t，有 $V_t(C)=V_t(D)$，即：

$$c_t+Xe^{-r(T-t)}+D=p_t+S_t \tag{7-3}$$

7.2.3.5 美式看涨与看跌期权的平价关系

考虑具有相同执行价格和到期日的美式看涨期权价格与看跌期权价格之间的关系，同样从无收益和有收益两方面讨论。

第一，无收益时美式期权的平价关系。因为美式期权可以提前执行，故而相同条件下的美式看跌期权价格不会低于欧式看跌期权的价格，有 $P_t\geqslant p_t$。同时，无收益时美式看涨期权和欧式看涨期权价格相同，有 $C_t=c_t$。再根据公式（7－2），可知：

$$P_t\geqslant p_t=c_t+Xe^{-r(T-t)}-S_t=C_t+Xe^{-r(T-t)}-S_t$$

于是有：

$$C_t - P_t \leqslant S_t - Xe^{-r(T-t)} \tag{7-4}$$

接下来，考虑 $C_t - P_t$ 的下限。在当前时刻 t，构造以下两个组合：

组合 E：一份美式看涨期权 C_t 和现金 X。

组合 F：一份美式看跌期权 P_t 和一单位标的资产 S_t。

考虑两种情形：

情形一，看跌期权不提前执行。如果在到期日 T 时刻，当 $X > S_T$ 时，执行看跌期权，不执行看涨期权，有：$V_T(E) = Xe^{r(T-t)}$，$V_T(F) = X - S_T + S_T = X$；当 $X \leqslant S_T$ 时，执行看涨期权，不执行看跌期权，有：$V_T(E) = S_T - X + Xe^{r(T-t)}$，$V_T(F) = S_T$。故而，总有 $V_T(E) > V_T(F)$，于是 $V_t(E) > V_t(F)$。

情形二，看跌期权在时刻 $\tau < T$ 提前执行。根据公式（7－1），可知 $C_\tau \geqslant \max\{S_\tau - X, 0\}$。于是两个组合在时刻 τ 的价值为：$V_\tau(E) = C_\tau + Xe^{r(\tau-t)} \geqslant \max\{S_\tau - X, 0\} + Xe^{r(\tau-t)} > X$ 以及 $V_\tau(F) = X - S_\tau + S_\tau = X$。则有 $V_\tau(E) > V_\tau(F)$，于是 $V_t(E) > V_t(F)$。

综上所述，可知 $C_t + X > P_t + S_t$，即有：

$$C_t - P_t > S_t - X \tag{7-5}$$

进而，由公式（7－4）和公式（7－5），可得：

$$S_t - X \leqslant C_t - P_t \leqslant S_t - Xe^{-r(T-t)} \tag{7-6}$$

第二，有收益时美式期权的平价关系，设期权有效期内标的资产收益的现值为 D。因为美式期权可以提前执行，故而相同条件下的美式看跌期权价格不会低于欧式看跌期权的价格，有 $P_t \geqslant p_t$。同时，美式看涨期权价格不会低于欧式看涨期权价格，有 $C_t \geqslant c_t$。再根据公式（7－3），可知：

$$P_t \geqslant p_t = c_t + Xe^{-r(T-t)} + D - S_t \geqslant C_t + Xe^{-r(T-t)} + D - S_t$$

于是有：

$$C_t - P_t \leqslant S_t - Xe^{-r(T-t)} - D \tag{7-7}$$

接下来，考虑 $C_t - P_t$ 的下限。在当前时刻 t，构造以下两个组合：

组合 E：一份美式看涨期权 C_t 和现金 $X + D$。

组合 F：一份美式看跌期权 P_t 和一单位标的资产 S_t。

考虑两种情形：

情形一，看跌期权不提前执行。如果在到期日 T 时刻，当 $X > S_T$ 时，执行看跌期权，不执行看涨期权，有 $V_T(E) = Xe^{r(T-t)} + De^{r(T-t)}$ 以及 $V_T(F) = X - S_T + S_T + De^{r(T-t)} = X + De^{r(T-t)}$。

当 $X \leqslant S_T$ 时，执行看涨期权，不执行看跌期权，有：$V_T(E) = S_T - X + Xe^{r(T-t)} + De^{r(T-t)}$ 以及 $V_T(F) = S_T + De^{r(T-t)}$。故而，总有 $V_T(E) > V_T(F)$，于是 $V_t(E) > V_t(F)$。

情形二，看跌期权在时刻 $\tau < T$ 提前执行。根据公式（7－1），可知 $C_\tau \geqslant \max\{S_\tau - X, 0\}$。于是两个组合在时刻 τ 的价值为：$V_\tau(E) = C_\tau + Xe^{r(\tau-t)} + De^{r(\tau-t)} \geqslant \max\{S_\tau - X, 0\} + De^{r(\tau-t)} + Xe^{r(\tau-t)}$ 以及 $V_\tau(F) = X - S_\tau + S_\tau + De^{r(\tau-t)} = X + De^{r(\tau-t)}$。则有 $V_\tau(E) > V_\tau(F)$，于是 $V_t(E) > V_t(F)$。

综上所述，可知 $C_t + X + D > P_t + S_t$，即有：

$$C_t - P_t > S_t - X - D \tag{7-8}$$

进而，由公式（7－7）和公式（7－8），可得：

$$S_t - D - X \leqslant C_t - P_t \leqslant S_t - D - Xe^{-r(T-t)}$$

7.3 证券价格的随机过程

7.3.1 布朗运动与证券价格

7.3.1.1 布朗运动的定义与性质

布朗运动源于物理学中对完全浸没于液体或气体中的小粒子运动的描述，最早发现这种现象的是英国植物学家罗伯特布朗，然而真正用于刻画布朗运动的随机过程则是由维纳给出的，故而布朗运动也称为维纳过程。

设 Δt 表示一个很小的时间间隔，Δz 表示变量 z 在 Δt 时间内的变化，满足标准布朗运动的 Δz 具有以下性质。

第一，$\Delta z = \varepsilon \times \sqrt{\Delta t}$，其中 ε 为服从标准正态分布的随机数。这意味着

Δz 也具有正态分布的特征，其均值为 0，方差为 Δt。

第二，任何两个不同的时间间隔 Δt_1 和 Δt_2，有 Δz_1 和 Δz_2 的值相互独立。从而，可以推出标准布朗运动其实是一种特殊的马尔科夫过程。

接着，考察满足标准布朗运动的变量 z 在一段较长时间 $T-t$ 内的变化，用 $z(T)-z(t)$ 表示变量 z 在 $T-t$ 内的变化量。于是，将时间段 $T-t$ 可分成 N 个互不重叠的、很小的时间间隔 $\Delta t_i = t_i - t_{i-1}$，各个时间点为 $t = t_0 < t_1 < \cdots < t_{N-1} < t_N = T$，有：

$$T - t = \sum_{i=1}^{N} \Delta t_i$$

在每个时间点上，z 的取值记为 $z_i = z(t_i)(i=0, 1, \cdots, N)$，则在每个时间间隔 Δt_i 内，z 的变化记为 $\Delta z_i = z_i - z_{i-1}$，$i=1, 2, \cdots, N$，满足标准布朗运动，其中 $z_0 = z(t)$，$z_N = z(T)$。于是，$z(T)-z(t)$ 就可以表示成 N 个满足标准布朗运动的变量 Δz_i 的和，形式如下：

$$z(T) - z(t) = \sum_{i=1}^{N} \Delta z_i = \sum_{i=1}^{N} \varepsilon_i \sqrt{\Delta t_i}$$

其中，ε_i 为服从标准正态分布的随机抽样值。通过前面的第二个性质，可知各个 ε_i 之间是相互独立的，则 $z(T)-z(t)$ 同样具有正态分布，其均值为 0，方差为 $T-t$。

进一步，将时间间隔 $\Delta t \to 0$，可以得到极限形式的标准布朗运动：

$$\mathrm{d}z = \varepsilon \times \sqrt{\mathrm{d}t}$$

接下来，将标准布朗运动推广成更一般的形式。定义单位时间内变量 z 均值的变化值为漂移率，单位时间的方差为方差率。对于标准布朗运动，漂移率为 0，方差率为 1。令漂移率的期望值为 a，方差率的期望值为 b，则可得变量 x 的普通布朗运动：

$$\mathrm{d}x = a\mathrm{d}t + b\mathrm{d}z = a\mathrm{d}t + b\varepsilon \sqrt{\mathrm{d}t}$$

其增量形式为：

$$\Delta x = a\Delta t + b\varepsilon \sqrt{\Delta t}$$

显然，在很短的时间间隔 Δt 内，Δx 具有正态分布的特征，均值为 $a\Delta t$，方差为 $b^2\Delta t$。在一段较长时间 $T-t$ 后，Δx 也具有正态分布的特征，其均值

为 $a(T-t)$，方差为 $b^2(T-t)$。

7.3.1.2 证券价格的几何布朗运动

令 S 表示证券的价格，μ 表示证券在单位时间内以连续复利计算的预期收益率，σ^2 表示证券收益率单位时间的方差，σ 表示证券收益率单位时间的标准差（称为证券价格的波动率）。因为投资者更关注的是证券价格的变动幅度，而不是价格的绝对变化，于是证券价格比例的变化过程，形式如下：

$$\frac{\mathrm{d}S}{S}=\mu\mathrm{d}t+\sigma\mathrm{d}z=\mu\mathrm{d}t+\sigma\varepsilon\sqrt{\mathrm{d}t} \tag{7-9}$$

其中，$\mathrm{d}z$ 遵循标准布朗运动，公式（7－9）描述的随机过程称为几何布朗运动。这里 μ 取决于证券的系统风险、无风险利率和市场风险收益的偏好；σ 可以理解为证券价格的“脾气”，根据历史数据观察各种证券脾气的大小，然后通过公式（7－9）来确定其未来价格的概率分布。在公式（7－9）中，σ 被当成常数，实际上它应该会随着时间而发生变化。

在很短的时间间隔 Δt 内，证券价格变化的几何布朗运动的增量形式为：

$$\frac{\Delta S}{S}=\mu\Delta t+\sigma\varepsilon\sqrt{\Delta t} \tag{7-10}$$

易知，$\frac{\Delta S}{S}$服从均值为 $\mu\Delta t$、方差为 $\sigma^2\Delta t$ 的正态分布，即$\frac{\Delta S}{S}\sim\phi(\mu\Delta t,\sigma^2\Delta t)$。

现在，考虑在一段较长时间 $T-t$ 后，$\frac{\Delta S}{S}$的均值和方差能否如普通布朗运动一样，可以根据时间进行累加？假设在 t 时刻证券的价格为 S_0，在 T 时刻证券的价格为 S_N，时间段 $T-t$ 可以分成 N 个互不重叠的、很小的时间间隔 $\Delta t_i=t_i-t_{i-1}(i=1,2,\cdots,N)$，其中各个时间点为 $t=t_0<t_1<\cdots<t_{N-1}<t_N=T$，满足：

$$T-t=\sum_{i=1}^{N}\Delta t_i$$

在每个时间点上，S 的取值记为 $S_i=S(t_i)(i=0,1,\cdots,N)$，则在每个时间间隔 Δt_i 内，S 的变化记为 $\Delta S_i=S_i-S_{i-1}$，$i=1,2,\cdots,N$，满足几何布

朗运动。然而，在 $T-t$ 时间内，有：

$$\frac{\Delta S}{S}=\frac{S_N-S_0}{S_0}\neq\frac{\Delta S_1}{S_0}+\frac{\Delta S_2}{S_1}+\cdots+\frac{\Delta S_N}{S_{N-1}}$$

显然，在一段较长时间内，价格变化比例不能通过多个小时间段的价格比例累加而来。

于是，可以考虑用证券价格的自然对数 $\ln S$ 来代替证券价格变化比例。因为 $\ln S$ 的变化 $\Delta\ln S$ 可以通过逐段累加而成，形式如下：

$$\begin{aligned}\Delta\ln S &= \ln S_N - \ln S_0 = \ln\frac{S_N}{S_0} = \ln\left(\frac{S_1}{S_0}\times\frac{S_2}{S_1}\times\cdots\times\frac{S_N}{S_{N-1}}\right)\\ &= \sum_{i=1}^{N}\ln\frac{S_i}{S_{i-1}} = \sum_{i=1}^{N}\Delta\ln S_i\end{aligned}$$

随后，通过伊藤引理可以进一步分析 $\Delta\ln S$ 满足的随机过程。

7.3.2 伊藤过程与伊藤引理

在普通布朗运动中，将变量 x 的漂移率和方差率看成 x 和时间 t 的函数形式，可得

$$\mathrm{d}x=a(x,t)\mathrm{d}t+b(x,t)\mathrm{d}z=a(x,t)\mathrm{d}t+b(x,t)\varepsilon\sqrt{\mathrm{d}t} \qquad (7-11)$$

其中，$\mathrm{d}z$ 为标准布朗运动，变量 x 的漂移率为 $a(x,t)$，方差率为 $b^2(x,t)$，公式（7-11）所描述的随机过程称为伊藤过程。

当 x 遵循 Ito 过程时，考虑以 x 和 t 为变量的函数 $G(x,t)$ 对应的随机过程。利用泰勒展开公式，可得

$$\mathrm{d}G=\frac{\partial G}{\partial x}\mathrm{d}x+\frac{\partial G}{\partial t}\mathrm{d}t+\frac{1}{2}\times\frac{\partial^2 G}{\partial x^2}(\mathrm{d}x)^2+o(\mathrm{d}t)$$

其中，$o(\mathrm{d}t)$ 表示关于 $\mathrm{d}t$ 的高阶无穷小。将公式（7-11）代入上式，有：

$$\mathrm{d}G=\frac{\partial G}{\partial x}(a\mathrm{d}t+b\mathrm{d}z)+\frac{\partial G}{\partial t}\mathrm{d}t+\frac{1}{2}\times\frac{\partial^2 G}{\partial x^2}\left[a^2(\mathrm{d}t)^2+b^2(\mathrm{d}z)^2+2ab\mathrm{d}t\times\mathrm{d}z\right]+o(\mathrm{d}t) \qquad (7-12)$$

因为，$\mathrm{d}z=\varepsilon\times\sqrt{\mathrm{d}t}$，则（$\mathrm{d}z$）$^2=\varepsilon^2\mathrm{d}t$，其增量形式为（$\Delta z$）$^2=\varepsilon^2\Delta t$。根据 ε 服从标准正态分布，有 $E(\varepsilon)=0$，$E(\varepsilon^2)=1$，则：

$$E[(\Delta z)^2]=\Delta t,\ \mathrm{var}[(\Delta z)^2]=(\Delta t)^2\mathrm{var}(\varepsilon^2)$$

易知 $\mathrm{var}(\varepsilon^2)=2$（袁德美等，2014），因此 $\mathrm{var}[(\Delta z)^2]=2(\Delta t)^2=o(\Delta t)$。那么，可以将（$\Delta z$）^{2} 近似地看成 Δt，则（dz）^{2} 可用 dt 表示。对公式（7－12）进一步整理，忽略高阶无穷小，可得：

$$\mathrm{d}G=\left(\frac{\partial G}{\partial x}a+\frac{\partial G}{\partial t}+\frac{1}{2}\times\frac{\partial^2 G}{\partial x^2}b^2\right)\mathrm{d}t+\frac{\partial G}{\partial x}b\mathrm{d}z \tag{7-13}$$

显然，$G(x,t)$ 同样是一个伊藤过程，公式（7－13）表述的内容就是伊藤引理。

接着将伊藤引理运用到证券价格的函数上，由公式（7－9），整理可得：

$$\mathrm{d}S=\mu S\mathrm{d}t+\sigma S\mathrm{d}z$$

其中，μ 和 σ 均为常数，易知证券价格 S 遵循伊藤过程。考虑由 S 和时间 t 为变量的函数 G（如衍生证券的价格），根据伊藤引理，知：

$$\mathrm{d}G=\left(\frac{\partial G}{\partial S}\mu S+\frac{\partial G}{\partial t}+\frac{1}{2}\times\frac{\partial^2 G}{\partial S^2}\sigma^2S^2\right)\mathrm{d}t+\frac{\partial G}{\partial S}\sigma S\mathrm{d}z \tag{7-14}$$

7.3.3 证券价格对数的概率分布

现在，利用伊藤引理来进一步分析证券价格自然对数 ln$S$ 的变化 Δln$S$ 所服从的随机过程。取 $G=\ln S$，则有：

$$\frac{\partial G}{\partial S}=\frac{1}{S},\ \frac{\partial^2 G}{\partial S^2}=-\frac{1}{S^2},\ \frac{\partial G}{\partial t}=0$$

代入公式（7－14），可得：

$$\mathrm{d}G=\left(\mu-\frac{\sigma^2}{2}\right)\mathrm{d}t+\sigma\mathrm{d}z \tag{7-15}$$

显然，证券价格自然对数的变化遵循普通布朗运动，具有漂移率 $\mu-\sigma^2/2$ 和方差率 σ^2。

考虑从当前 t 时刻至未来某一时刻 T 之间，证券价格自然对数的变化情况。设在 t 时刻证券的价格为 S_0，在 T 时刻证券的价格为 $S_T=S_N$，将时间段 $T-t$ 分成 N 个互不重叠的、很小的时间间隔 $\Delta t_i=t_i-t_{i-1}(i=1,2,\cdots,N)$，满足：

$$T - t = \sum_{i=1}^{N} \Delta t_i$$

在每个时刻 $t_i(i=0,1,\cdots,N)$，其中 $t_0=t$，$t_N=T$，证券价格 S 的取值记为 $S_i=S(t_i)$。在每个很小的时间间隔 Δt_i 内，由公式（7-15），可知：

$$\ln S_i - \ln S_{i-1} = \Delta \ln S_i = \Delta G_i = \left(\mu - \frac{\sigma^2}{2}\right)\Delta t_i + \sigma\varepsilon_i\sqrt{\Delta t_i}$$

其中，ε_i 服从标准正态分布，两两之间相互独立，则 $\Delta \ln S_i$ 服从均值为（$\mu - \sigma^2/2)\Delta t_i$，方差为 $\sigma^2\Delta t_i$ 的正态分布。

于是，在 $T-t$ 期间 $\ln S$ 的变化为：

$$\Delta \ln S = \ln S_T - \ln S_0 = \sum_{i=1}^{N} \Delta \ln S_i = \sum_{i=1}^{N}\left[\left(\mu - \frac{\sigma^2}{2}\right)\Delta t_i + \sigma\varepsilon_i\sqrt{\Delta t_i}\right]$$

进一步整理，可得：

$$\Delta \ln S = \ln S_T - \ln S_0 = \left(\mu - \frac{\sigma^2}{2}\right)(T-t) + \sum_{i=1}^{N}\sigma\varepsilon_i\sqrt{\Delta t_i}$$

易知 $\Delta \ln S$ 遵循均值为（$\mu - \sigma^2/2)(T-t)$，方差为 $\sigma^2(T-t)$ 的正态分布，记为：

$$\Delta \ln S = \ln S_T - \ln S_0 \sim \phi\left[\left(\mu - \frac{\sigma^2}{2}\right)(T-t),\ \sigma^2(T-t)\right] \tag{7-16}$$

显然，$\ln S_T$ 服从以下分布：

$$\ln S_T \sim \phi\left[\ln S_0 + \left(\mu - \frac{\sigma^2}{2}\right)(T-t),\ \sigma^2(T-t)\right]$$

此时，称 S_T 服从对数正态分布。于是，在已知预期收益率 μ、波动率 σ 以及当前证券价格 S_0 的情况下，就可以取得 $T-t$ 时长后证券价格 S_T 的分布情况，甚至得出 S_T 的期望和方差。

假设随机变量 X 服从对数正态分布，即 $\ln X \sim \phi(m, n)$，其中 m 和 n 分别为该正态分布的均值和方差。那么，可知 X 的期望为：

$$E(X) = e^{m+n/2} \tag{7-17}$$

方差为：

$$\operatorname{var}(X) = (e^n - 1)e^{2m+n} \tag{7-18}$$

如果已知证券价格的变化遵循几何布朗运动，t 时刻的证券价格为 S_0，

分析证券价格在 T 时刻的期望和方差。根据公式（7-16），易知 S_T/S_0 服从对数正态分布。进而，运用公式（7-17），可得：

$$E\left(\frac{S_T}{S_0}\right)=e^{\left(\mu-\frac{\sigma^2}{2}\right)(T-t)+\frac{\sigma^2(T-t)}{2}}=e^{\mu(T-t)}$$

则 $E(S_T)=S_0e^{\mu(T-t)}$。借助公式（7-18），可得：

$$\operatorname{var}\left(\frac{S_T}{S_0}\right)=\left[e^{\sigma^2(T-t)}-1\right]e^{2\left(\mu-\frac{\sigma^2}{2}\right)(T-t)+\sigma^2(T-t)}=\left[e^{\sigma^2(T-t)}-1\right]e^{2\mu(T-t)}$$

则有：

$$\operatorname{var}(S_T)=S_0^2\left[e^{\sigma^2(T-t)}-1\right]e^{2\mu(T-t)}$$

7.4 布莱克-斯科尔斯期权定价模型

在公式（7-14）中，将函数 $G(S,t)$ 理解为衍生证券价格，发现证券价格和衍生证券价格都受到了不确定性 dz 的影响，如果将证券和衍生证券有效匹配，则可以消除这种不确定性。正是基于这样的思路，布莱克和斯科尔斯（Black and Scholes，1973）建立了一个包括一单位衍生证券空头和若干单位标的证券多头的投资组合，在无套利的环境下，该组合在短期内的收益率等于无风险收益率。

7.4.1 布莱克-斯科尔斯微分方程

首先，推导布莱克-斯科尔斯微分方程，相关假设如下（张元萍和周远，2016）：

（1）证券价格的变化遵循几何布朗运动，其中预期收益率 μ 和波动率 σ 为常数；

（2）允许卖空标的证券；

（3）没有交易费用和税收，所有证券都是可分的；

（4）在有效期内，标的证券没有现金收益支付；

（5）证券交易是连续的，价格变动是连续的；

（6）无风险利率 r 为常数，市场不存在无风险套利机会。

根据假设，知证券价格 S 的变化遵循几何布朗运动，即：

$$dS = \mu S dt + \sigma S dz$$

在一个很小的时间间隔 Δt 内，证券价格 S 的变化为：

$$\Delta S = \mu S \Delta t + \sigma S \Delta z \tag{7-19}$$

令标的证券的衍生证券价格为 $f(S, t)$，则由公式（7－14），可得：

$$df = \left(\frac{\partial f}{\partial S}\mu S + \frac{\partial f}{\partial t} + \frac{1}{2} \times \frac{\partial^2 f}{\partial S^2}\sigma^2 S^2\right)dt + \frac{\partial f}{\partial S}\sigma S dz$$

在时间间隔 Δt 内，$f(S, t)$ 的增量形式为：

$$\Delta f = \left(\frac{\partial f}{\partial S}\mu S + \frac{\partial f}{\partial t} + \frac{1}{2} \times \frac{\partial^2 f}{\partial S^2}\sigma^2 S^2\right)\Delta t + \frac{\partial f}{\partial S}\sigma S \Delta z \tag{7-20}$$

为构造出证券和衍生证券的无风险组合，需要消去不确定性因素 $\Delta z = \varepsilon\sqrt{\Delta t}$。通过比较公式（7－19）和公式（7－20）中含 Δz 的项，考虑由一个单位衍生证券空头和 $\frac{\partial f}{\partial S}$ 单位标的证券多头构成的投资组合。用 V_p 表示该组合的价值，则在当前时刻为：

$$V_p = -f + \frac{\partial f}{\partial S}S$$

经过很短的时间 Δt 后，组合价值的变化为：

$$\Delta V_p = -\Delta f + \frac{\partial f}{\partial S}\Delta S \tag{7-21}$$

将公式（7－19）和公式（7－20）代入公式（7－21），有：

$$\Delta V_p = -\left(\frac{\partial f}{\partial S}\mu S + \frac{\partial f}{\partial t} + \frac{1}{2} \times \frac{\partial^2 f}{\partial S^2}\sigma^2 S^2\right)\Delta t - \frac{\partial f}{\partial S}\sigma S \Delta z + \frac{\partial f}{\partial S}(\mu S \Delta t + \sigma S \Delta z)$$

整理可得：

$$\Delta V_p = -\left(\frac{\partial f}{\partial t} + \frac{1}{2} \times \frac{\partial^2 f}{\partial S^2}\sigma^2 S^2\right)\Delta t \tag{7-22}$$

根据公式（7－22），可见投资组合在一段很短的时间 Δt 过后，已经不含有风险因素的部分，按照无套利原理，在这段时间内组合获利的收益率只能等于无风险收益率，因此：

$$\Delta V_p = V_p(e^{r\Delta t} - 1) \approx V_p r\Delta t = \left(-f + \frac{\partial f}{\partial S}S\right)r\Delta t \tag{7-23}$$

结合公式（7-22）和公式（7-23），可知：

$$\frac{\partial f}{\partial t} + rS\frac{\partial f}{\partial S} + \frac{1}{2}\times\sigma^2 S^2\frac{\partial^2 f}{\partial S^2} = rf \tag{7-24}$$

显然，在以上推导出的布莱克－斯科尔斯微分方程中，记$\frac{\partial f}{\partial S}$为 Δ，Δ 的值会随着证券价格和时间发生变化，仅在一个很短的时间内使得组合无风险，这种动态对冲的方法称为 Δ 对冲。如果针对的是一段较长的时间间隔，则需要根据 Δ 的适时变化来调整标准证券的数量。

7.4.2 风险中性假设

由公式（7-24），可以发现在衍生证券价格的微分方程中出现的变量为标的证券当前市场价格、时间、证券价格的波动率以及无风险利率，这些都是客观变量。而与投资者的风险收益偏好相关的指标——证券的预期收益率并没有出现在微分方程中，这意味着不管风险收益偏好如何，都不会影响衍生证券的定价。那么，布莱克－斯科尔斯微分方程所展示的这一特性将为随后的衍生证券定价引出一个重要的假设前提—所有投资者都是风险中性的。当然，风险中性条件仅仅是为了进一步求解布莱克－斯科尔斯微分方程作出的人为假定，但是随后的分析会发现利用这个假设获得的结论不仅适用投资者风险中性的情况，也适用于风险厌恶的情况。

通过一个例子，对风险中性定价和无套利定价的思想做一个对比。假设市场上有一支不付红利的股票，当前时刻 t 的股价为 S_0，以该股票为标的的欧式看涨期权的价值为f，期权的到期日为 T，无风险利率为 r。在这个有效期内，股票价格或上升到 $S_0u(u>1)$，或者下降到 $S_0d(d<1)$。股票价格上升到 S_0u 时，假设该期权的价值为 f_u；股票价格下降到 S_0d 时，假设该期权的价值为 f_d。

首先，考虑用无套利定价的思想获得欧式看涨期权的价值f。构造一个含有 Δ 股股票多头和一份以该股票为标的的欧式看涨期权空头的投资组合，计算该组合在无风险时的 Δ。当股票价格上升到 S_0u，组合在期权到期时的价值为 ΔS_0u-f_u；当股票价格下降到 S_0d 时，组合在期权到期时的价值为 ΔS_0d-f_d。为了确保该组合无风险，则在期权到期时无论股票上升还是下降，其未来的价值是一样的，即有：

$$\Delta S_0u-f_u=\Delta S_0d-f_d$$

求解可得：

$$\Delta=\frac{f_u-f_d}{S_0(u-d)} \tag{7-25}$$

由于在有效的金融市场上，不存在套利机会，该无风险组合的现值应该等于构造组合的期初成本，即有：

$$(\Delta S_0u-f_u)e^{-r(T-t)}=\Delta S_0-f$$

将公式（7－25）代入上式，可得：

$$f=\frac{f_u[1-de^{-r(T-t)}]+f_d[ue^{-r(T-t)}-1]}{u-d}$$

进一步整理有：

$$f=e^{-r(T-t)}[pf_u+(1-p)f_d] \tag{7-26}$$

其中，p 由股票未来价格升降的概率决定，即：

$$p=\frac{e^{r(T-t)}-d}{u-d} \tag{7-27}$$

然后，考虑用风险中性定价的思想获得欧式看涨期权的价值 f。假设在所有投资者都是风险中性的金融市场中，股票价格上升和下降概率分别为 p 和 $1-p$，因为股票价格期末的期望值按无风险利率贴现的现值必须等于该股票期初的价格，则有：

$$S_0=e^{-r(T-t)}[pS_0u+(1-p)S_0d]$$

求解，可得：

$$p=\frac{e^{r(T-t)}-d}{u-d}$$

这就是风险中性概率，与公式（7－27）中的概率是一样的，表明两种方法实际上是等价的。随后，计算期权的价格为：

$$f=e^{-r(T-t)}[pf_u+(1-p)f_d]$$

可以发现，通过风险中性定价思路得到的结果与无套利定价方法的结果完全一样，实际上这两种方法本质上是相同的，而风险中性定价法计算过程更简单。

在上面的例子中，无套利定价方法获得的期权价格与股票价格的概率分布没有关系，也就与股票的预期收益率无关。而用风险中性定价的方法时，将期权未来的预期值进行了折现，那么期权的定价就与股票价格的概率分布有关。注意，这个概率并非由现实世界中单个投资者的主观风险态度决定。

在无套利分析方法中只用到了股票的当前价格，因为在一个有效率的市场中，股票当前的均衡价格已经反映了其未来的收益。虽然从无套利定价的分析过程来看，期权的价格并不直接与股票价格变化的概率相关，但实际上是通过股票当前市场价格的变化影响到期权的价值。期权的价格与股票的预期收益率无关，即与投资者的风险偏好无关，实际上表示的是不发生直接关系，而整个市场价格的变化实际上和市场参与者整体的风险偏好有关系，进而也会影响到期权的定价。下面，对风险中性的含义做一个解释。

例如，有一个抛硬币的博弈，假设硬币是完全均匀的，正面朝上可以得1000元，反面朝上则什么也得不到，请问赌注要下多少，才能使该赌局成为一个公平的博弈？显然，当博弈结果的预期和赌注金额相等时，就是所谓的公平博弈。在这个例子中，花费500元参加赌局，就使得赌局成为了一个公平的博弈。可是，事实上很多人不愿意花费500元参加，只愿意花200元，甚至100元下注，他们实际上分别要求了300元甚至400元的预期收益作为承担风险的补偿。这就是风险厌恶性的投资者，在没有风险补偿时，他们会拒绝公平的博弈。如果有人无条件地参加公平博弈，则这样的人被认为是风险中性的，他们对风险采取无所谓的态度。考虑另外一个抛硬币博弈：正面朝上可以得1500元，反面朝上要赔500元，赌注仍然是500元，这同样是一个公平博弈，对于风险中性者来说也会无条件参加。如果将购买未来收益不确定的资产的投资视为赌博的话，风险中性的投资者对所有资产要求的预期收益率都是一样的，而不论其风险如何，也不要求风险的补偿。因此，对资产要求的预期收益率就等同于无风险收益率，即风险中性的投资者投资任何资产要求的收益率都是无风险收益率。

在前面利用风险中性定价方法对期权定价时，假设了所有市场参与者都是风险中性的，则所有的资产不管风险如何，预期收益率都相同，等于无风险收益率。所有资产现在的市场均衡价格都应当等于其未来价格的预期值，在考虑货币的时间价值，就是未来预期值用无风险利率折现后的现值。故而，在定价过程中，将概率 p 称为风险中性概率，折现率采用了无风险利率。风险中性假设和无套利分析是紧密联系在一起的，当无风险套利机会出现，所有市场的参与者都会进行套利活动，无论其对风险的态度如何。由此，可得出无套利分析的过程和结果与市场参与者的风险偏好无关。

作为理性的市场参与者，都被认为是风险厌恶的，要他们接受风险需要给予相应的风险补偿，于是在有风险资产的预期收益里都含有风险补偿。如果对一个问题的分析过程与市场参与者的风险偏好无关，则就无谓风险补偿的问题。风险中性假设就是这样的：如何对某个问题的分析过程与投资者的风险偏好无关，可以将该问题放到一个假设的风险中性世界进行，所得到的结果在真实世界里也同样成立。

运用风险中性假设可以大大简化问题的分析，因为在风险中性的世界中对所有资产都要求相同的收益率，而且所有资产的均衡定价都可以按照风险中性概率算出未来收益的预期值，再通过无风险利率进行折现。然后，将得到的结果放到真实世界，就取得了有实际意义的结果。利用风险中性假设的分析方法进行金融产品的定价，其核心环节就是构造出风险中性概率，无套利分析方法不涉及参与者的风险偏好，故而适合用风险中性假设的分析方法。

7.4.3 布莱克 – 斯科尔斯期权定价公式

在布莱克 – 斯科尔斯微分方程的推导过程中，运用 Δ 对冲方法使得风险完全消除掉，于是在公式（7 – 24）中不再含有随机项 dz，同时方程中也不含有预期收益率 μ，即预期的单位时间连续计息的复利收益率。因为证券的预期收益率中含有风险补偿，与投资者的风险偏好有关，这里不含 μ 意味着问题与投资者的风险偏好无关，故而风险中性的假设可以适用。

于是，将求解布莱克 – 斯科尔斯微分方程的问题可以放到一个假设的风险中性世界中去研究，在该世界中所有市场参与者都是风险中性的，对于风险资产的收益不要求风险补偿。那么，在这个风险中性的世界里，资产的预期收益率都等于无风险收益率。当将真实世界的问题放入风险中性世界时，标的证券价格的运动和变化方式没有改变，仍然服从对数正态分布，同时证券价格的波动率也保持不变。接下来，对无收益的欧式看涨期权进行定价分析，该问题的偏微分方程解法可以参考相关文献（姜礼尚，2008），这里只讨论运用风险中性假设进行的求解方法。

在风险中性假设的前提下，已知 t 时刻的证券价格为 S_t，无风险收益率为 r，波动率为 σ，无收益的欧式看涨期权的到期日为 T，执行价格为 X。设 T 时刻的证券价格为 S_T，为随机变量，服从对数正态分布：

$$\ln S_T \sim \phi\left[\ln S_t + \left(\mu - \frac{\sigma^2}{2}\right)(T-t),\ \sigma^2(T-t)\right]$$

在风险中性的条件下，用无风险利率 r 代替预期收益率 μ，可得：

$$\ln S_T \sim \phi\left[\ln S_t + \left(r - \frac{\sigma^2}{2}\right)(T-t),\ \sigma^2(T-t)\right]$$

令：

$$\mu_1 = \ln S_t + \left(r - \frac{\sigma^2}{2}\right)(T-t),\ \sigma_1 = \sigma\sqrt{T-t} \tag{7-28}$$

则有 $\ln S_T \sim \phi(\mu_1,\ \sigma_1^2)$，此时在风险中性世界里，$S_T$ 的概率密度函数为：

$$g_{S_T}(y) = \begin{cases} \dfrac{1}{\sqrt{2\pi}\sigma_1 y} e^{\frac{-(\ln y - \mu_1)^2}{2\sigma_1^2}},\ y > 0 \\ 0,\ y \leqslant 0 \end{cases}$$

欧式看涨期权在到期日 T 的期望值为：

$$\hat{E}[\max\{S_T - X,\ 0\}]$$

其中，$\hat{E}$ 表示风险中性条件下的期望值，那么欧式看涨期权在 t 时刻的价格 c_t 等于在到期日 T 的期望值按无风险利率贴现后的现值，即有：

$$c_t = e^{-r(T-t)}\hat{E}[\max\{S_T - X,\ 0\}]$$

接下来，利用 S_T 的概率密度函数来计算 $\hat{E}[\max\{S_T - X,\ 0\}]$。根据期望的定义，将 S_T 的概率密度函数代入之后，有：

$$\begin{aligned}\hat{E}[\max\{S_T - X, 0\}] &= \int_0^{+\infty} \max\{y - X, 0\} g_{S_T}(y)\,\mathrm{d}y \\ &= \int_X^{+\infty} (y - X) g_{S_T}(y)\,\mathrm{d}y \\ &= \int_X^{+\infty} (y - X) \frac{1}{\sqrt{2\pi}\sigma_1 y} e^{\frac{-(\ln y-\mu_1)^2}{2\sigma_1^2}}\,\mathrm{d}y\end{aligned}$$

取 $t = \ln y$，则有：

$$\hat{E}[\max\{S_T - X, 0\}] = \int_{\ln X}^{+\infty} \frac{e^t}{\sqrt{2\pi}\sigma_1} e^{\frac{-(t-\mu_1)^2}{2\sigma_1^2}}\,\mathrm{d}t - \int_{\ln X}^{+\infty} \frac{X}{\sqrt{2\pi}\sigma_1} e^{\frac{-(t-\mu_1)^2}{2\sigma_1^2}}\,\mathrm{d}t$$

令上式中的第一项为 K_1，第二项为 K_2，则 $\hat{E}[\max\{S_T - X, 0\}] = K_1 - K_2$。

在 K_1 中，对被积函数中的指数部分进行配方，整理可得：

$$K_1 = \int_{\ln X}^{+\infty} \frac{1}{\sqrt{2\pi}\sigma_1} e^{\frac{-[t-(\mu_1+\sigma_1^2)]^2}{2\sigma_1^2}} e^{\mu_1+\frac{\sigma_1^2}{2}}\,\mathrm{d}t = e^{\mu_1+\frac{\sigma_1^2}{2}} \int_{\ln X}^{+\infty} \frac{1}{\sqrt{2\pi}\sigma_1} e^{\frac{-[t-(\mu_1+\sigma_1^2)]^2}{2\sigma_1^2}}\,\mathrm{d}t$$

取 $t_1 = \dfrac{t - (\mu_1 + \sigma_1^2)}{\sigma_1}$，则有：

$$K_1 = e^{\mu_1+\frac{\sigma_1^2}{2}} \int_k^{+\infty} \frac{1}{\sqrt{2\pi}\sigma_1} e^{\frac{-t_1^2}{2}}\,\mathrm{d}t_1$$

其中，$k = \dfrac{\ln X - (\mu_1 + \sigma_1^2)}{\sigma_1}$，利用标准正态分布的概率密度，可知：

$$K_1 = e^{\mu_1+\frac{\sigma_1^2}{2}} [1 - N(k)]$$

其中，$N(\cdot)$ 为标准正态分布的累计概率分布函数。

将公式（7－28）代入上式，得：

$$K_1 = S_t e^{r(T-r)} N(d_1) \tag{7-29}$$

其中，

$$d_1 = \frac{\ln\dfrac{S_t}{X} + \left(r + \dfrac{1}{2}\sigma^2\right)(T - t)}{\sigma\sqrt{T-t}}$$

对于 K_2，同样借助标准正态分布的概率密度，可知：

$$K_2 = X\left[1 - N\left(\frac{\ln X - \mu_1}{\sigma_1}\right)\right]$$

将公式（7－28）代入上式，得：

$$K_1 = XN(d_2) \tag{7-30}$$

其中，

$$d_2 = \frac{\ln\frac{S_t}{X} + \left(r - \frac{1}{2}\sigma^2\right)(T-t)}{\sigma\sqrt{T-t}}$$

不难发现，$d_2 = d_1 - \sigma\sqrt{T-t}$。进而，借助公式（7－29）和公式（7－30），有

$$c_t = e^{-r(T-t)}\hat{E}[\max\{S_T - X, 0\}] = S_t N(d_1) - Xe^{-r(T-t)}N(d_2) \tag{7-31}$$

这就是无收益资产的欧式看涨期权的定价公式，显然根据公式（7－31），也可以得出无收益资产的美式看涨期权的价格。通过欧式看涨期权和看跌期权之间的平价公式（7－2），可得无收益情况下的欧式看跌期权的定价公式：

$$p_t = c_t + Xe^{-r(T-t)} - S_t = S_t N(d_1) - Xe^{-r(T-t)}N(d_2) + Xe^{-r(T-t)} - S_t$$

整理可得：

$$p_t = Xe^{-r(T-t)}N(-d_2) - S_t N(-d_1) \tag{7-32}$$

在布莱克－斯科尔斯期权定价公式（7－31）中，$e^{r(T-t)}S_t N(d_1)$ 可以理解为在 T 时刻期权执行时等于 S_T，不执行时等于零的变量在风险中性世界里的期望值，当然 $S_t N(d_1)$ 就它的现值。而 $N(d_2)$ 可以解释为风险中性世界中 $S_T > X$ 的概率，或者说是欧式看涨期权被执行的概率。理由如下。

根据公式（7－16），知：

$$\ln\frac{S_T}{S_t} \sim \phi\left[\left(r - \frac{\sigma^2}{2}\right)(T-t), \sigma^2(T-t)\right]$$

进行变量替换

$$z = \frac{\ln\frac{S_T}{S_t} - \left(r - \frac{\sigma^2}{2}\right)(T-t)}{\sigma\sqrt{T-t}}$$

易知 z 服从标准正态分布，在风险中性世界里考虑 $S_T > X$ 的概率为：

$$p(S_T>X)=p\left[z>\frac{\ln\frac{X}{S_t}-\left(r-\frac{\sigma^2}{2}\right)(T-t)}{\sigma\sqrt{T-t}}\right]=p\left[z>-\frac{\ln\frac{S_t}{X}+\left(r-\frac{\sigma^2}{2}\right)(T-t)}{\sigma\sqrt{T-t}}\right]$$

$$=1-N\left[-\frac{\ln\frac{S_t}{X}+\left(r-\frac{\sigma^2}{2}\right)(T-t)}{\sigma\sqrt{T-t}}\right]=1-N(-d_2)=N(d_2)$$

对于公式（7－31），还可以改写为：

$$c_t=e^{-r(T-t)}\left[\frac{S_te^{r(T-t)}N(d_1)}{N(d_2)}-X\right]$$

其中，$e^{r(T-t)}N(d_1)/N(d_2)$ 可以理解为：如果期权被执行，在风险中性世界里证券预期增长比率，而 $S_te^{r(T-t)}N(d_1)/N(d_2)$ 则可以理解为：如果期权被执行，在风险中性世界里证券的预期值。

7.4.4 期权定价公式的应用

布莱克－斯科尔斯期权定价公式针对的是标的证券无收益情况下的期权价格，而对于有收益情形时同样可以运用布莱克－斯科尔斯期权定价公式进行定价，只是需要将收益（即红利）部分扣除掉。

7.4.4.1 红利为固定金额的欧式期权价格

假设当前时刻为 t，欧式看涨期权的到期日为 T，标的证券在期权有效期内支付的红利金额为 D_i，$i=1, 2, \cdots, m$。由于在看涨期权到期之前要支付红利，则标的证券的价值不是证券本身，应该是证券价格减去所有红利的现值。故而证券的当前价格 S_t 由两个部分组成：第一，在每个红利发放日，支付的无风险红利 D_i，$i=1, 2, \cdots, m$；第二，支付红利后到 T 时刻时证券价格的现值，记为：

$$S_t^*=S_t-D^*$$

其中，D^* 表示期权有效期内所有红利 D_i 在时刻 t 的现值之和。

采用风险中性假设，对期权进行定价，只需要将当前价格 S_t 替换成当前

价格 S_t^* 即可，具体公式如下：

$$c_t = S_t^* N(d_1) - Xe^{-r(T-t)} N(d_2)$$

其中，

$$d_1 = \frac{\ln \frac{S_t^*}{X} + \left(r + \frac{1}{2}\sigma^2\right)(T-t)}{\sigma \sqrt{T-t}},\ d_2 = d_1 - \sigma \sqrt{T-t}$$

对于欧式看跌期权，操作方法类似，将公式（7－32）中涉及的 S_t 替换 S_t^* 即可。

7.4.4.2 红利为连续收益率的欧式期权价格

随后，分析标的资产的红利具有连续收益率的情况，如股票指数、外汇、期货合约等。假定在任何时间段 dt，标的资产按红利率 η 发放红利，相当于每一刻都将剩余资产价值的比例为 ηdt 的部分分掉，那么以连续复利计算，则在到期日还剩下原来资产价值的 $e^{-\eta(T-t)}$。于是，在当前时刻 t，标的资产的价值由两部分组成：第一，比例为 $1-e^{-\eta(T-t)}$ 的部分是作为红利在到期日前发放的；第二，比例为 $e^{-\eta(T-t)}$ 的部分是 1 份标的资产在到期日的价值的现值。

同样采用风险中性假设对欧式看涨期权进行定价，需要将标的资产的当前价格 S_t 替换成 $S_te^{-\eta(T-t)}$ 即可，公式如下：

$$c_t = S_t e^{-\eta(T-t)} N(d_1) - Xe^{-r(T-t)} N(d_2)$$

其中，

$$d_1 = \frac{\ln \frac{S_t e^{-\eta(T-t)}}{X} + \left(r + \frac{1}{2}\sigma^2\right)(T-t)}{\sigma \sqrt{T-t}},\ d_2 = d_1 - \sigma \sqrt{T-t}$$

这里用外汇期权举例进行说明。例如，当前时刻 t，英镑对美元的即期汇率为 S_t（单位：美元），英镑的无风险利率为 r_Y，美元的无风险利率为 r_M，英镑汇率遵循几何布朗运动，波动率为 σ，到期日为 T，执行价格为 X 的英镑汇率的欧式看涨期权价格如下：

$$c_t = S_t e^{-r_Y(T-t)} N(d_1) - Xe^{-r_M(T-t)} N(d_2)$$

其中，

$$d_1=\frac{\ln\frac{S_t e^{-r_Y(T-t)}}{X}+\left(r+\frac{1}{2}\sigma^2\right)(T-t)}{\sigma\sqrt{T-t}},\ d_2=d_1-\sigma\sqrt{T-t}$$

对于期货期权，同样可以用这种方法进行定价。此时，期货的价格可以和支付连续红利率 r 的资产等同对待，这里的红利率等于无风险利率，则以期货合约为标的的欧式看涨期权计算公式如下：

$$c_t=S_t e^{-r(T-t)}N(d_1)-Xe^{-r(T-t)}N(d_2)$$

其中，

$$d_1=\frac{\ln\frac{S_t}{X}+\frac{1}{2}\sigma^2(T-t)}{\sigma\sqrt{T-t}},\ d_2=d_1-\sigma\sqrt{T-t}$$

7.4.4.3 分红美式看涨期权的价格

当标的资产有红利时，美式看涨期权就有提前执行的可能，对于该期权的定价有一种近似处理的方法。

假设在期权有效期 $T-t$ 内有 k 个红利分派日 $t_i(i=1,2,\cdots,k)$，满足：

$$t=t_0<t_1<t_2<\cdots<t_k<t_{k+1}=T$$

在每个红利发放时刻，红利的期望值为 D_i，无风险利率为 r，执行价格为 X。首先，需要确定在时刻 t_i 提前执行美式看涨期权是否合理，不能提前执行的条件是：

$$D_i\leqslant X[1-e^{-r(t_{i+1}-t_i)}],\ i=1,2,\cdots,k$$

若在 t_{j_1}，t_{j_2}，…，t_{j_m} 等 m 个时刻提前执行可能是合理的，则分别计算在 T 时刻到期和以这 m 个时刻为到期日的欧式看涨期权的价格，最后比较这些价格当中最大的作为美式期权的价格。

对于分红美式看涨期权价格的精确结果，格斯克和罗尔（Gesk and Roll，1984）以及惠利（Whaley，1981）分别作出了进一步的研究，得出了求解分红股票美式看涨期权定价的精确解。

7.4.4.4 期权定价公式在实际运用中的处理

（1）在实际情况下，波动率 σ 是可以随机变化的，此时可以用期权有效期内各时间段的方差和来代替 $\sigma^2(T-t)$。例如，在 $T-t$ 内，有 m 个互不相交的时间段 $\Delta t_i(i=1, 2, \cdots, m)$，满足：

$$\sum_{i=1}^{m} \Delta t_i = T - t$$

在每个时间段 Δt_i 内，标的资产的波动率记为 σ_i（注意这是以年为单位），转换到每个时段上的波动率为 σ_i^*（例如，在1个月内 $\sigma_i^* = \sigma_i / \sqrt{12}$），于是有：

$$\sigma^2(T - t) = \sum_{i=1}^{m} (\sigma_i^*)^2$$

当然，这种思路只适合于波动率仅跟时间和标的资产价格有关的时候。

（2）在布莱克－斯科尔斯公式中，标的证券的价格变化遵循的是热扩散型的随机过程，然而当证券市场出现激烈的价格变化时，此时的证券价格变化应当被视为发生了跳跃。若向上和向下跳跃是对称的，可以看作波动率突然变大了。若向上跳跃的概率变大时，处于虚值状态的看涨期权价值会变大；而向下跳跃的概率变大时，则处于虚值状态的看跌期权价值会变大。

（3）一般来说，利率的变化对期权价格的影响不大，除非标的物是利率。当在期权的有效期内，市场无风险利率发生变化，表明债券收益曲线不是平坦的，则在波动率不变时，可以考虑用到期日与期权相同的零息票债券的累计收益来代替 $r(T-t)$。

7.5　蒙特卡罗法与有限差分法

虽然布莱克－斯科尔斯公式在处理欧式期权定价时很有效，但是对于美式期权，特别是美式看跌期权或者带红利的美式期权，很难取得期权价格的精确解。于是，许多专家学者在布莱克－斯科尔斯期权定价模型的基础上，对期权定价的数值求解方法进行了大量富有成效的研究，分别提出了蒙特卡罗模拟方法、二叉树方法和有限差分方法等定价手段（Boyle，1977；Babbs，

2000；Buetow and Sochacki，1998）。其中蒙特卡罗法在处理复杂的期权定价问题时，对随机样本数量要求较高，影响了其执行效率；有限差分法通过转换微分方程为差分方程，进而运用迭代方法求解，但运用过程不如离散格方法灵活。

7.5.1 期权定价的蒙特卡罗法

运用蒙特卡罗方法计算无收益的欧式期权价格，同样需要在风险中性的假设下进行。首先在风险中性世界里随机产生标的证券价格的路径，由此来取得收益的期望值，然后对其按无风险利率进行贴现。

假设当前时刻为 t，期权到期日为 T，标的证券价格的波动率为 σ，预期收益率为 μ，无风险利率为 r，当前时刻和到期日证券的价格分别记为 S_t 和 S_T。在风险中性的世界里，证券价格服从以下随机过程：

$$dS = \mu S dt + \sigma S dz$$

其中，dz 遵循标准布朗运动。为了模拟变量 S 的路径，将期权的有效期限 $T-t$ 分割成 N 个长度为 Δt 的小区间，则证券价格的变化可以近似表示为：

$$S_{t+\Delta t} - S_t = \mu S_t \Delta t + \sigma S_t \varepsilon \sqrt{\Delta t}$$

其中，ε 为服从标准正态分布的随机数。这样就可以从初始时刻的价格 S_t，计算出在 $t+\Delta t$ 时刻的价格 $S_{t+\Delta t}$，进而得出在 T 时刻的价格。每个模拟样本都需要通过对正态分布进行 N 次抽样来构造出证券价格的整个路径。

在实际应用中，发现选择证券价格的自然对数 $\ln S$ 进行抽样效果更好。通过伊藤引理可知，$\ln S$ 服从的随机过程为：

$$d\ln S = (r - \sigma^2/2) dt + \sigma dz$$

离散化，可得：

$$\ln S_{t+\Delta t} - \ln S_t = (r - \sigma^2/2)\Delta t + \sigma \varepsilon \sqrt{\Delta t}$$

整理后有：

$$S_{t+\Delta t} = S_t e^{(r-\sigma^2/2)\Delta t + \sigma \varepsilon \sqrt{\Delta t}} \tag{7-33}$$

利用上式可以产生出证券价格的路径。

那么对于整个有效期限 $T-t$，则有：

$$\ln S_T-\ln S_t=(r-\sigma^2/2)(T-t)+\sigma\varepsilon\sqrt{T-t}$$

即有：

$$S_T=S_te^{(r-\sigma^2/2)(T-t)+\sigma\varepsilon\sqrt{T-t}} \tag{7-34}$$

利用公式（7－34）可以计算在到期日 T 时刻的证券价格，进而取得相应的期权价格。

运用蒙特卡罗法进行期权定价的过程具体如下：

第一步，在风险中性的世界里按公式（7－33），对证券价格的随机路径进行抽样。

第二步，计算到期日时期权的收益。

第三步，重复第一步和第二步，获得大量期权收益的样本。

第四步，计算期权收益的平均值，即为风险中性世界中期权收益期望值的估计。

第五步，用无风险利率对收益期望值进行贴现，得到期权的当前价格。

蒙特卡罗方法不仅适用于单个标的资产的期权定价，也能够用于多个标的资产的情形（Hull，2014）。由于该方法的运算量与随机变量的数量呈线性关系，而其他数值方法的运算量与随机变量的数量呈指数关系，因此蒙特卡罗法效率更高。

蒙特卡罗法的一个显著优点是可以给出估计值的标准误差。蒙特卡罗法计算结果的精度依赖于模拟的次数，通常在计算期权收益的期望值时，还要计算标准差。这里用 ν 和 δ 分别表示期望值和标准差，则该估计值的标准误差为：$\delta/\sqrt{M}$，其中 M 为模拟次数。那么，可以给出证券价格 f 的一个置信区间（比如置信水平为95%）：

$$\nu-\frac{1.96\delta}{\sqrt{M}}<f<\nu+\frac{1.96\delta}{\sqrt{M}}$$

由此可见，期权价格的不确定性与模拟次数的平方根成反比，这意味着如果精度想提高10倍，必须将模拟次数提高100倍。

蒙特卡罗法的另一个显著优点是该方法不仅可用于收益只依赖于标的变量终端值的情况，也可以用于收益依赖于标的变量路径的情形，可以处理一些复杂的收益形式以及复杂的随机过程。

7.5.2 期权定价的有限差分法

有限差分法通过求解期权价格所满足的微分方程来达到定价的目的，在求解的过程中，将微分方程转换为一组差分方程，然后通过迭代的方式求出差分方程的解。现考虑利用这个方法对美式看跌期权进行定价。

由公式（7－24），已知期权价格满足微分方程：

$$\frac{\partial f}{\partial t}+rS\frac{\partial f}{\partial S}+\frac{1}{2}\times\sigma^2S^2\frac{\partial^2 f}{\partial S^2}=rf \tag{7-35}$$

设期权有效期限为 $T-t$，将其分成 N 个等长的小区间，每个区间长度为 $\Delta t=(T-t)/N$，不妨令当前时刻 t 为 0 时点，假设 $N+1$ 个时间点分别为：

$$0,\ \Delta t,\ 2\Delta t,\ \cdots,\ (N-1)\Delta t,\ T$$

假设 S_{max} 为一个足够大的证券价格，当证券达到这个价格时，看跌期权的价值几乎为零。考虑 $M+1$ 个证券的价格：

$$0,\ \Delta S,\ 2\Delta S,\ \cdots,\ (M-1)\Delta S,\ S_{max}$$

其中，$\Delta S=S_{max}/M$，这些证券价格中需要有一个和证券的当前价格相同。将选取的证券价格和时间点构成一个拥有 $(M+1)(N+1)$ 个点的网格，例如，网格上的点 $(i,\ j)$ 对应的时间为 $i\Delta t$，证券的价格为 $j\Delta S$，令 $f_{i,j}$ 表示 $(i,\ j)$ 点的期权价格。

7.5.2.1 隐式有限差分法

对应网格内部的点 $(i,\ j)$，$\frac{\partial f}{\partial S}$ 可被近似为：

$$\frac{\partial f}{\partial S}=\frac{f_{i,j+1}-f_{i,j}}{\Delta S} \tag{7-36}$$

或者

$$\frac{\partial f}{\partial S}=\frac{f_{i,j}-f_{i,j-1}}{\Delta S} \tag{7-37}$$

公式（7－36）称为向前差分近似，公式（7－37）称为向后差分近似。

将这两种方式结合起来，可以得出一个对称的差分方程：

$$\frac{\partial f}{\partial S}=\frac{f_{i,j+1}-f_{i,j-1}}{2\Delta S} \tag{7-38}$$

对于$\frac{\partial f}{\partial t}$，采用向前差分近似，则 $i\Delta t$ 时刻的值与 $(i+1)\Delta t$ 的值有关：

$$\frac{\partial f}{\partial t}=\frac{f_{i+1,j}-f_{i,j}}{\Delta t} \tag{7-39}$$

在 $(i,\ j)$ 点和 $(i,\ j+1)$ 点的$\frac{\partial f}{\partial S}$均由公式（7－37）给出，则在点 $(i,\ j)$ 的$\frac{\partial^2 f}{\partial S^2}$表示为：

$$\frac{\partial^2 f}{\partial S^2}=\frac{1}{\Delta S}\left(\frac{f_{i,j+1}-f_{i,j}}{\Delta S}-\frac{f_{i,j}-f_{i,j-1}}{\Delta S}\right)$$

整理可得：

$$\frac{\partial^2 f}{\partial S^2}=\frac{f_{i,j+1}+f_{i,j-1}-2f_{i,j}}{(\Delta S)^2} \tag{7-40}$$

将公式（7－38）、公式（7－39）和公式（7－40）代入微分方程（7－35），取 $S=j\Delta S$，有

$$\frac{f_{i+1,j}-f_{i,j}}{\Delta t}+r\times j\Delta S\frac{f_{i,j+1}-f_{i,j-1}}{2\Delta S}+\frac{1}{2}\sigma^2 j^2\ (\Delta S)^2\frac{f_{i,j+1}+f_{i,j-1}-2f_{i,j}}{(\Delta S)^2}=rf_{i,j}$$

其中，$i=0,\ 1,\ \cdots,\ N-1,\ j=1,\ 2,\ \cdots,\ M-1$，进而整理，可得：

$$\alpha_j f_{i,j-1}+\eta_j f_{i,j}+\gamma_j f_{i,j+1}=f_{i+1,j} \tag{7-41}$$

其中，

$$\alpha_j=\frac{1}{2}rj\Delta t-\frac{1}{2}\sigma^2 j^2\Delta t$$

$$\eta_j=1+\sigma^2 j^2\Delta t+r\Delta t$$

$$\gamma_j=-\frac{1}{2}rj\Delta t-\frac{1}{2}\sigma^2 j^2\Delta t$$

设证券在 T 时刻的市场价格为 S_T，期权的执行价格为 X，则看跌期权此时的价格为 $\max\{X-S_T,\ 0\}$，有：

$$f_{N,j}=\max\{X-j\Delta S,\ 0\},\ j=0,\ 1,\ \cdots,\ M \tag{7-42}$$

当证券价格为零时，看跌期权的价格为 X，则：

$$f_{i,0}=X,\ i=0,\ 1,\ \cdots,\ N \tag{7-43}$$

当证券价格达到 S_{max} 时，看跌期权的价格为零，则：

$$f_{i,M}=0,\ i=0,\ 1,\ \cdots,\ N \tag{7-44}$$

可以发现，公式（7-42）、公式（7-43）和公式（7-44）分别定义了看跌期权在网格三个边界 $t=T$，$S=0$，$S=S_{max}$ 上的取值，然后用公式（7-41）计算其他节点的期权值。当 $i=N-1$ 时，公式（7-41）即为：

$$\alpha_j f_{N-1,j-1}+\eta_j f_{N-1,j}+\gamma_j f_{N-1,j+1}=f_{N,j},\ j=1,\ 2,\ \cdots,\ M-1 \tag{7-45}$$

由公式（7-42）可得右边的取值，通过公式（7-43）和公式（7-44），有 $f_{N-1,0}=X$，$f_{N-1,M}=0$。在公式（7-45）中，给出了含有 $M-1$ 个未知量 $f_{N-1,1}$，$f_{N-1,2}$，…，$f_{N-1,M-1}$ 的方程组。在求解时，可以依次将 $f_{N-1,2}$，$f_{N-1,3}$，…，$f_{N-1,M-1}$ 分别用 $f_{N-1,1}$ 表示，通过解出 $f_{N-1,1}$，再得到其他的值。

在这些未知量确定后，将 $f_{N-1,j}$ 与 $X-j\Delta S$ 比较，若 $f_{N-1,j}<X-j\Delta S$，则表明提前执行更好，将 $f_{N-1,j}$ 的值设定为 $X-j\Delta S$。其他的时间节点用类似的处理方法，最终得出在当前时刻的各个期权价格结果：$f_{0,1}$，$f_{0,2}$，…，$f_{0,M-1}$，而需要的期权价格就是其中某一个值。

在应用时，用证券价格的自然对数 $\ln S$ 会更有效，令 $G=\ln S$，则公式（7-35）变为：

$$\frac{\partial f}{\partial t}+\left(r-\frac{\sigma^2}{2}\right)\frac{\partial f}{\partial G}+\frac{1}{2}\sigma^2\ \frac{\partial^2 f}{\partial G^2}=rf$$

针对 G 设置网格，于是上述微分方程化为：

$$\frac{f_{i+1,j}-f_{i,j}}{\Delta t}+\left(r-\frac{1}{2}\sigma^2\right)\frac{f_{i,j+1}-f_{i,j-1}}{2\Delta G}+\frac{1}{2}\sigma^2\frac{f_{i,j+1}+f_{i,j-1}-2f_{i,j}}{(\Delta G)^2}=rf_{i,j}$$

即：

$$\alpha_{1j}f_{i,j-1}+\eta_{1j}f_{i,j}+\gamma_{1j}f_{i,j+1}=f_{i+1,j}$$

其中，

$$\alpha_{1j}=\frac{\Delta t}{2\Delta G}\left(r-\frac{1}{2}\sigma^2\right)-\frac{\Delta t}{2\ (\Delta G)^2}\sigma^2$$

$$\eta_{1j}=1+\frac{\Delta t}{(\Delta G)^2}\sigma^2+r\Delta t$$

$$\gamma_{1j} = -\frac{\Delta t}{2\Delta G}\left(r - \frac{1}{2}\sigma^2\right) - \frac{\Delta t}{2(\Delta G)^2}\sigma^2$$

可见，经过变量替换后，参数 α_{1j}，η_{1j}，γ_{1j} 中不含有 j，显然独立于时间节点的取值。

7.5.2.2 显式有限差分法

隐式差分法的优势在于稳定性，当时间和价格的分段长度趋于零时，得出的数值解收敛于微分方程的解。然而其不足是，通过 $f_{i+1,j}$ 的值来计算 $f_{i,j}$ 时，涉及 $M-1$ 方程的求解，当分段的间隔较多时，计算量会明显增大。

于是，假设$\frac{\partial f}{\partial S}$的值在（$i$，$j$）和（$i+1$，$j$）节点上相等，同样假设$\frac{\partial^2 f}{\partial S^2}$的值也在（$i$，$j$）和（$i+1$，$j$）节点上相等，这样可以简化有限差分法。此时公式（7－38）化为：

$$\frac{\partial f}{\partial S} = \frac{f_{i+1,j+1} - f_{i+1,j-1}}{2\Delta S}$$

公式（7－40）可化为：

$$\frac{\partial^2 f}{\partial S^2} = \frac{f_{i+1,j+1} + f_{i+1,j-1} - 2f_{i+1,j}}{(\Delta S)^2}$$

这样一来，差分方程就变成：

$$\frac{f_{i+1,j} - f_{i,j}}{\Delta t} + r \times j\Delta S \frac{f_{i+1,j+1} - f_{i+1,j-1}}{2\Delta S} + \frac{1}{2}\sigma^2 j^2 (\Delta S)^2 \frac{f_{i+1,j+1} + f_{i+1,j-1} - 2f_{i+1,j}}{(\Delta S)^2} = rf_{i,j}$$

整理可得：

$$f_{i,j} = \alpha_j^* f_{i+1,j-1} + \eta_j^* f_{i+1,j} + \gamma_j^* f_{i+1,j+1} \tag{7-46}$$

其中，

$$\alpha_j^* = \frac{1}{1+r\Delta t}\left(-\frac{1}{2}rj\Delta t + \frac{1}{2}\sigma^2 j^2 \Delta t\right)$$

$$\eta_j^* = \frac{1}{1+r\Delta t}(1 - \sigma^2 j^2 \Delta t)$$

$$\gamma_j^* = \frac{1}{1+r\Delta t}\left(\frac{1}{2}rj\Delta t + \frac{1}{2}\sigma^2 j^2 \Delta t\right)$$

当知道在时刻 $T = N\Delta t$ 时的期权价格，就可以利用公式（7－46）快速推导出前一时刻的各个期权价格，直至当前时刻。这就是显式有限差分法。在应用时，同样用证券价格的自然对数 $G=\ln S$ 会更有效，此时差分方程为：

$$\frac{f_{i+1,j}-f_{i,j}}{\Delta t}+\left(r-\frac{1}{2}\sigma^2\right)\frac{f_{i+1,j+1}-f_{i+1,j-1}}{2\Delta G}+\frac{1}{2}\sigma^2\frac{f_{i+1,j+1}+f_{i+1,j-1}-2f_{i+1,j}}{(\Delta G)^2}=rf_{i,j}$$

整理可得：

$$f_{i,j}=\alpha_{1j}^*f_{i+1,j-1}+\eta_{1j}^*f_{i+1,j}+\gamma_{1j}^*f_{i+1,j+1}$$

其中，

$$\alpha_{1j}^*=\frac{1}{1+r\Delta t}\left[-\frac{\Delta t}{2\Delta G}\left(r-\frac{1}{2}\sigma^2\right)+\frac{\Delta t}{2(\Delta G)^2}\sigma^2\right]$$

$$\eta_{1j}^*=\frac{1}{1+r\Delta t}\left(1-\frac{\Delta t}{(\Delta G)^2}\sigma^2\right)$$

$$\gamma_{1j}^*=\frac{1}{1+r\Delta t}\left[\frac{\Delta t}{2\Delta G}\left(r-\frac{1}{2}\sigma^2\right)+\frac{\Delta t}{2(\Delta G)^2}\sigma^2\right]$$

可见，经过变量替换后，参数 α_{1j}^*，η_{1j}^*，γ_{1j}^* 的取值显然独立于时间节点的选择。赫尔和怀特（Hull and White，1990）探讨了变量替换后有限差分法的收敛性。通常情况下，考虑 $\Delta G=\sigma\sqrt{3\Delta t}$是不错的选择。

7.6 二叉树期权定价模型

二叉树方法作为目前主要的期权定价手段之一，不仅在标准期权定价中，也在奇异期权的定价求解上发挥着重要的作用. 该方法首先由考克斯等（Cox et al.，1979）提出，得到了与布莱克 - 斯科尔斯模型等价的结果，极大丰富了人们对期权价格运动方式的理解。

7.6.1 无收益资产的二叉树定价

二叉树模型首先将期权的有效期分成很多小的时间间隔 Δt，设当前时刻为 0 时刻，期权的到期日为 T 时刻。在每一个时间间隔内，证券的价格从初始值 S 变化为两个新值 Su 和 Sd 中的一个，其中

$$u>1,\ d<1,\ ud=1$$

假设从 S 上升到 Su 的概率为 p（此处为风险中性概率），从 S 下降到 Sd 的概率为 $1-p$。

二叉树定价同样需要在风险中性的假设下进行，满足：

（1）证券的期望收益率等于无风险利率。

（2）未来现金流可以用其期望值按无风险利率贴现来计算现值。

在风险中性的世界里，此时证券的预期收益率就等于无风险利率 r，证券价格的波动率为 σ，证券价格的初始值为 S，则在经过一小段时间 Δt 后，证券价格 $S_{\Delta t}$的期望值为 $Se^{r\Delta t}$。显然，可知：

$$E(S_{\Delta t})=Se^{r\Delta t}=pSu+(1-p)Sd \tag{7-47}$$

化简，可得：

$$e^{r\Delta t}=pu+(1-p)d \tag{7-48}$$

同时，证券价格的变化遵循几何布朗运动，于是在一小段时间 Δt 内，有：

$$\frac{S_{\Delta t}-S}{S}=\frac{\Delta S}{S}\sim\phi(r\Delta t,\ \sigma^2\Delta t)$$

则 $\Delta S\sim\phi(Sr\Delta t,\ S^2\sigma^2\Delta t)$，即服从均值为 $Sr\Delta t$、方差为 $S^2\sigma^2\Delta t$ 的正态分布，那么 $S_{\Delta t}$的方差为 $S^2\sigma^2\Delta t$。通过概率论知识，知 $S_{\Delta t}$的方差为：

$$\mathrm{var}(S_{\Delta t})=S^2\sigma^2\Delta t=E(S_{\Delta t}^2)-[E(S_{\Delta t})]^2$$

将公式（7-47）代入上式，有：

$$S^2\sigma^2\Delta t=p(Su)^2+(1-p)(Sd)^2-[pSu+(1-p)Sd]^2$$

整理可得：

$$\sigma^2\Delta t=pu^2+(1-p)d^2-[pu+(1-p)d]^2 \tag{7-49}$$

通过公式（7-48）可得概率 p 的表示形式：

$$p=\frac{e^{r\Delta t}-d}{u-d} \tag{7-50}$$

将上式代入公式（7-49），化简可得：

$$e^{r\Delta t}(u+d)-ud-e^{2r\Delta t}=\sigma^2\Delta t \tag{7-51}$$

当忽略 $(\Delta t)^2$ 和 Δt 更高级的项以后，以上方程的解为：

$$u=e^{\sigma\sqrt{\Delta t}},\ d=e^{-\sigma\sqrt{\Delta t}} \tag{7-52}$$

现在，考虑在现实世界中的结果，设从 S 上升到 Su 的概率为 p^*，在现实世界中收益率的期望值为μ，则在经过一小段时间 Δt 后，证券价格 $S_{\Delta t}$的期望值为：

$$Se^{\mu\Delta t} = p^* Su + (1 - p^*) Sd$$

可求出 p^* 的表示形式：

$$p^* = \frac{e^{r\Delta t} - d}{u - d}$$

类似地，在现实世界中证券价格的变化遵循几何布朗运动，分析可知：

$$S^2\sigma^2\Delta t = p^*(Su)^2 + (1 - p^*)(Sd)^2 - [p^* Su + (1 - p^*) Sd]^2$$

将 p^* 的表示形式代入上式，整理可得：

$$e^{\mu\Delta t}(u + d) - ud - e^{2\mu\Delta t} = \sigma^2\Delta t$$

进一步，可得以上方程的解和方程（7－51）的结果完全一样，这意味着期权定价问题在风险中性世界中研究得到的结论同样可以用于现实世界。

构建二叉树结构如图 7.2 所示，在 0 时刻证券的价格为 S；在下一时刻 Δt，要么上升到 Su，要么下降到 Sd；在时刻 $2\Delta t$，则出现三种情况：Su^2，S，Sd，依此类推。在 $i\Delta t$ 时刻，证券的价格会有 $i+1$ 种可能，记为：

$$Su^j d^{i-j},\ j = 0,\ 1,\ 2,\ \cdots,\ i$$

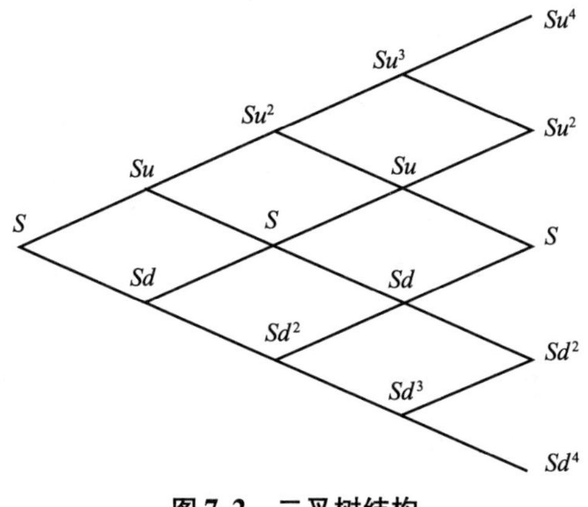

图 7.2　二叉树结构

根据二叉树结构图，从末端 T 时刻开始，用倒推法对期权进行定价。由于在到期日 T 时刻，期权的价值为已知的，于是在风险中性条件下，可以通过 T 时刻的期权价值的期望值在 Δt 时间内以无风险利率贴现，就可以求出在前一时刻（即 $T-\Delta t$ 时刻）的每个节点上的期权价值。而对于 $T-2\Delta t$ 时刻的各个节点的期权价值，可以利用 $T-\Delta t$ 时刻的期权价值的期望值在 Δt 时间内以无风险利率贴现求出，以此类推，最终得出 0 时刻期权的价格。如果是美式期权，则要在每一个节点上考虑提前执行是否更有利。

下面给出无收益情况下二叉树期权定价的具体过程，考虑美式看跌期权。

先利用公式（7－50）和公式（7－52）把相应的参数 u，d，p 计算出来。然后，将期权的有效期划分为 N 个长度为 Δt 的小区间，取 $f_{i,j}$ 表示在时刻 $i\Delta t$ 时第 j 个节点处美式看跌期权的价值，其中 $i=0$，1，…，N，$j=0$，1，…，i，当前时刻为 0 时刻，到期日为 $N\Delta t$ 时刻。期权的执行价格为 X，在节点（i，j）处的证券价格用 Su^jd^{i-j} 表示，则美式看跌期权在到期时的价值为

$$\max\{X-S_T,\ 0\}$$

那么，在 $N\Delta t$ 时刻的各个节点上期权价值分别为：

$$f_{N,j}=\max\{X-Su^jd^{N-j},\ 0\},\ j=0,\ 1,\ \cdots,\ N \qquad (7-53)$$

当时间从 $i\Delta t$ 变成（$i+1$）Δt 时，已知节点（i，j）到节点（$i+1$，$j+1$）的概率为 p，到节点（$i+1$，j）的概率为 $1-p$。

如果期权不提前执行，则有：

$$f_{i,j}=e^{-r\Delta t}[pf_{i+1,j+1}+(1-p)f_{i+1,j}] \qquad (7-54)$$

其中，$i=0$，1，…，$N-1$，$j=0$，1，…，i。

如果期权提前执行，则有

$$f_{i,j}=\max\{X-Su^jd^{i-j},\ e^{-r\Delta t}[pf_{i+1,j+1}+(1-p)f_{i+1,j}]\} \qquad (7-55)$$

其中，$i=0$，1，…，$N-1$，$j=0$，1，…，i。

当面对的是欧式看跌期权时，只需要用公式（7－53）和公式（7－54）就可以了；如果是欧式看涨期权，公式（7－54）照旧，但是公式（7－53）需要调整为：

$$f_{N,j}=\max\{Su^jd^{N-j}-X,\ 0\},\ j=0,\ 1,\ \cdots,\ N$$

如果是美式看涨期权，可以仿照欧式看涨期权的价格去计算，前面已经解释了在无收益情况下它和欧式看涨期权价格是一样的。

按照倒推法的计算，如果区间划分得足够多，即每一个时间间隔充分小，就可以取得期权的准确价值。接下来，将进一步分析当时间间隔 Δt 趋于零时，欧式期权的二叉树定价结果和布莱克－斯科尔斯公式的结果是一致的。

7.6.2 二叉树定价与布莱克－斯科尔斯公式的一致性

假设用 n 步二叉树对执行价格为 X、期限为 T 的欧式看涨期权进行定价。每步的时间长度为 T/n。在二叉树上，当证券价格从初始值 S 向上移动了 j 次，向下移动了 $n-j$ 次，最后的价格为 Su^jd^{n-j}。

欧式看涨期权的收益为：

$$\max\{Su^jd^{n-j}-X,\ 0\},\ j=0,\ 1,\ \cdots,\ n$$

根据二项分布的性质，向上移动了 j 次，向下移动了 $n-j$ 次的概率为：

$$\frac{n!}{(n-j)!\ j!}p^j(1-p)^{n-j}$$

于是看涨期权收益的期望值为：

$$\sum_{j=0}^{n}\left[\frac{n!}{(n-j)!j!}p^j(1-p)^{n-j}\max\{Su^jd^{n-j}-X,0\}\right]$$

由于二叉树表示的是在风险中性世界里证券价格的变化，故而应用无风险利率贴现来得到期权价格：

$$c=e^{-rT}\sum_{j=0}^{n}\left[\frac{n!}{(n-j)!j!}p^j(1-p)^{n-j}\max\{Su^jd^{n-j}-X,\ 0\}\right]\quad(7-56)$$

在上式中，只有证券价格高于执行价格的项为非零的，即有：

$$Su^jd^{n-j}>X$$

等价转换，有：

$$\ln(S/X)>-j\ln u-(n-j)\ln d\quad(7-57)$$

因为每步的时间长度为 T/n，则有 $u=e^{\sigma\sqrt{T/n}}$，$d=e^{-\sigma\sqrt{T/n}}$，代入公式（7－57），可得：

$$\ln(S/X)>n\sigma\sqrt{T/n}-2jn\sigma\sqrt{T/n}$$

从而可以推出：

$$j>\frac{n}{2}-\frac{\ln(S/X)}{2\sigma\sqrt{T/n}}$$

令 $k=\frac{n}{2}-\frac{\ln(S/X)}{2\sigma\sqrt{T/n}}$，则公式（7－56）可化为：

$$c=e^{-rT}\sum_{j>k}\left[\frac{n!}{(n-j)!j!}p^{j}(1-p)^{n-j}(Su^{j}d^{n-j}-X)\right]$$

为了接下来分析的方便，定义

$$A=\sum_{j>k}\left[\frac{n!}{(n-j)!j!}p^{j}(1-p)^{n-j}u^{j}d^{n-j}\right] \tag{7-58}$$

以及

$$B=\sum_{j>k}\left[\frac{n!}{(n-j)!j!}p^{j}(1-p)^{n-j}\right] \tag{7-59}$$

则有：

$$c=e^{-rT}(SA-XB) \tag{7-60}$$

由概率论知识，可得当实验次数趋于无穷大时，二项分布将趋于正态分布。当实验次数为 n，成功概率为 p 时，成功次数的概率分布近似于均值为 np，方差为 $\sqrt{np(1-p)}$ 的正态分布。那么，公式（7－59）中的 B 就是成功次数大于 k 的概率，当 n 充分大时，有：

$$B=N\left[\frac{np-k}{\sqrt{np(1-p)}}\right] \tag{7-61}$$

其中，$N(\cdot)$ 表示累积正态分布函数，将 k 代入上式，有：

$$B=N\left[\frac{\ln(S/X)}{2\sigma\sqrt{Tp(1-p)}}+\frac{\sqrt{n}(p-1/2)}{\sqrt{p(1-p)}}\right] \tag{7-62}$$

根据公式（7－50）和公式（7－52），有：

$$p=\frac{e^{rT/n}-e^{-\sigma\sqrt{T/n}}}{e^{\sigma\sqrt{T/n}}-e^{-\sigma\sqrt{T/n}}}$$

将指数函数按泰勒级数展开后，令 n 趋于无穷时，$p(1-p)$ 趋于 1/4，同时有：

$$\sqrt{n}\left(p-\frac{1}{2}\right)\rightarrow\frac{(r-\sigma^{2}/2)\sqrt{T}}{2\sigma}$$

则公式（7－62）可化为：

$$B = N\left[\frac{\ln(S/X) + (r - \sigma^2/2)T}{\sigma\sqrt{T}}\right] \tag{7-63}$$

然后，考虑 A 的情况，现定义：

$$p_1 = \frac{pu}{pu + (1-p)d} \tag{7-64}$$

公式（7－58）可化为：

$$A = [pu + (1-p)d]^n \sum_{j>k}\left[\frac{n!}{(n-j)!j!}p_1^j(1-p_1^j)^{n-j}\right]$$

由公式（7－48），可知 $pu + (1-p)d = e^{rT/n}$，则上式可进一步整理为：

$$A = e^{rT}\sum_{j>k}\left[\frac{n!}{(n-j)!j!}p_1^j(1-p_1^j)^{n-j}\right]$$

通过正态分布逼近二项分布，可以得到与公式（7－61）类似的结果：

$$A = e^{rT}N\left[\frac{np_1 - k}{\sqrt{np_1(1-p_1)}}\right]$$

把 k 代入上式，有：

$$A = e^{rT}N\left[\frac{\ln(S/X)}{2\sigma\sqrt{Tp_1(1-p_1)}} + \frac{\sqrt{n}(p_1 - 1/2)}{\sqrt{p_1(1-p_1)}}\right]$$

将公式（7－50）和公式（7－52）代入公式（7－64），有：

$$p_1 = \frac{e^{rT/n} - e^{-\sigma\sqrt{T/n}}}{e^{\sigma\sqrt{T/n}} - e^{-\sigma\sqrt{T/n}}} \times \frac{e^{\sigma\sqrt{T/n}}}{e^{rT/n}}$$

将指数函数按泰勒级数展开后，令 n 趋于无穷大，$p_1(1-p_1)$ 趋于 1/4，同时有：

$$\sqrt{n}\left(p_1 - \frac{1}{2}\right) \to \frac{(r + \sigma^2/2)\sqrt{T}}{2\sigma}$$

当 n 趋于无穷大时，可得：

$$A = e^{rT}N\left(\frac{\ln(S/X) + (r + \sigma^2/2)T}{\sigma\sqrt{T}}\right)$$

将上式和公式（7－63），代入公式（7－60），有：

$$c = SN(d_1) - Xe^{-rT}N(d_2)$$

其中，

$$d_1=\frac{\ln(S/X)+(r+\sigma^2/2)T}{\sigma\sqrt{T}}$$

以及

$$d_2=\frac{\ln(S/X)+(r-\sigma^2/2)T}{\sigma\sqrt{T}}$$

显然，这就是欧式看涨期权的布莱克－斯科尔斯公式。

7.6.3 有收益资产的二叉树定价

随后，考虑运用二叉树方法对有收益资产的期权进行定价，其中期权的标的物分为支付连续收益率的资产、已知红利率的资产和已知红利额的资产三种情况。

7.6.3.1 支付连续收益率的资产

当标的资产有支付连续收益率 η 的红利时，标的资产价格的增长率将变为 $r-\eta$，其中 r 为无风险收益率，公式（7－48）可转换为：

$$pu+(1-p)d=e^{(r-\eta)\Delta t}$$

于是风险中性概率为：

$$p=\frac{e^{(r-\eta)\Delta t}-d}{u-d}$$

标的资产价格上升和下降的系数仍然为：

$$u=e^{\sigma\sqrt{\Delta t}},\ d=e^{-\sigma\sqrt{\Delta t}}$$

对于股价指数期权来说，η 就是股票组合的红利收益率；对于外汇期权来说，η 就是国外无风险利率；对于期货期权来说，期货的价格可以与支付连续红利率 η 的证券等同对待，此时 η 就等于无风险利率，即 $\eta=r$，那么风险中性概率可化为：

$$p=\frac{1-d}{u-d}$$

7.6.3.2 红利率已知的资产

假设标的资产在期权有效期内只支付一次红利，已知红利率（即为资产价格的百分比）为 δ，当前的资产价格为 S，各个参数 u、d 和概率 p 的设定同无收益情况下一样。将期权的有效期以每小段 Δt 的长度进行划分，假设分为 n 段，每个分段时刻记为：$i\Delta t$，$i=1，2，\cdots，n$，其中当前时刻为 0 时刻，到期日为 $n\Delta t$ 时刻。

如果 $i\Delta t$ 是在除权日之前的时刻，二叉树上对应这个时点的资产价格为：

$$Su^j d^{i-j}，j=0，1，\cdots，i$$

如果 $i\Delta t$ 在除权日之后，则二叉树相应时点上的资产价格为：

$$S(1-\delta)u^j d^{i-j}，j=0，1，\cdots，i$$

对应期权有效期内有多个已知红利率的情况，可以采用同样的方法进行处理。例如，在 0 时刻到 $i_1\Delta t$ 时刻之间所有除权日的红利支付率为 δ_{i_1}，则在 $i_1\Delta t$ 时刻节点上的资产价格为：

$$S(1-\delta_{i_1})u^j d^{i_1-j}，j=0，1，\cdots，i_1$$

7.6.3.3 红利额已知的资产

当期权的期限很短时，最符合现实的做法是假设已知支付的红利额而不是红利率。由于红利额的存在，二叉树在除权日之后的每个节点会继续衍生出两个新的节点，而且不再会重合，这意味着随着分段的增加，需要估算的节点数量将变得很大。如果只支付一次红利，除权日 τ 介于 $k\Delta t$ 和 $(k+1)\Delta t$ 之间，红利额为 D。

当 $i\leqslant k$ 时，在 $i\Delta t$ 时刻的节点上资产价格为：

$$Su^j d^{i-j}，j=0，1，\cdots，i$$

当 $i=k+1$ 时，相应节点上的资产价格为：

$$Su^j d^{i-j}-D，j=0，1，\cdots，i$$

当 $i=k+2$ 时，相应节点上的资产价格为：

$$(Su^j d^{i-j}-D)u，(Su^j d^{i-j}-D)d$$

其中，$j=0，1，\cdots，i-1$。当 $i=k+m$ 时，此时的节点数为 $m(k+2)$ 个，而

不是 $k+m+1$ 个。如果在期权有效期内有多个除权日，则节点的数量将会增长得更快。

假设资产价格由两个部分构成：对应于期权有效期内所支付红利的无风险部分和有风险部分。在任意给定时刻，无风险部分等于在期权有效期内的所有红利以无风险利率从除权日贴现到当前的现值。当期权到期时，这些红利已经被支付，从而无风险部分不再存在。在具体操作上，只要在资产价格中除去所有在期权有效期内红利的贴现值，仍然可以用二叉树进行定价。值得注意的是，去掉红利后剩下的有风险部分的波动率与原来资产价格的波动率 σ 不完全一致，大概等于资产整体价格波动率乘以 $S/(S-D)$。

若在期权有效期内仅有一个除权日 τ，满足：

$$k\Delta t < \tau < (k+1)\Delta t$$

在 $i\Delta t$ 时刻，资产的不确定部分价格 S_i^* 为：

$$\begin{cases} S_i^* = S_i, \ i\Delta t > \tau \\ S_i^* = S_i - De^{-r(\tau - i\Delta t)}, \ i\Delta t \leqslant \tau \end{cases}$$

令 σ^* 为 S_i^* 的波动率，则相应的二叉树参数计算公式如下：

$$p = \frac{e^{r\Delta t} - d}{u - d}$$

其中，

$$u = e^{\sigma^* \sqrt{\Delta t}}, \ d = e^{-\sigma^* \sqrt{\Delta t}}$$

先把 S_i^* 的初始值模拟出来，然后按照通常的方式就可以构造出整个 S_i^* 的二叉树。接下来，在每个节点上把将来红利的贴现值加到资产价格上去，于是可以将 S_i^* 的二叉树转化为原来资产价格 S 的二叉树。

不妨令 S_0^* 为 S_i^* 在 0 时刻的价格，当 $i\Delta t < \tau$ 时，资产价格为：

$$S_0^* u^j d^{i-j} + De^{-r(\tau - i\Delta t)}, \ j = 0, 1, \cdots, i$$

当 $i\Delta t > \tau$ 时，资产价格为：

$$S_0^* u^j d^{i-j}, \ j = 0, 1, \cdots, i$$

这种方法成功地将二叉树变成了重合状态，相关的研究成果可以参考文献（任芳玲和蒋登智，2018；金凌辉和郭丽莎，2007）。

本章参考文献

[1] 周复之. 金融工程 [M]. 北京：清华大学出版社，2008.

[2] 张元萍，周远. 数理金融基础 [M]. 北京：北京大学出版社，2016.

[3] 袁德美，安军，陶宝. 概率论与数理统计 [M]. 北京：高等教育出版社，2014.

[4] Black F, Scholes M. The pricing of options and corporate liabilities [J]. Journal of Political Economy, 1973, 81 (6): 637 –654.

[5] 姜礼尚. 期权定价的数学模型和方法 [M]. 北京：高等教育出版社，2008.

[6] Gesk R, Roll R. On valuing American call options with the Black-Scholes European formula [J]. Journal of Finance, 1984, 39: 443 –455.

[7] Whaley R. On the valuation of American call options on stocks with known dividends [J]. Journal of Financial Economics, 1981 (9): 207 –212.

[8] Boyle P P. Options: a Monte Carlo approach [J]. Journal of Financial Economics, 1977, 4 (3): 323 –338.

[9] Babbs S. Binomial valuation of look back options [J]. Journal of Economic Dynamics and Control, 2000, 24 (11): 1499 –1525.

[10] Buetow G W, Sochacki J S. A more accurate finite difference approach to the pricing of contingent claims [J]. Applied Mathematics and Computing, 1998, 91 (2): 111 –126.

[11] Hull J C. 期权、期货及其他衍生产品 [M]. 王勇，索吾林，译. 北京：机械工业出版社，2014.

[12] Hull C, White A. Valuing derivative securities using the explicit finite difference method [J]. Journal of Financial and Quantitiative Analysis, 1990, 25: 87 –100.

[13] Cox J C, Ross S A, Rubinstein M. Options pricing: a simplified approach [J]. Journal of Financial Economics, 1979, 7 (3): 229 -263.

[14] 任芳玲，蒋登智．基于交易成本和红利的欧式期权二叉树模型及算法 [J]. 山东科学，2018，31 (5): 101 -108.

[15] 金凌辉，郭丽莎．支付红利的欧式期权二叉树模型的矩阵算法 [J]. 甘肃联合大学学报（自然科学版），2007，21 (5): 19 -22.

| 第 8 章 |

PSO 算法在期权定价中的应用

期权作为金融衍生工具的核心，逐步发展成为一种防范风险或投机的有效手段，被广泛应用于金融工程、投资、保险和理财等领域。期权合约灵活多样、适于创造，具有一个庞大的场外交易市场，对规避市场风险、增加市场流动性、降低交易成本和提高交易效率具有重要意义。近年来，国际金融衍生市场涌现出大量由欧式、美式等标准期权变化、组合、派生出的新产品，这类产品被称为“奇异期权”或“新型期权”。奇异期权在金融创新浪潮中脱颖而出，具有其独特的优势。与标准期权相比，奇异期权可根据客户的不同要求设计其结构特征，具有较强的灵活性；而且，相对于组合标准期权来复制变异结构，直接构造奇异期权的成本更低。随着金融理论研究的不断深入，金融机构创设复杂金融工具能力的增强，一些新的期权快速发展了起来。

关于期权定价的求解问题，已有许多专家学

者在布莱克－斯科尔斯期权定价模型的基础上，作出了大量富有成效的研究，波义耳（Boyle，1977）、巴布斯（Babbs，2000）、布托和索切基（Buetow and Sochacki，1998）分别提出了蒙特卡罗模拟方法、有限差分方法和二叉树格方法等定价手段。其中，蒙特卡罗模拟方法在处理复杂的期权定价问题时，对随机样本数量要求较高，影响了其执行效率。有限差分法通过转换微分方程为差分方程，进而运用迭代方法求解，但运用过程不如离散格方法灵活。二叉树方法作为目前主要的期权定价手段之一，不仅在标准期权定价中，也在奇异期权的定价求解上发挥着重要的作用。该方法首先由考克斯等（Cox et al.，1979）提出，得到了与布莱克－斯科尔斯模型等价的结果，极大丰富了人们对期权价格运动方式的理解。随后，在期权理论研究的逐渐深入过程中，一些学者也提出了新的定价方式。利用模糊集理论分析了布莱克－斯科尔斯期权定价模型（Lee et al.，2005）；选择快速傅立叶变换实现了价外期权价格的求解（Carr and Madan，1999）；运用离散的动态规划对期权定价模型进行了分析和处理（Fedotov，1999）。随着人工神经网络和进化算法的提出和发展，期权定价的方法得到了进一步拓展。通过蚁群优化算法获得了期权价格的数值结果，并与经典的二叉树方法进行了对比（Kumar et al.，2008）。将人工萤火虫优化算法应用到期权参数的估计中（Mo et al.，2013）。

8.1 基于 PSO 算法的隐含波动率估计

波动率是布莱克－斯科尔斯期权定价公式中一个相当重要的参数，期权的价格对它的变动非常敏感。在期权交易市场中，投资者希望通过原生资产将来价格的波动率信息，来获得投资的主动性。其中根据单个期权价格导出的原生资产价格的波动率被称为隐含波动率。隐含波动率可以用来衡量市场上对于某资产波动率的观点，历史波动率是回望型，而隐含波动率则为前瞻型。通常，交易员对于期权所报出的是隐含波动率，而不是期权价格。这样做会带来许多方便，因为期权价格变化不如波动率变化来得稳定。

8.1.1 研究背景

为了探索具有满意投资收益率的市场，期权定价已成为一个受到经济学家和数学家广泛关注的重要研究课题。1973 年经过布莱克和斯科尔斯以及莫顿的共同努力，建立了著名的布莱克 - 斯科尔斯 - 莫顿模型，该模型给出了欧式期权定价问题的封闭解（Black and Scholes，1973；Merton，1973）。从此，围绕着模型的发展和应用的大量研究工作也随之兴起。例如，霍夫曼等（Hofmann et al.，1992）讨论了在不完全和随机波动率环境下的期权定价问题。阿维拉内达等（Avellaneda et al.，1995）考虑了在具有不确定性波动率的市场中衍生证券的定价和套期保值。施韦泽（Schweizer，1995）分析了在离散时间下方差最优的套期保值。当前，期权定价被认为是在金融应用中最复杂的数学问题。对于较复杂的期权定价问题，已有研究者提出了一些针对性的数值求解方法，用于获得这些定价问题的数值解，例如，蒙特卡罗法、二项式格点法、快速傅立叶变换和离散动态规划等。同时，随着神经网络和启发式算法的发展，这两种方法也先后被用来处理期权定价问题。丁达尔和马尔瓦拉（Dindar and Marwala，2004）结合了神经网络和优化网络的思路来处理期权定价的问题。沙玛等（Sharma et al.，2013）考虑了标准化的粒子群优化算法用于定价一种复杂的任选期权。

作为被广泛应用的期权定价模型，布莱克 - 斯科尔斯模型有五个重要的参数：标的资产的市场价格、执行价格、有效期限、无风险利率和资产价格的波动率。在这些变量中，期权价格对波动率的变化很敏感。作为一个关键性的参数，波动率无法被直接观测到，而需要通过一定的数值方法来得到其合理的估计值。然而，在现有大多数期权定价的研究中，波动率被作为一个常数来看待。由于波动率与期权中其他参数息息相关，是一个复杂的非线性函数，于是一些学者应用了数值方法来估计波动率的近似值。在波动率的估计中运用了牛顿 - 拉弗森方法，其结果只能收敛到局部最优（Manaster and Koehler，1982）。运用遗传算法，比基于演化的搜索方法在波动率的估计中能获得更精确的结果（Bruce，2000）。

在进化计算方法中，肯尼迪和埃伯汉特（Kennedy and Eberhart，1995）提出的 PSO 算法具有简单有效、易于实现的特点。然而，PSO 算法在迭代后期容易陷入局部最优。针对这一不足，大量研究者对算法进行了改良，用于增强算法的性能。例如，设计了一种带约束的粒子群优化机制（刘衍民等，2011）；结合 PSO 算法和遗传算法的优点提出了一种混合的智能优化算法（Deng et al.，2012）；考虑了粒子历史最优位置的均值对粒子位置进行更新（He and Huang，2012）。同时，运用 PSO 算法对波动率进行估计的研究工作也先后出现。在原始的二进制粒子群优化算法（BPSO1）基础上，提出一种带变异的二进制粒子群优化算法（BPSO2），并运用改进算法对期权的波动率进行了估计（Lee et al.，2007）；通过量子行为粒子群优化算法寻求了波动率的近似值（Zhao et al.，2010）。

8.1.2 问题阐述

布莱克和斯科尔斯运用偏微分方程求解技巧给出了欧式看涨和欧式看跌期权价格的数学解析公式。在该期权模型中需要满足以下几点假设：

第一，股票价格服从几何布朗运动；

第二，期权必须在到期日执行；

第三，无风险利率设定为常数；

第四，股票进行连续性交易，不含股息和交易税；

第五，市场是无摩擦的。

这里，选择欧式看涨期权作为研究对象。当前时刻为 0 时刻，股票的当前价格记为 S_0，该股票的看涨期权价格为 V，与期权价格相关的参数包括：执行价格（X）、到期日（T）、波动率（σ）和无风险利率（r）。那么，布莱克－斯科尔斯期权定价公式如下：

$$V = S_0 N(d_1) - Xe^{-rT}N(d_2)$$

其中，$N(x)$ 为标准正态分布函数，即：

$$N(x) = P(Z \leqslant x)$$

d_1 和 d_2 的表达式分别为：

$$d_1 = \frac{\ln(S_0/X) + (r + \sigma^2/2)T}{\sigma\sqrt{T}},\ d_2 = d_1 - \sigma\sqrt{T}$$

在模型分析时，往往将标的股票价格的波动率设定为常数。作为模型中的重要参数，波动率根据较长的时间段和无重复的数据呈现不同的结果。有经验的期权交易人不仅分析现在的隐含波动率，还会从历史数据中判断这些值与期望值之间的关系。因此，将波动率考虑为一个变量更为合理，需要通过实验数据的分析来估计。

在评价波动率的估计值时，需要考虑期权价格的数值近似解和真实价格之间的差异。于是，选择估计值和真实值之间差值的绝对值作为优化问题的目前函数，而优化模型的目的就是寻找该函数的最小值。具体模型如下：

$$\begin{aligned} &\min \quad |f(x) - f_0| \\ &\text{s. t.} \quad x \in (0,\ 1) \end{aligned} \tag{8-1}$$

其中，x 表示隐含波动率，$f(x)$ 表示欧式看涨期权定价公式，f_0 表示当前标的股票的看涨期权的真实价格。

8.1.3 算法分析

在 PSO 算法中，每个粒子根据它自身的经验和相邻粒子的最好经验在搜索空间中向一个更好的位置运动。因为在 PSO 算法中仅有几个参数需要进行设定，该算法非常容易编程和实现。假设算法的搜索空间为 D 维，种群数为 n，第 i 个粒子的位置和速度分别记为：

$$X_i = (X_{i1},\ X_{i2},\ \cdots,\ X_{iD})$$

和

$$V_i = (V_{i1},\ V_{i2},\ \cdots,\ V_{iD})$$

其中，$i = 1,\ 2,\ \cdots,\ n$。第 i 个粒子的历史最佳位置（pbest）为：

$$P_i = (P_{i1},\ P_{i2},\ \cdots,\ P_{iD})$$

种群的历史最佳位置（gbest）为：

$$P_g = (P_{g1},\ P_{g2},\ \cdots,\ P_{gD})$$

在每次迭代中，粒子的速度和它的位置通过以下公式进行更新：

$$V_{id}(t+1)=wV_{id}(t)+c_1r_{1i,d}(t)[P_{id}(t)-X_{id}(t)]+c_2r_{2i,d}(t)[P_{gd}(t)-X_{id}(t)] \quad (8-2)$$

$$X_{id}(t+1)=X_{id}(t)+V_{id}(t+1) \quad (8-3)$$

其中，$i=1, 2, \cdots, n$，$d=1, 2, \cdots, D$，w 是惯性权重，c_1 和 c_2 分别是自我认知和社会学习的相关参数，$r_{1i,d}$和 $r_{2i,d}$均为（0，1）上服从均匀分布的随机数。

肯尼迪和埃伯汉特（Kennedy and Eberhart，1997）提出了二进制粒子群优化算法（binary partical swarm optimization algorithm，BPSO），在算法中以粒子速度为变量构造了一个新的概率函数，用来确定二进制数的取值情况。BPSO 算法中，粒子的速度更新公式仍是公式（8－2），其位置更新公式如下：

$$X_{id}(t+1)=\begin{cases}0, & rand(\cdot)\geqslant S[V_{id}(t+1)]\\1, & rand(\cdot)<S[V_{id}(t+1)]\end{cases}$$

其中，$rand(\cdot)$ 表示（0，1）上均匀分布的随机数，$S(\cdot)$ 表示将速度化为（0，1）上的概率值的示性函数，其表达式如下：

$$S[V_{id}(t+1)]=\frac{1}{1+e^{-V_{id}(t+1)}}$$

PSO 算法有一个显著的缺陷，就是在求解最优问题时容易过早陷入局部最优。为了防止算法出现早熟，在标准 PSO 算法的基础上，针对种群最优位置提出一种改进的算法。这里，涉及两个方面的改进。

第一，用 mbest 代替 gbest，其中 mbest 表示在以前迭代过程中所有的种群最优位置 gbest 的平均值，记为：

$$\text{mbest}=\frac{1}{t}\sum_{k=1}^{t}\text{gbest}(k) \quad (8-4)$$

其中，t 表示当前的迭代次数，$\text{gbest}(k)$ 表示第 k 次迭代的种群最优位置。于是，在迭代过程中，不仅考虑了种群当前的最优位置，还结合了种群的历史最优位置，能够增强算法的全局搜索能力，提高其搜索精度。

第二，对 gbest 进行变异操作，以增强种群的多样性，避免算法过早陷入早熟。

if $r_0 \leqslant P_0$

for $k = 1$ *to* D_0

$$d = \lceil r_{k1} \cdot D \rceil; \; P_{gd} = L + r_{k2} \cdot (U - L) \tag{8-5}$$

end

end

其中，r_0，r_{k1}，r_{k2}均为（0，1）上的随机数，D_0 表示变异维数，$\lceil \cdot \rceil$表示向上取整，U 和 L 分别表示 P_{gd}的最大值和最小值。P_0 表示变异概率，定义如下：

$$P_0 = P_{\min} + \frac{T - t}{T - 1}(P_{\max} - P_{\min})$$

其中，$P_{\max}$和 $P_{\min}$分别为 P_0 的最大值和最小值，T 表示最大迭代次数。

经过改进后的算法记为 IPSO，其算法流程如下：

第一步，初始化种群，令当前迭代次数为 0。

第二步，计算当前所有粒子的适应值。

第三步，对于每个粒子，如果粒子当前适应值比其 pbest 适应值更好，则用粒子当前的位置取代 pbest。

第四步，对于每个粒子，如果粒子 pbest 适应值比当前种群的 gbest 适应值更好，则用粒子的 pbest 取代种群的历史最佳位置 gbest。

第五步，用公式（8－4）和公式（8－5）更新 gbest。

第六步，用公式（8－2）和公式（8－3）分别更新每个粒子的速度和位置，迭代次数加 1。

第七步，当前迭代次数不超过最大迭代次数时，转向第二步；否则，输出结果。

8.1.4 数值结果

随后，应用 IPSO 算法估计欧式看涨期权的隐含波动率，所有实验数据来自已有文献（Stampfli and Goodman，2003）。为了寻找出布莱克－斯科尔斯模型中波动率的估计值，可以考虑期权价格的估计值和其真实值尽可能相等的时候，即以这两者之间差距的绝对值作为目标函数，求使得目标函数取得最小值的解。为比较算法的优化结果，选择了原始的二进制粒子群优化算法（记为 BPSO1）、改进算法 BPSO2（Lee et al.，2007）和 IPSO 进行对比实验。其中 BPSO1 和 BPSO2 两种算法中设定二进制编码为 20 位，IPSO 算法中选择 1 维的实数编码。

在数值实验中，加速因子 $c_1=c_2=2$，变异维数 $D_0=5$，惯性权重采用线性递减策略：

$$w = w_{\min} + \frac{T-t}{T-1}(w_{\max} - w_{\min})$$

这里，T 为最大迭代次数，t 为当前迭代次数，$w_{\max}$ 和 $w_{\min}$ 分别表示权重的最大值和最小值，在实验中 $w_{\max}=1$，$w_{\min}=0.4$。根据种群规模和最大迭代次数的设定，考虑四种不同的组合方式进行运算，所有算法的程序重复运行 20 次，然后取平均值。

在表 8.1 中，S_i，$i=1$，2，3，4 分别表示种群规模 n 和最大迭代次数 T 取不同值时的四种参数设置。从表 8.1 中结果可见，在所有组合中 IPSO 算法计算的数值明显比 BPSO1 和 BPSO2 算法更小，表明其搜索能力更强。随着种群规模和迭代次数的增加，三种算法的结果均得到了改善，而 IPSO 算法的优化效率更高。因为它通过对历史全局最优经验的分析增强了全局搜索能力，加快了收敛的速度。另外，BPSO2 算法由于运用变异操作提高了种群的多样性，比 BPSO1 算法的优化效果更好。

表 8.1　　三种算法的优化结果

组合	n	T	BPSO1	BPSO2	IPSO
S_1	10	50	0.1719	0.1424	4.6674E-004
S_2	10	100	0.0887	0.0778	1.8849E-005
S_3	20	50	0.0564	0.0987	1.3658E-004
S_4	20	100	0.0362	0.0326	5.2370E-006

进一步，从优化结果的最小值、最大值、均值和方差等指标具体分析

BPSO2 算法和 IPSO 算法的差异。表 8.2 中数据显示，在组合 S_4 下两种算法的各项指标都是表现最好的。与 BPSO2 算法比较，IPSO 算法在最小值、最大值和均值等方面结果更佳，同时方差值也远小于 BPSO2 算法的结果，表明改进算法的优化值具有很好的稳定性。由于适应值表示估计的期权价格与真实价格之差的绝对值，故而表中的数值说明 IPSO 算法获得的估计价格更接近真实的价格。

表 8.2　　　　BPSO2 和 IPSO 的优化值比较

组合	算法	最小值	最大值	均值	方差
S_1	BPSO2	0.0019	0.3821	0.1424	0.0149
	IPSO	4.1339E-007	0.0025	4.6674E-004	2.9676E-007
S_2	BPSO2	0.0058	0.2446	0.0778	0.0035
	IPSO	4.5125E-007	8.2782E-005	1.8849E-005	7.0702E-010
S_3	BPSO2	0.0058	0.3438	0.0987	0.0080
	IPSO	1.3528E-006	3.5266E-004	1.3658E-004	1.0450E-008
S_4	BPSO2	0.0048	0.1195	0.0326	0.0011
	IPSO	3.0509E-007	2.2859E-005	5.2370E-006	3.4502E-011

同时，将两种算法的迭代过程通过图 8.1 和图 8.2 进行比较，其中图 8.1 反映的是种群规模较小的结果，图 8.2 则展示的是种群规模较大时的结果。在迭代过程的展示图中，IPSO 算法比 BPSO2 算法更快、更有效地收敛到优化问题的全局最优解。当种群规模 $n=10$ 时，IPSO 算法经过 40 次左右的迭代就获得了较好的优化结果；当种群规模增加到 $n=20$ 时，IPSO 算法在大约 30 次迭代时能够搜索到满意的最优值。

接下来，在图 8.3 中展示了两种算法获得隐含波动率估计值的迭代过程，其中图 8-3（a）为种群规模为 10 时的结果，而图 8.3（b）则为种群规模为 20 时的情况。由图可见，IPSO 算法比 BPSO2 算法能够更加迅速、更加稳定地寻找到波动率的最佳估计值。

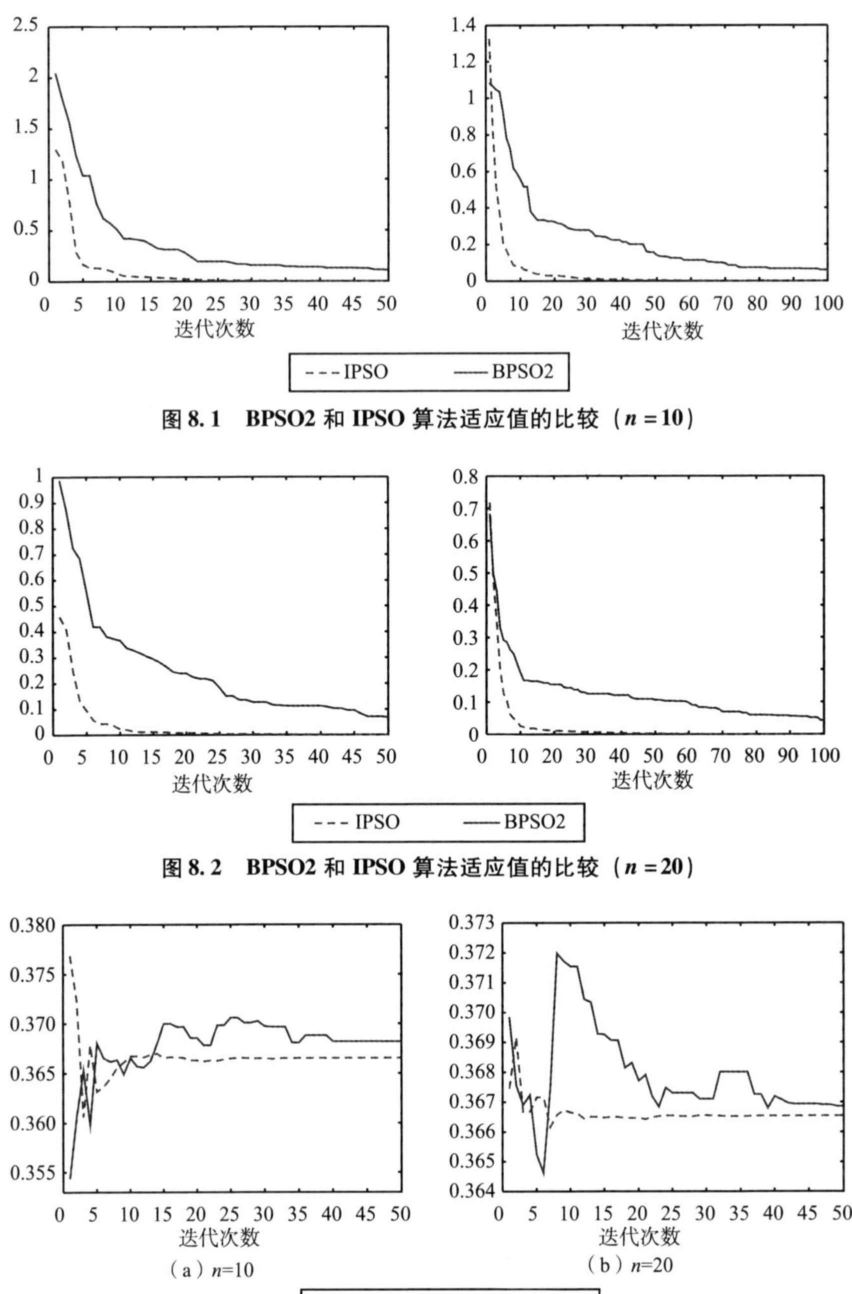

图 8.1　BPSO2 和 IPSO 算法适应值的比较（n =10）

图 8.2　BPSO2 和 IPSO 算法适应值的比较（n =20）

图 8.3　BPSO2 和 IPSO 算法的最优解

最后，将三种算法得到的隐含波动率的估计结果进行比较。因为 IPSO 算法的优化效果最好，其估计值与当前股票期权的波动率最接近，于是波动率 $\sigma=0.3665$。在表 8.3 中，BPSO1 算法和 BPSO2 算法均在组合 S_4 下寻找到最靠近真实值的估计结果，同时 IPSO 算法在各个组合下都获得了同一优化值，显示出其高效的搜索性能和稳定性。

表 8.3　　三种算法的波动率估计值

组合	BPSO1-σ	BPSO2-σ	IPSO-σ
S_1	0.3638	0.3673	0.3665
S_2	0.3652	0.3663	0.3665
S_3	0.3658	0.3671	0.3665
S_4	0.3666	0.3667	0.3665

8.2　基于 PSO 算法的期权参数估计

8.2.1　研究背景

期权交易是在金融机构中运用最为广泛的一种交易方式，作为金融应用领域的主要工具，它的定价模型被认为具有最复杂的数学形式。自从著名的布莱克－斯科尔斯模型提出后，大量关于模型的改进和应用不断涌现出来。运用牛顿－拉弗森方法分析了期权的波动率（Manaster and Koehler，1982）；考虑了当市场波动率不确定时，如何对衍生证券进行定价（Avellaneda et al.，1995）；提出了一种优化网络的方法更好地处理期权定价问题（Dindar and Marwala，2004）。实际上，在现实的金融市场中获得某些类型期权的解析解几乎不可能做到。基于此，数值算法逐渐被运用于处理这些期权的定价问题。从 2005 年开始，启发式算法（如遗传算法、粒子群优化算法等）被陆续应用到期权定价问题中，这类算法在处理一些复杂的期权定价问题时展现出更好的适用性和灵活性。

值得注意的是，在现有大多数研究中，布莱克－斯科尔斯模型中的一些参数往往被设定为常值。事实上，期权价格对这些参数的波动非常敏感。同时，一些参数如波动率和无风险利率无法提前观测到，设定参数时需要借助历史数据进行估计。于是，在对期权进行定价时，如何合理地选择这些参数显得尤为重要。由于这些参数之间往往具有复杂的、非线性的函数关系，可以考虑运用适用性和操作性较强的群智能算法进行处理。

作为一类进化计算方法，原始 PSO 算法的流程易于编码和实现，但是存在迭代后期陷入早熟的问题，因此大量围绕着 PSO 算法的改进和应用的研究不断涌现。为了提升粒子的探索能力，利用粒子历史最优位置的平均值来改进粒子位置迭代公式（He and Huang，2012）；结合 PSO 和 GA 算法的优点，设计了一种改进的混合算法，并应用到一类约束优化问题中（Garg，2016）。在期权参数的估计方法上，基于原始的二进制粒子群优化算法提出了带变异机制的改进算法，并用于估计欧式期权的波动率（Lee et al.，2007）；借助量子行为的 PSO 算法估计了期权的隐含波动率（Zhao et al.，2010）。

8.2.2 问题阐述

通过求解偏微分方程，布莱克和斯科尔斯获得了欧式看涨期权价格的精确表达式，该结果的取得需要满足一定的假设条件，如下：

第一，股票价格服从几何布朗运动；

第二，期权必须在到期日执行；

第三，无风险利率和波动率为常数；

第四，股票能够进行连续性交易，没有股息和交易费用；

第五，市场是无摩擦的。

随后的分析，主要针对欧式看涨期权。假设当前标的股票的价格为 S_0，以该股票为标的的看涨期权价格为 V，期权的有效期限为 T，执行价格为 X，无风险利率和股票价格的波动率分别为 r 和 σ。于是，根据期权定价公式，有：

$$V = S_0 N(d_1) - Xe^{-rT} N(d_2)$$

其中

$$d_1 = \frac{\ln(S_0/X) + (r + \sigma^2/2)T}{\sigma\sqrt{T}}, d_2 = d_1 - \sigma\sqrt{T}$$

在期权定价公式中，无风险利率和波动率通常在分析时被设定为常值。实际上，基于不同的时间段和不重复的数据，这些参数会出现不同的估计值。故而，需要认真去审视这些估计的结果，相比从历史数据和当前数据中得到的期望值，是高估了还是低估了，相应的期权价格是比真实值更贵还是更便宜。为了更好地适应金融市场的特点，这些参数的设定不能一成不变，需要通过实验分析进行合理的估算。

为了取得无风险利率和波动率的估计结果，我们期望期权的估计值和其真实值尽可能地接近，可以考虑这两者之差的绝对值作为算法的适应函数。于是，相应的优化问题就是最小化这个绝对值，形式如下：

$$\begin{aligned} &\min \quad |f(x_1, x_2) - f_0| \\ &\text{s.t.} \quad 0 < x_i < 1, \ i = 1, 2 \end{aligned} \tag{8-6}$$

其中，$f(\cdot)$ 表示欧式看涨期权公式，x_1 和 x_2 分别表示波动率和无风险利率，f_0 表示欧式看涨期权的真实价格。

8.2.3 算法分析

在 PSO 算法中，假设搜索空间是 M 维的，种群的数量为 n，令第 i 个粒子的位置为：

$$X_i = (X_{i1}, X_{i2}, \cdots, X_{iM})$$

第 i 个粒子的速度为：

$$V_i = (V_{i1}, V_{i2}, \cdots, V_{iM})$$

第 i 个粒子的历史最优位置和种群的全局最优位置分别为：

$$P_i = (P_{i1}, P_{i2}, \cdots, P_{iM}), P_g = (P_{g1}, P_{g2}, \cdots, P_{gM})$$

在算法的迭代过程中，粒子的速度更新和位置更新公式如下：

$$V_i(t+1)=wV_i(t)+c_1r_1(t)[P_i(t)-X_i(t)]+c_2r_2(t)[P_g(t)-X_i(t)] \tag{8-7}$$

$$X_i(t+1)=X_i(t)+V_i(t+1) \tag{8-8}$$

其中，$i=1, 2, \cdots, n$，w 表示惯性权重，c_1 和 c_2 为加速因子，r_1 和 r_2 均为（0，1）上服从均匀分布的随机数。

考虑到 PSO 算法的不足，现作出一些改进。惯性权重采用线性递减策略，公式如下：

$$w(t)=w_{\min}+\frac{T-t}{T-1}(w_{\max}-w_{\min})$$

其中，T 表示最大迭代次数，t 表示当前迭代次数，$w_{\max}$ 和 $w_{\min}$ 分别为惯性权重的最大值和最小值。对于粒子的位置更新公式，利用粒子历史最优位置的平均值 $\overline{P}_i$ 取代公式（8-7）中的历史最优位置：

$$V_i(t+1)=wV_i(t)+c_1r_1(t)[\overline{P}_i(t)-X_i(t)]+c_2r_2(t)[P_g(t)-X_i(t)] \tag{8-9}$$

另外，为了增强种群的多样性，利用公式（8-5）中的变异操作对粒子的历史最优位置和种群的全局最优位置进行改良。

改进后的算法记为 PSO1，具体流程如下。

第一步，初始化所有粒子的速度、位置、历史最优位置以及种群的全局最优位置，令当前迭代次数为 0，计算每个粒子的适应值。

第二步，对于每个粒子，当粒子的适应值优于其历史最优位置的适应值时，更新该粒子的历史最优位置，当粒子历史最优位置的适应值优于全局最优位置的适应值时，更新种群的全局最优位置。

第三步，利用公式（8-5）对粒子历史最优位置和全局最优位置进行改进。

第四步，利用公式（8-9）更新粒子的速度，公式（8-8）更新粒子的位置，同时迭代次数加 1。

第五步，当迭代次数不超过最大迭代次数时，转向第二步；否则，停止迭代并输出结果。

8.2.4 数值结果

在数值实验中，选择二进制粒子群优化算法（BPSO1）、带变异操作的二进制粒子群优化算法（BPSO2）和 PSO1 算法分别求解问题方程（8－6）。在程序运行过程中，二进制 PSO 算法采用 30 位二进制编码，同时 PSO1 算法则采用 2 维的实数编码。接下来，考虑了三种不同的组合情况，其中种群数量分别取为 10 和 20，以及最大迭代次数分别设置为 50 次和 100 次，将这些组合记为 $S_i(i=1, 2, 3)$，每种组合重复实验 30 次，记录其平均值，结果见表 8.4。

表 8.4　　三种算法的数值结果对比

组合	n	T	BPSO1	BPSO2	PSO1
S_1	10	50	0.1709	0.1335	0.0040
S_2	20	50	0.0738	0.0819	0.0012
S_3	20	100	0.0392	0.0297	5.9138E－004

由表 8.4 可见，相比 BPSO1 和 BPSO2 两种算法，PSO1 算法取得了更好的平均值，在各种组合中展现出更强的搜索能力。因为在改进算法中，考虑了各个粒子的历史最优位置的平均取值，充分利用了粒子的历史运动轨迹，能更好地挖掘出粒子的探索能力；同时，借助变异操作能够增加种群的多样性，提高算法的全局拓展能力，搜寻出更精确的全局最优解。随后，将表现最好的两种算法 BPSO2 和 PSO1 进行更详细的性能对比，结果见表 8.5。

表 8.5　　BPSO2 算法和 PSO1 算法的适应值结果

组合	算法	最小值	最大值	均值	方差
S_1	BPSO2	0.0033	0.3336	0.1335	0.0091
	PSO1	1.7617E－007	0.0212	0.0040	2.1549E－005

续表

组合	算法	最小值	最大值	均值	方差
S_2	BPSO2	0.0024	0.2863	0.0819	0.0058
	PSO1	1.9033E-005	0.0040	0.0012	1.3801E-006
S_3	BPSO2	0.0028	0.1103	0.0297	7.0510E-004
	PSO1	7.4317E-006	0.0045	5.9138E-004	9.6660E-007

在表 8.5 中，PSO1 算法比 BPSO2 算法，无论在最小值、最大值，还是在均值和方差等方面都取得了更好的表现。通过三种组合的结果可见，随着种群数量的增加和最大迭代次数的增多，PSO1 算法展现出更佳的性能和更好的稳定性。

最后，将三种算法对期权参数-波动率和无风险利率的估计结果分别展示于表 8.6 中。基于期权估计值和真实值之间的最小差距，在三种算法中，运用 PSO1 算法得到的估计结果更接近真实情况。在不同的组合选择下，当种群数量选择 20 和最大迭代次数达到 100 次时，PSO1 算法的性能表现为最好的，展示出其更强的搜索能力。

表 8.6　不同算法的波动率和无风险利率的估计结果

项目	组合	BPSO1	BPSO2	PSO1
波动率	S_1	0.2036	0.2570	0.2964
	S_2	0.2345	0.2503	0.3189
	S_3	0.3216	0.3282	0.3567
无风险利率	S_1	0.1505	0.1167	0.1103
	S_2	0.1387	0.1359	0.0906
	S_3	0.0714	0.0806	0.0597

8.3　基于 PSO 算法和 SWR 算法的欧式期权定价

尽管欧式期权存在解析表达式，然而针对一些复杂的期权结构（如复合期权、选择期权等)，在实际应用中数值方法更加的方便、直接，数值解表现得更加简单明了。接下来，希望通过对欧式期权价格的数值求解方法探讨，寻找出能够解决现实市场中复杂期权定价的有效途径，为这些期权定价模型的数值结果提供有意义的借鉴思路。我们将在偏微分方程数值解理论的基础上，梳理欧式期权定价模型与热传导方程之间的内在关系，然后利用 PSO 算法和交叉施瓦兹波形松弛算法估计欧式看涨期权的价格。

8.3.1 SWR 算法概述

8.3.1.1 算法的研究现状

施瓦兹波形松弛算法（Schwarz waveform relaxation algorithm，SWR）是一类处理进化问题的并行算法。1997 年，研究者引入 SWR 算法研究了并行环境中具有低速信息链的进化问题（Gander and Zhao，1997）。该算法在计算中将空间分割为相互重叠的子域，然后在每个子域上利用迭代方式求解具有时间依赖的方程，因此它融合了经典的施瓦兹方法和波形松弛方法的计算思想。由于在原理上更接近波形松弛算法，往往将 SWR 算法划归到波形松弛算法类别中。

在研究中发现，波形松弛方法求解常微分方程时存在两类经典的收敛性结论：第一，在无穷时间上的微分方程线性系统中，分析了在一些分割耗散假设下算法的线性收敛性（Burrage，1995；Jeltsch and Pohl，1995）；第二，在有限时间上的非线性系统中，讨论了在分割函数上李普希兹（Lipschitz）条件成立时的超线性收敛性（Bellen and Zennaro，1993）。将波形松弛方法应用到偏微分方程中时，需对空间进行离散化，而收敛性结论的成立要依赖于矩阵分块时的离散系数，其中收敛率会随着网格的加细变得更糟。为改善这种情况，首先提出了一种多网格的分割方法（Lubich and Ostermann，1987），接着展开了进一步的研究（Vandewalle and Horton，1995；Janssen and Vandewalle，1996）。另外，杰尔奇和波尔（Jeltsch and Pohl，1995）利用一种带重叠的复分割手段求解一维热传导方程，并分析了算法的收敛性，发现收敛率与网格大小有紧密关系；进一步，通过实验数据显示增加重叠区间有助于加快算法的收敛速度。随后伯雷奇（Burrage et al.，1996）考虑了高维情况下的迭代速度问题。甘德和斯图尔特（Gander and Stuart，1998）首次将复分割算法中的重叠思想与子区域相交的理念结合起来，得到了相交的SWR算法，成功应用于一维的热传导方程中。他们讨论了重叠区域对收敛率的影响，并证明了当重叠区域固定时线性收敛性不依赖于网格的规模。同时，在分析一维对流扩散方程时，证明了重叠子域分解方法的超线性收敛性（Giladi and Keller，2002）。这种区域分解思想来源于经典的施瓦兹方法，已经通过施瓦兹方法研究过一些抛物线方程（Cai，1994）。进而，将SWR算法扩展到高维的热传导方程中（Gander and Zhao，2002），并推广了相关文献（Giladi and Keller，2002；Cai，1994）的结果。

随着SWR算法的提出，很多学者对其展开了广泛、深入的研究。先后运用算法对线性反应扩散问题进行了分析（Bennequin et al.，2009；Gander and Halpern，2007）；在处理具有非线性反应形式的反应扩散方程中，考虑了带重叠分割的SWR算法（Gander，1999）；借助SWR算法研究了自然对流控制下的非线性守恒律问题（Gander and Rohde，2005）；然后，分别讨论了优化SWR算法在带黏性的浅水方程和麦克斯韦方程中的应用（Martin，2009；Bouajaji et al.，2012）。

8.3.1.2 算法基本原理

由于期权定价跟热传导方程有关，这里只对热传导方程的SWR算法做介绍。现考虑区间［0，L］上的一维热传导方程。

$$\begin{cases}\dfrac{\partial u}{\partial t}=\dfrac{\partial^2 u}{\partial x^2}+f(x,\ t),\ 0<x<L,\ t>0\\ u(0,\ t)=g_1(t),\ t>0\\ u(L,\ t)=g_2(t),\ t>0\\ u(x,\ 0)=u_0(x),\ 0\leqslant x\leqslant L\end{cases}\tag{8-10}$$

其中，$f(x,\ t)$ 为区域 $\Omega=[0,\ L]\times[0,\ \infty)$ 上的有界函数，并在区域每个紧子集上一致赫尔德（Hölder）连续，$u_0(x)$，$g_1(t)$，$g_2(t)$ 都是分段连续

的有界函数。由偏微分方程理论知，方程（8－10）存在唯一的有界解。

将区域 Ω 分成两个相交的子区域：

$$\Omega_1=[0,\ \beta L]\times[0,\ \infty),\ \Omega_2=[\alpha L,\ L]\times[0,\ \infty)$$

其中 $0<\alpha<\beta<1$。于是，方程（8－10）的解 $u(x,\ t)$ 可以通过 Ω_1 上的解 $v(x,\ t)$ 和 Ω_2 上的解 $w(x,\ t)$ 获得，它们分别满足以下方程：

$$\begin{cases}\dfrac{\partial v}{\partial t}=\dfrac{\partial^2 v}{\partial x^2}+f(x,\ t),\ 0<x<\beta L,\ t>0\\ v(0,\ t)=g_1(t),\ t>0\\ v(\beta L,\ t)=w(\beta L,\ t),\ t>0\\ v(x,\ 0)=u_0(x),\ 0\leqslant x\leqslant \beta L\end{cases}\tag{8－11}$$

和

$$\begin{cases}\dfrac{\partial w}{\partial t}=\dfrac{\partial^2 w}{\partial x^2}+f(x,\ t),\ \alpha L<x<L,\ t>0\\ w(\alpha L,\ t)=v(\alpha L,\ t),\ t>0\\ w(L,\ t)=g_2(t),\ t>0\\ w(x,\ 0)=u_0(x),\ \alpha L\leqslant x\leqslant L\end{cases}\tag{8－12}$$

然后，通过施瓦兹迭代思想对方程（8－11）和方程（8－12）分别进行如下操作。

$$\begin{cases}\dfrac{\partial v^{k+1}}{\partial t}=\dfrac{\partial^2 v^{k+1}}{\partial x^2}+f(x,\ t),\ 0<x<\beta L,\ t>0\\ v^{k+1}(0,\ t)=g_1(t),\ t>0\\ v^{k+1}(\beta L,\ t)=w^k(\beta L,\ t),\ t>0\\ v^{k+1}(x,\ 0)=u_0(x),\ 0\leqslant x\leqslant \beta L\end{cases}$$

和

$$\begin{cases}\dfrac{\partial w^{k+1}}{\partial t}=\dfrac{\partial^2 w^{k+1}}{\partial x^2}+f(x,\ t),\ \alpha L<x<L,\ t>0\\ w^{k+1}(\alpha L,\ t)=v^k(\alpha L,\ t),\ t>0\\ w^{k+1}(L,\ t)=g_2(t),\ t>0\\ w^{k+1}(x,\ 0)=u_0(x),\ \alpha L\leqslant x\leqslant L\end{cases}$$

分别令

$d^k(x, t) := v^k(x, t) - v(x, t)$, $e^k(x, t) := w^k(x, t) - w(x, t)$

则有以下误差方程：

$$\begin{cases} \dfrac{\partial d^{k+1}}{\partial t} = \dfrac{\partial^2 d^{k+1}}{\partial x^2}, \ 0 < x < \beta L, \ t > 0 \\ d^{k+1}(0, t) = 0, \ t > 0 \\ d^{k+1}(\beta L, t) = e^k(\beta L, t), \ t > 0 \\ d^{k+1}(x, 0) = 0, \ 0 \leqslant x \leqslant \beta L \end{cases} \tag{8-13}$$

以及

$$\begin{cases} \dfrac{\partial e^{k+1}}{\partial t} = \dfrac{\partial^2 e^{k+1}}{\partial x^2}, \ \alpha L < x < L, \ t > 0 \\ e^{k+1}(\alpha L, t) = d^k(\alpha L, t), \ t > 0 \\ e^{k+1}(L, t) = 0, \ t > 0 \\ e^{k+1}(x, 0) = 0, \ \alpha L \leqslant x \leqslant L \end{cases} \tag{8-14}$$

接下来，给出施瓦兹迭代在子区域交界处的收敛性结果。定义 $L^\infty(\mathbb{R}^+, \mathbb{R})$ 中所有函数的范数为：

$$\|f(\cdot)\|_\infty := \sup_{t>0} |f(t)|$$

定理 8.1 在交界处 $x = \alpha L$ 和 $x = \beta L$，施瓦兹迭代的误差按以下速度溃散：

$$\|d^{k+2}(\alpha L, \cdot)\|_\infty \leqslant \frac{\alpha(1-\beta)}{\beta(1-\alpha)} \|d^k(\alpha L, \cdot)\|_\infty$$

$$\|e^{k+2}(\beta L, \cdot)\|_\infty \leqslant \frac{\alpha(1-\beta)}{\beta(1-\alpha)} \|e^k(\beta L, \cdot)\|_\infty$$

定义 $L^\infty([a, b], L^\infty)$ 上任一函数 $g(\cdot, t)$ 的范数为：

$$\|g(\cdot, \cdot)\|_{\infty,\infty} := \sup_{a \leqslant x \leqslant b} \|g(x, \cdot)\|_\infty$$

那么，SWR 算法的线性收敛性结果如下所述。

定理 8.2 在具有两个子区域的热传导方程中，施瓦兹迭代按如下速度线性收敛：

$$\|d^{2k+1}(\cdot, \cdot)\|_{\infty,\infty} \leqslant \left[\frac{\alpha(1-\beta)}{\beta(1-\alpha)}\right]^k \|e^0(\beta L, \cdot)\|_\infty$$

$$\|e^{2k+1}(\cdot,\ \cdot)\|_{\infty,\infty} \leqslant \left[\frac{\alpha(1-\beta)}{\beta(1-\alpha)}\right]^k \|d^0(\alpha L,\ \cdot)\|_{\infty}$$

8.3.2 问题阐述

欧式期权定价模型在分析时将所有投资者带入一个以无风险利率为回报率的风险中性世界。在求解该模型时，将期权价格的确定转化为一个偏微分方程来处理，形式如下：

$$\frac{\partial V}{\partial t} + \frac{1}{2}\sigma^2 S^2 \frac{\partial^2 V}{\partial S^2} + rS\frac{\partial V}{\partial S} - rV = 0 \tag{8-15}$$

其中，V 为期权价格，S 为股票价格，r 表示无风险利率，σ 表示标的资产价格的波动率。

为确定在有效期 $[0,\ T]$ 内的期权价格，需要考虑区域 $\Omega = [0,\ \infty) \times [0,\ T]$ 上的偏微分方程的定解问题。这里研究的对象为欧式看涨期权价格，在方程（8 - 15）中加上终值条件：

$$V(S,\ T) = (S - X)^+$$

其中，X 表示执行价格。通过变量替换：

$$x = \ln S,\ \tau = T - t$$

其中，$-\infty < x < \infty$，$0 < \tau < T$，则定解问题可以化为常系数抛物型方程的初值问题。

$$\begin{cases} \dfrac{\partial V}{\partial \tau} - \dfrac{1}{2}\sigma^2 \dfrac{\partial^2 V}{\partial x^2} - \left(r - \dfrac{\sigma^2}{2}\right)\dfrac{\partial V}{\partial x} + rV = 0 \\ V|_{\tau=0} = (e^x - X)^+ \end{cases} \tag{8-16}$$

对以上初值问题作进一步函数转换：

$$\begin{cases} V = ue^{\alpha\tau + \beta x} \\ \alpha = -r - \dfrac{1}{2\sigma^2}\left(r - \dfrac{\sigma^2}{2}\right)^2,\ \beta = \dfrac{1}{2} - \dfrac{r}{\sigma^2} \end{cases} \tag{8-17}$$

那么，方程（8 - 16）就变成以下热传导方程的初值问题。

$$\begin{cases} \dfrac{\partial u}{\partial \tau} - \dfrac{\sigma^2}{2}\dfrac{\partial^2 u}{\partial x^2} = 0 \\ u|_{\tau=0} = e^{-\beta x}(e^x - X)^+ \end{cases} \tag{8-18}$$

由初值问题方程（8－18）的基本解形式，进而可以得到期权价格 $V(S,t)$ 的最终表达式如下：

$$V=SN(d_1)-Xe^{-r(T-t)}N(d_2) \tag{8-19}$$

其中：

$$d_1=\frac{\ln\left(\frac{S}{K}\right)+\left(r+\frac{\sigma^2}{2}\right)(T-t)}{\sigma\sqrt{T-t}}$$

$$d_2=d_1-\sigma\sqrt{T-t}$$

$$N(x)=\frac{1}{\sqrt{2\pi}}\int_{-\infty}^{x}e^{-\frac{w^2}{2}}\mathrm{d}w$$

在求解欧式看涨期权的数值结果时，可以通过寻找初值问题的数值解间接得到。

8.3.3 算法分析

考虑区域 $\Omega=[0,L]\times[0,\infty)$ 上的热传导方程的初－边值问题：

$$\begin{cases}\frac{\partial u}{\partial t}=h^2\frac{\partial^2 u}{\partial x^2},\ 0<x<L,\ t>0\\ u(0,t)=g_1(t),\ t>0\\ u(L,t)=g_2(t),\ t>0\\ u(x,0)=u_0(x),\ 0\leqslant x\leqslant L\end{cases} \tag{8-20}$$

在寻找热传导方程的数值解时，采用时间连续、空间离散化的半离散化思想。运用二阶中心差分形式，在 $[0,L]$ 中插入 n 个等分点，其中每段长度为 $\Delta x=L/(n+1)$，于是问题方程（8－20）可化为以下线性微分方程系统。

$$\begin{cases}\frac{\partial U}{\partial t}=A_{(n)}U+F(t)\\ U(0)=U_0\end{cases} \tag{8-21}$$

其中，$A_{(n)}$ 表示 $n\times n$ 的矩阵，形式为：

$$A_{(n)}=\frac{h^2}{(\Delta x)^2}\begin{bmatrix}-2 & 1 & \cdots & 0\\ 1 & -2 & \cdots & \cdots\\ \cdots & \cdots & \cdots & 1\\ 0 & \cdots & 1 & -2\end{bmatrix}$$

$F(t)$ 表示向量值函数，U_0 表示向量，具体形式如下：

$$F(t)=\begin{pmatrix}\frac{h^2}{(\Delta x)^2}g_1(t)\\ 0\\ \vdots\\ \frac{h^2}{(\Delta x)^2}g_2(t)\end{pmatrix},\ U_0=\begin{pmatrix}u_0(\Delta x)\\ u_0(2\Delta x)\\ \vdots\\ u_0(n\Delta x)\end{pmatrix}$$

现将区域 Ω 划分为两个相交的子区域：

$$\Omega_1=[0,\ \beta L]\times[0,\ \infty),\ \Omega_2=[\alpha L,\ L]\times[0,\ \infty)$$

假定 αL 和 βL 分别落在分割点 $i=a$ 和 $i=b$ 上，即有 $a\Delta x=\alpha L$，$b\Delta x=\beta L$。定义如下函数形式：

$$F^1(X,\ Y,\ Z):=\left(X(1)+\frac{h^2Y}{(\Delta x)^2},\ X(2),\ \cdots,\ X(b-1)+\frac{h^2Z}{(\Delta x)^2}\right)'$$

$$F^2(X,\ Y,\ Z):=\left(X(a+1)+\frac{h^2Y}{(\Delta x)^2},\ X(a+2),\ \cdots,\ X(n)+\frac{h^2Z}{(\Delta x)^2}\right)'$$

于是，问题（8-21）的解 $U(t)$ 可以通过 Ω_1 上的解 $V_1(t)$ 和 Ω_2 上的解 $V_2(t)$ 获得，它们分别满足以下方程：

$$\begin{cases}\frac{\partial V_1}{\partial t}=A_{(b-1)}V_1+F^1(0,\ g_1(t),\ V_2(b-a,\ t)),\ t>0\\ V_1(j,\ 0)=U_0(j),\ 1\leqslant j<b\end{cases}$$

以及

$$\begin{cases}\frac{\partial V_2}{\partial t}=A_{(n-a)}V_2+F^2(0,\ V_1(a,\ t),\ g_2(t)),\ t>0\\ V_2(j-a,\ 0)=U_0(j),\ b\leqslant j\leqslant n\end{cases}$$

将施瓦兹迭代应用到以上两个方程中，可得：

$$\begin{cases}\dfrac{\partial V_1^{k+1}}{\partial t}=A_{(b-1)}V_1^{k+1}+F^1(0,\ g_1(t),\ V_2^k(b-a,\ t)),\ t>0\\ V_1^{k+1}(j,\ 0)=U_0(j),\ 1\leqslant j<b\end{cases}$$

以及

$$\begin{cases}\dfrac{\partial V_2^{k+1}}{\partial t}=A_{(n-a)}V_2^{k+1}+F^2(0,\ V_1^k(a,\ t),\ g_2(t)),\ t>0\\ V_2^{k+1}(j-a,\ 0)=U_0(j),\ b\leqslant j\leqslant n\end{cases}$$

然后取：

$$D_1^k:\ =V_1^k(t)-V_1(t),\ D_2^k:\ =V_2^k(t)-V_2(t)$$

考虑误差方程：

$$\begin{cases}\dfrac{\partial D_1^{k+1}}{\partial t}=A_{(b-1)}D_1^{k+1}+F^1(0,\ 0,\ D_2^k(b-a,\ t))\\ D_1^{k+1}(0)=0\end{cases}$$

以及

$$\begin{cases}\dfrac{\partial D_2^{k+1}}{\partial t}=A_{(n-a)}D_2^{k+1}+F^2(0,\ D_1^k(a,\ t),\ 0)\\ D_2^{k+1}(0)=0\end{cases}$$

则算法的线性收敛性结果如下所示。

定理 8.3 在具有两个子区域的半离散热传导方程中，施瓦兹迭代按如下速度线性收敛：

$$\begin{cases}\|D_1^{2k+1}(\cdot,\ \cdot)\|_{\infty,\infty}\leqslant\left[\dfrac{\alpha(1-\beta)}{\beta(1-\alpha)}\right]^k\|D_2^0(b-a,\ \cdot)\|_\infty\\ \|D_2^{2k+1}(\cdot,\ \cdot)\|_{\infty,\infty}\leqslant\left[\dfrac{\alpha(1-\beta)}{\beta(1-\alpha)}\right]^k\|D_1^0(a,\ \cdot)\|_\infty\end{cases}$$

证明：由甘德和斯图尔特（Gander and Stuart，1998）中推论 2.6 可知：

$$\begin{cases}\|D_1^{k+2}(j,\ \cdot)\|_\infty\leqslant\dfrac{j}{b}\|D_2^{k+1}(b-a,\ \cdot)\|_\infty,\ 1\leqslant j\leqslant b\\ \|D_2^{k+1}(j,\ \cdot)\|_\infty\leqslant\dfrac{n+1-a-j}{n+1-a}\|D_1^k(a,\ \cdot)\|_\infty,\ 1\leqslant j\leqslant b-a\end{cases}\tag{8-22}$$

以及

$$\begin{cases} \|D_2^{k+2}(j,\ \cdot)\|_\infty \leqslant \dfrac{n+1-a-j}{n+1-a}\|D_1^{k+1}(a,\ \cdot)\|_\infty,\ 1 \leqslant j \leqslant b-a \\ \|D_1^{k+1}(j,\ \cdot)\|_\infty \leqslant \dfrac{j}{b}\|D_2^k(b-a,\ \cdot)\|_\infty,\ 1 \leqslant j \leqslant b \end{cases} \tag{8-23}$$

在式（8－22）中的第一个不等式中取 $j=a$，第二个不等式中取 $j=b-a$，则有

$$\|D_1^{k+2}(a,\ \cdot)\|_\infty \leqslant \frac{a(n+1-b)}{b(n+1-a)}\|D_1^k(a,\ \cdot)\|_\infty$$

因为 $a\Delta x=\alpha L$，$b\Delta x=\beta L$，$(n+1)\Delta x=L$，则上式可化为：

$$\|D_1^{k+2}(a,\ \cdot)\|_\infty \leqslant \frac{\alpha(1-\beta)}{\beta(1-\alpha)}\|D_1^k(a,\ \cdot)\|_\infty \tag{8-24}$$

在式（8－23）中的第一个不等式中取 $j=b-a$，第二个不等式中取 $j=a$，则有

$$\|D_2^{k+2}(b-a,\ \cdot)\|_\infty \leqslant \frac{a(n+1-b)}{b(n+1-a)}\|D_2^k(b-a,\ \cdot)\|_\infty$$

根据 $a\Delta x=\alpha L$，$b\Delta x=\beta L$，$(n+1)\Delta x=L$，则上式可化为：

$$\|D_2^{k+2}(b-a,\ \cdot)\|_\infty \leqslant \frac{\alpha(1-\beta)}{\beta(1-\alpha)}\|D_2^k(b-a,\ \cdot)\|_\infty \tag{8-25}$$

进而，通过甘德和斯图尔特（Gander and Stuart，1998）推论 2.6 可知

$$\begin{cases} \|D_1^{2k+1}(\cdot,\ \cdot)\|_{\infty,\infty} \leqslant \|D_2^{2k}(b-a,\ \cdot)\|_\infty \\ \|D_2^{2k+1}(\cdot,\ \cdot)\|_{\infty,\infty} \leqslant \|D_1^{2k}(a,\ \cdot)\|_\infty \end{cases} \tag{8-26}$$

最后，结合公式（8－24）、公式（8－25）以及公式（8－26），可得结论成立。得证。

借助公式（8－17）和公式（8－19），得到方程（8－18）的稳定解 $u^*(x,\tau)$ 如下：

$$u^* = [e^x N(d_1^*) - Xe^{-r\tau}N(d_2^*)]e^{-\alpha\tau-\beta x} \tag{8-27}$$

其中

$$d_1^* = \frac{\ln\left(\dfrac{e^x}{K}\right)+\left(r+\dfrac{\sigma^2}{2}\right)\tau}{\sigma\sqrt{\tau}},\ d_2^* = d_1 - \sigma\sqrt{\tau}$$

$$N(x) = \frac{1}{\sqrt{2\pi}}\int_{-\infty}^{x} e^{-\frac{w^2}{2}}\mathrm{d}w$$

$$\alpha = -r - \frac{1}{2\sigma^2}\left(r - \frac{\sigma^2}{2}\right)^2, \ \beta = \frac{1}{2} - \frac{r}{\sigma^2}$$

进而，问题方程（8－18）可化为形如方程（8－20）的结构：

$$\begin{cases} \dfrac{\partial u}{\partial t} = \dfrac{\sigma^2}{2} \times \dfrac{\partial^2 u}{\partial x^2}, \ 0 \leqslant x < \infty, \ 0 \leqslant t \leqslant T \\ u(0, \ t) = u^*(0, \ t), \ 0 \leqslant t \leqslant T \\ u(\infty, \ t) = u^*(\infty, \ t), \ 0 \leqslant t \leqslant T \\ u(x, \ 0) = e^{-\beta x}(e^x - X)^+, \ 0 \leqslant x \leqslant \infty \end{cases} \tag{8-28}$$

因此，根据半离散情况下的SWR算法可求得上述问题方程（8－28）的数值解，进一步可获得原偏微分方程（8－15）解的估计结果。

为了更好地估算期权的价格，首先考虑对期权参数作出事先的估测，运用PSO算法完成对欧式看涨期权相关参数的估计，然后结合SWR算法对期权价格进行下一步数值解的寻找。该混合算法记为S&P，具体流程如下：

第一步，初始化所有粒子的速度、位置、历史最优位置以及种群的全局最优位置，令当前迭代次数为0，以问题方程（8－6）的目标函数作为适应函数，计算每个粒子的适应值。

第二步，对于每个粒子，当粒子的适应值优于其历史最优位置的适应值时，更新该粒子的历史最优位置，当粒子历史最优位置的适应值优于全局最优位置的适应值时，更新种群的全局最优位置。

第三步，对每个粒子的历史最优位置借助交叉操作进行改良，对种群的全局最优位置运用平均位置加以改进。

第四步，利用公式（8－7）更新粒子的速度，公式（8－8）更新粒子的位置，同时迭代次数加1。

第五步，当迭代次数不超过最大迭代次数时，转向第二步；否则，停止迭代并输出结果，即波动率 σ 的估计值。

第六步，将估计好的波动率 σ 代入公式（8－27），并令SWR算法当前的迭代次数 $k=0$，初始化 v_1^0 和 v_2^0。

第七步，问题方程（8－28）的数值解可由以下两个方程的解 $v_1(x, \ t)$ 和 $v_2(x, \ t)$ 得到：

$$
\begin{cases}
\dfrac{\partial v_1^{k+1}}{\partial t}=\dfrac{\sigma^2}{2}\times\dfrac{\partial^2 v_1^{k+1}}{\partial x^2}\\
v_1^{k+1}(x,\ 0)=u_0(x)\\
v_1^{k+1}(0,\ t)=u^*(0,\ t)\\
v_1^{k+1}(\beta L,\ t)=v_2^k(\beta L,\ t)
\end{cases}
\tag{8-29}
$$

以及

$$
\begin{cases}
\dfrac{\partial v_2^{k+1}}{\partial t}=\dfrac{\sigma^2}{2}\times\dfrac{\partial^2 v_2^{k+1}}{\partial x^2}\\
v_2^{k+1}(x,\ 0)=u_0(x)\\
v_2^{k+1}(\alpha L,\ t)=v_1^k(\alpha L,\ t)\\
v_2^{k+1}(L,\ t)=u^*(L,\ t)
\end{cases}
\tag{8-30}
$$

令迭代次数为 $k+1$，用向后欧拉方法计算出 v_1^k 和 v_2^k。

第八步，定义误差函数为：

$d_1^k(x,\ t):\ =v_1^k(x,\ t)-v_1(x,\ t)$，$d_2^k(x,\ t):\ =v_2^k(x,\ t)-v_2(x,\ t)$

当 d_1^k 和 d_2^k 的范数大于指定值时，进入第九步；否则，停止迭代输出结果。

第九步，转向第七步，将当前的 v_1^k 和 v_2^k 代入方程（8－29）和方程（8－30），用向后欧拉方法计算出 v_1^{k+1} 和 v_2^{k+1}。

8.3.4 数值结果

在数值实验中，采用文献中的数据（Stampfli and Goodman，2003），利用 S&P 算法首先对欧式看涨期权的隐含波动率进行估计，得到 $\sigma=0.3665$。期权的其余参数设置为：执行价格 $X=100$ 美元，无风险利率 $r=5\%$。问题方程（8－28）的数值结果进一步可以通过 SWR 算法得到，其中空间步长 $\Delta x=0.1$，时间步长 $\Delta t=0.01$，$\alpha=0.4$，$\beta=0.6$，$0\leqslant t\leqslant 2$，标的股票价格的范围取为 $1\leqslant S\leqslant 2981$，即有 $0\leqslant x\leqslant 8$。根据问题方程（8－28）解的图形，可以发现期权价格会随着 x 的增加而变大，显然看涨期权是股票价格的增函数，表明看涨期权的持有者在股票价格上升时，将来获利的机会更大；当股价等于执行价格时，期权的价值为0。

随后，分析问题方程（8－28）精确解和数值解之间的误差。在图8.4中，展现了基于不同有效期限的误差分析结果，可见期初期权的误差值在不同价格股票间的波动较大；随着时间的增长，期权的误差范围逐步减小，趋于稳定，表明时间间隔越大，数值解越接近精确解。同时，图8.5展示了不同股票价格下的误差情况，当 $x<4.6$ 时，即 $S<100$ 时，数值估计效果不错，具有良好的实用性；而达到 $x=4.6$ 后，误差陡增，此时的估计值实际效果较差。

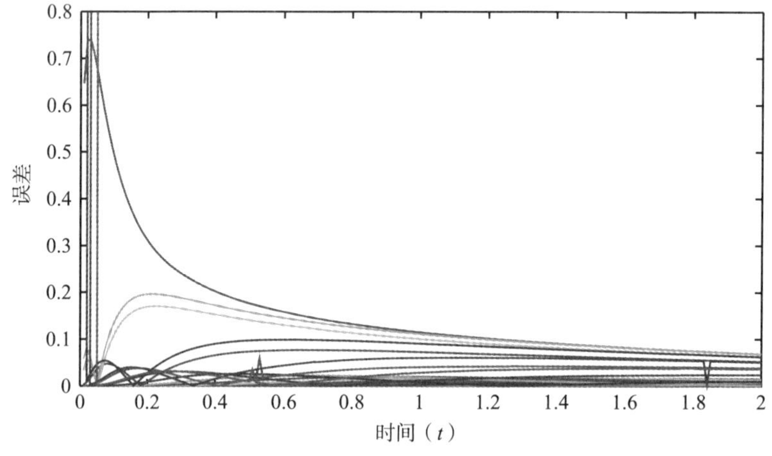

图8.4　不同时间的误差

根据图8.4和图8.5可知，当时间间隔 $t>1.5$ 以及股票价格 $S<100$ 时，数值解与真实值更接近，估计效果比较理想，于是在接下来的对比分析中，选取 $S=74.6$ 进行数值实验。同时，将固定价格 $S=74.6$ 的误差结果展现在图8.6中，可见期初误差波动较大，而后随着时间的增加逐渐稳定并缓慢下降，大约在 $t=1.65$ 时效果已经较理想。

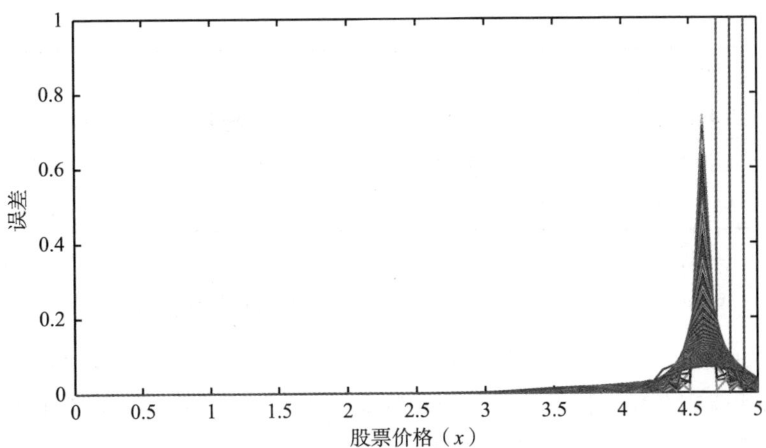

图 8.5　不同股票价格下的误差

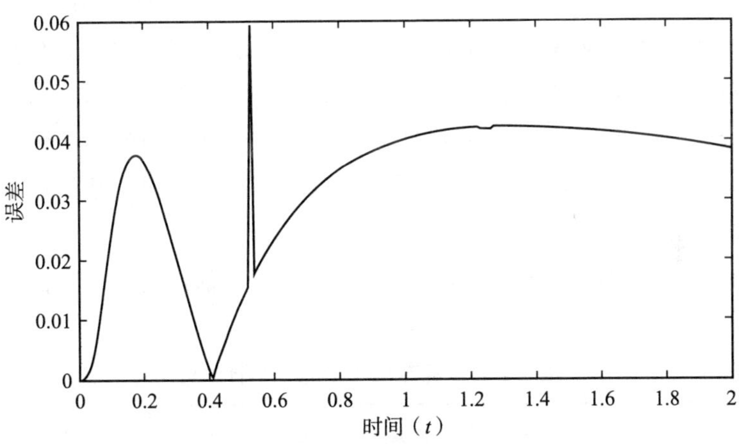

图 8.6　固定股票价格时的误差

为了进一步体现 S&P 算法的优良性，将选择几种经典的数值算法与其比较，结果如表 8.7 所示。

表 8.7　　不同方法的数值结果

计算方法	S_1	S_2	S_3
Black-Scholes 公式	8.370	—	—

续表

计算方法	S_1	S_2	S_3
隐式差分法	8. 1602	8. 5082	8. 5126
SWR 算法	7. 7364	7. 7767	7. 7782
S&P 算法	7. 8479	8. 1913	8. 1929

在表 8. 7 中，S_1，S_2，S_3 分别表示三种不同的步长选择：

$\Delta x=0.1$，$\Delta t=0.01$；$\Delta x=0.01$，$\Delta t=0.01$；$\Delta x=0.01$，$\Delta t=0.001$

已知欧式看涨期权的真实价格为 8. 25，运用布莱克 – 斯科尔斯公式直接计算得到的结果为 8. 37。隐式差分方法在 $\Delta x=0.1$，$\Delta t=0.01$ 时，取得了最好的估计值；同时，SWR 算法和 S&P 算法在 $\Delta x=0.01$，$\Delta t=0.001$ 时分别取得了最佳的估计结果：7. 7782 和 8. 1929。相比布莱克 – 斯科尔斯公式取得的结果，隐式差分法和 S&P 算法取得的结果更接近真实值。然后，计算各个方法的相对误差，其中 SWR 算法的误差最大，为 5. 719%；其次是布莱克 – 斯科尔斯公式的误差 1. 455%，接着是隐式差分法的误差 1. 088%，最好的是改进算法 S&P 的误差 0. 692%。由此可见，S&P 算法在期权价格的估计中具有良好的表现。

进一步，考虑在不同子区域划分下 S&P 算法的估计情况，见表 8. 8。

表 8. 8　　不同参数设置下 S&P 算法的估计结果

组合	（0. 4，0. 6）	（0. 48，0. 52）	（0. 5，0. 5）
S_1	7. 8479	9. 0970	7. 8410
S_2	8. 1913	8. 1905	8. 1872
S_3	8. 1929	8. 1928	8. 1924

在表 8. 8 中，重叠参数（α，β）选择了（0. 4，0. 6），（0. 48，0. 52），（0. 5，0. 5）三种不同的设置。显然，当 $\Delta x=0.01$，$\Delta t=0.001$ 时算法的估计值更接近真实值；同时，当选择 $\alpha=0.4$ 以及 $\beta=0.6$ 时，估计结果比其余两种设置更优。

本章参考文献

[1] Black F, Scholes M. The pricing of options and corporate liabilities [J]. Journal of Political Economy, 1973, 81 (6): 637 -654.

[2] Merton R C. Theory of rational option pricing [J]. Bell Journal of Economics & Management Science, 1973, 4 (1): 141 -183.

[3] Hofmann N, Platen E, Schweizer M. Option pricing under incompleteness and stochastic volatility [J]. Mathematical Finance, 1992, 2: 153 -187.

[4] Avellaneda M, Levy A, Paras A. Pricing and hedging derivative securities in markets with uncertain volatilities [J]. Applied Mathematical Finance, 1995, 1: 73 -88.

[5] Schweizer M. Variance-optimal hedging in discrete time [J]. Mathematics of Operations Research, 1995, 20: 1 -32.

[6] Dindar Z A, Marwala T. Option pricing using a committee of neural networks and optimized networks [C]. IEEE International Conference on Syetem, Man and Cybernetics, 2004: 434 -438.

[7] Kumar S, Thulasiram R K, Thulasiraman P. A bioinspired algorithm to price options [C]. Conference of Computer Science and Software Engineering, 2008: 11 -22.

[8] Sharma B, Thulasiram R, Thulasiraman P. Normalized particle swarm optimization for complex chooser option pricing on graphics processing unit [J]. Journal of Supercomputing, 2013, 66: 170 -192.

[9] Manaster S, Koehler G. The calculation of implied variances from the black-scholes model: a note [J]. Journal of Finance, 1982, 37: 227 -230.

[10] Bruce K. Black-scholes option pricing via genetic algorithms [J]. Applied Economics Letters, 2000, 7: 129 -132.

[11] Kennedy J, Eberhart R. Particle swarm optimization [C]. IEEE Inter-

national Conference on Neural Networks, 1995: 1942 - 1948.

[12] 刘衍民,赵庆祯,牛奔.约束粒子群算法求解自融资投资组合模型研究[J].数学的实践与认识,2011,41(2):78 - 84.

[13] Deng W, Chen R, Gao J, et al. A novel parallel hybrid intelligence optimization algorithm for a function approximation problem [J]. Computer and Mathematics with Applications, 2012, 63 (1): 325 - 336.

[14] He G, Huang N J. A modified particle swarm optimization algorithm with applications [J]. Applied Mathematics Computing, 2012, 219: 1053 - 1060.

[15] Lee S, Lee J, Shim D, et al. Binary particle swarm optimization for Black-Scholes option pricing [C]. International Conference on Knowledge-Based and Intelligent Information and Engineering Systems, 2007: 85 - 92.

[16] Zhao X, Sun J, Xu W. Applicaion of quantum-behaved particle swarm optimization in parameter estimation of option pricing [C]. International Symposium on Distributed Computing and Applications to Business, Engineering and Science, 2010: 10 - 12.

[17] Kennedy J, Eberhart R. A discrete binary version of the particle swarm algorithm [C]. IEEE International Conference on Systems, Man and Cybernetics, 1997: 4104 - 4108.

[18] Stampfli J, Goodman V. The Mathematics of Finance: Modeling and Hedging [M]. 北京:机械工业出版社,2003.

[19] Garg H. A hybrid PSO-GA algorithm for constrained optimization problems [J]. Applied Mathematics Computing, 2016, 274: 292 - 305.

[20] Gander M J, Zhao H. Overlapping Schwarz waveform relaxation for parabolic problems in higher dimension [C]. Proceedings of Algoritmy, 1997, 14: 42 - 51.

[21] Burrage K. Parallel and Sequential Methods for Ordinary Differential Equations [M]. USA: Clarendon Press, 1995.

[22] Jeltsch R, Pohl B. Waveform relaxation with overlapping splittings [J].

SIAM Journal on Scientific Computing, 1995, 16 (1): 40 -49.

[23] Bellen A, Zennaro M. The use of Runge-Kutta formulae in waveform relaxation methods [J]. Applied Numerical Mathematics, 1993, 11 (1): 95 - 114.

[24] Lubich C, Ostermann A. Multi-grid dynamic iteration for parabolic equations [J]. BIT Numerical Mathematics, 1987, 27 (2): 216 -234.

[25] Vandewalle S, Horton G. Fourier mode analysis of the multigrid waveform relaxation and time-parallel multigrid methods [J]. Computing, 1995, 54 (4): 317 -330.

[26] Janssen J, Vandewalle S. Multigrid waveform relaxation on spatial finite element meshes: the continuous-time case [J]. SIAM Journal on Numerical Analysis, 1996, 33 (2): 456 -474.

[27] Burrage K, Jackiewitz Z, NØrsett S P, et al. Preconditioning waveform relaxation iterations for differential systems [J]. BIT Numerical Mathematics, 1996, 36 (1): 54 -76.

[28] Gander M J, Stuart A M. Space-time continuous analysis of waveform relaxation for the heat equation [J]. SIAM Journal on Scientific Computing, 1998, 19 (6): 2014 -2031.

[29] Giladi E, Keller H B. Space-time domain decomposition for parabolic problems [J]. Numerische Mathematik, 2002, 93 (2): 279 -313.

[30] Cai X C. Multiplicative Schwarz methods for parabolic problems [J]. SIAM Journal on Scientific Computing, 1994, 15 (3): 587 -603.

[31] Gander M J, Zhao H. Overlapping Schwarz waveform relaxation for the heat equation in n dimensions [J]. BIT Numerical Mathematics, 2002, 42 (4): 779 -795.

[32] Bennequin D, Gander M J, Halpern L. A homographic best approximation problem with application to optimized Schwarz waveform relaxation [J]. Mathematics of Computation, 2009, 78 (265): 185 -223.

[33] Gander M J, Halpern L. Optimized Schwarz waveform relaxation meth-

ods for advection reaction diffusion problems [J]. SIAM Journal on Numerical Analysis, 2007, 45 (2): 666-697.

[34] Gander M J. A waveform relaxation algorithm with overlapping splitting for reaction diffusion equations [J]. Numerical linear algebra with applications, 1999, 6 (2): 125-145.

[35] Gander M J, Rohde C. Overlapping Schwarz waveform relaxation for convection-dominated nonlinear conservation laws [J]. SIAM Journal on Scientific Computing, 2005, 27 (2): 415-439.

[36] Martin V. Schwarz waveform relaxation algorithms for the linear viscous equatorial shallow water equations [J]. SIAM Journal on Scientific Computing, 2009, 31 (5): 3595-3625.

[37] Bouajaji M E, Dolean V, Gander M J, et al. Optimized Schwarz methods for the time-harmonic Maxwell equations with damping [J]. SIAM Journal on Scientific Computing, 2012, 34 (4): A2048-A2071.

[38] Boyle P P. Options: a Monte Carlo approach [J]. Journal of Financial Economics, 1977, 4 (3): 323-338.

[39] Babbs S. Binomial valuation of look back options [J]. Journal of Economic Dynamics and Control, 2000, 24 (11): 1499-1525.

[40] Buetow G W, Sochacki J S. A more accurate finite difference approach to the pricing of contingent claims [J]. Applied Mathematics and Computing, 1998, 91 (2): 111-126.

[41] Cox J C, Ross S A, Rubinstein M. Options pricing: a simplified approach [J]. Journal of Financial Economics, 1979, 7 (3): 229-263.

[42] Lee C F, Tzeng G H, Wang S Y. A new application of fuzzy set theory to the Black-Scholes option pricing model [J]. Expert Systems with Applications, 2005, 29 (2): 330-342.

[43] Carr P, Madan D B. Option valuation using the fast Fourier transform [J]. Journal of Computational Finance, 1999, 2 (4): 61-73.

[44] Fedotov S. Stochastic optimization approach to options pricing [C].

IEEE American Control Conference, 1999: 1450 – 1454.

[45] Kumar S, Thulasiram R K, Thulasiraman P. A bioinspired algorithm to price options [C]. Canadian Conference on Computer Science and Software Engineering, 2008: 11 – 22.

[46] Mo Y B, Liu F Y, Ma Y Z. Application of GSO algorithm to the parameter estimation of option pricing model [C]. The 9th International Conference on Intelligent Computing Theories, 2013: 199 – 206.